本书由台商研究中心（项目编号：2017ZSJD022）、苏北社区治理现代化研究中心、创新创业研究中心（项目编号：2018ZDJD-B013）、创新创业与苏北高质量发展研究团队、苏北发展与社会治理研究团队（项目编号：2017ZSTD018）、苏北发展研究院智库建设专项资助。

苏北发展研究丛书

苏北高质量发展路径的探索与实践：社会治理

主　编　孙爱武
副主编　仇桂且　时正杰　汪倩倩

中国矿业大学出版社
·徐州·

图书在版编目(CIP)数据

苏北高质量发展路径的探索与实践. 社会治理 / 孙爱武主编. —徐州 : 中国矿业大学出版社，2020.12
ISBN 978-7-5646-4797-1

Ⅰ. ①苏… Ⅱ. ①孙… Ⅲ. ①区域经济发展—研究—苏北地区②社会管理—研究—苏北地区 Ⅳ. ①F127.53 ②D675.3

中国版本图书馆 CIP 数据核字(2020)第 270091 号

书　　名 苏北高质量发展路径的探索与实践:社会治理
主　　编 孙爱武
责任编辑 万士才
出版发行 中国矿业大学出版社有限责任公司
(江苏省徐州市解放南路　邮编 221008)
营销热线 (0516)83884103　83885105
出版服务 (0516)83995789　83884920
网　　址 http://www.cumtp.com　**E-mail**:cumtpvip@cumtp.com
印　　刷 江苏淮阴新华印务有限公司
开　　本 787 mm×1092 mm　1/16　**印张** 14.5　**字数** 276 千字
版次印次 2020 年 12 月第 1 版　2020 年 12 月第 1 次印刷
定　　价 48.00 元

目 录

乡村振兴战略实施背景下
苏北农村党组织书记队伍建设研究

主持人：黄　科（江苏省社会科学院）
课题组：孙肖远　束　锦　何　雨　孟　微

内容提要：习近平总书记指出，推动乡村振兴，要打造千千万万个坚强的农村基层党组织，培养千千万万名优秀的农村基层党组织书记。近年苏北地区党委政府在乡村振兴中，抓住村党组织书记队伍建设这一关键要素，优化队伍结构、提升治理能力、激发队伍活力，有力地促进了本地区乡村振兴的进程。新时代有新要求，苏北农村党组织书记队伍建设在取得成绩的同时，仍然面临着一系列挑战，需要在四个层面发力，着力培育一支高水平的村党支部书记队伍。首先，要着眼于乡村振兴的实际需要，坚持标准，拓宽选人用人视野；其次，要以教育培训为突破点，增强村党组织书记的带富能力；再次，要加强对村党组织书记的权力监督，提升干部队伍的执行力；最后，要强化村党组织书记的激励保障，营造拴心留人的政治环境。

乡村振兴是新时期党的重大战略部署。党的十九大报告指出："农业农村农民问题是关系国计民生的根本性问题，必须始终把解决好'三农'问题作为全党工作重中之重。"习近平总书记多次强调，推动乡村振兴，要打造千千万万个坚强的农村基层党组织，培养千千万万名优秀的农村基层党组织书记。乡村振兴关键在党、关键在人。2019年中央一号文件明确指出，要扎实抓好党建促进乡村振兴，实施农村带头人队伍整体优化提升行动。农村党组织书记是乡村振兴最直接的组织者和执行者，是乡村振兴的主导和关键力量，发挥好这支队伍的战斗力、凝聚力，对于加速推进苏北乡村振兴意义重大。

第一节 苏北地区加强村党组织书记队伍建设的新举措

近年,苏北地区在加强村级领导班子建设和基层党组织建设的过程中,注重加强农村党组织书记队伍建设,着重在村党组织书记干部队伍的选拔任用、教育培训、激励保障、管理监督等方面下功夫,农村党组织书记队伍结构不断优化、能力素质不断提升、队伍管理更加规范、人员活力有效激发,有力助推了苏北地区乡村振兴的进程。

一、村党组织书记队伍结构在不断优化

苏北地区在村党组织书记的选拔过程中,注重结合村“两委”换届选举,加强村级领导班子的调整配备,严格按照“守信念、讲奉献、有本领、重品行”的要求,在基层干部队伍中选拔思想政治素质好、带富能力强、协调能力强的人担任村党组织书记。一些地方大胆先行先试,不断拓宽用人视野,连云港赣榆区注重从回乡大中专毕业生、复转军人、乡土人才中培养选拔村党组织书记。盐城注重人才的梯队建设,一方面积极做好大学生村官的选聘、培训、管理工作,选拔能力突出的大学生村官担任乡镇领导职务、村两委正职或村(社区)两委副职,推动其参与富民项目,实现了大学生村官“下得去、干得好、流得动”,充实了乡村振兴的基层工作力量;另一方面建立村党组织书记后备队伍库,为村党组织书记队伍的选拔提供充足的人才储备。

二、村党组织书记的乡村治理能力在逐步提升

苏北坚持把村党组织书记培训教育作为基层党建的重要内容,从政治思想上教育和致富本领上培训,全面提升村党组织书记队伍的素质能力。不少地区在市级层面,都会定期组织村党组织书记培训班,比如徐州市在全市开展基层党组织书记轮训,以专家授课、集体研讨、现场教学、业务培训等方式,提升村党组织书记的理论水平和业务素质,加强其引领发展、服务群众的责任意识。宿迁等地为了扩大村党组织书记的视野,还定期组织村党组织书记队伍赴广州、浙江等先进地区进行考察实训,提升村党组织书记的管理能力。另外,淮安市创设的“1+3+X”培育孵化模式也是提升村党组织书记能力的途径中较好的一类创新探索。所谓“1+3+X”培育孵化就是通过1名优秀的书记牵头成立“党组织书记工作室”,邀请专家学者、党员干部、高层次技术人才担任管理、党建、

技术三方面的顾问，对党组织书记进行全方位的培育孵化，培育成熟后再让“X”中具备条件的书记变成新的“1”。

三、村党组织书记管理的规范化成效突显

加强村党组织书记队伍建设关键是规范好和约束好这支队伍，因此，构建良好的管理机制必不可少。在实践中，苏北地区都在积极探索村党组织书记队伍管理的方式方法。淮安早在2015年就出台了《淮安市村(社区)党组织书记市县乡共同管理暂行办法》，在全省率先探索建立村书记三级共管机制，把思想政治素质好、协调服务能力强、致富带富能力强的“一好双强”型村党组织书记列入市县乡三级共同管理，并建立了乡镇党委书记、县区党政班子成员和市县组工干部挂钩联系共管书记制度。

宿迁等地实施村党组织书记“职业化”管理模式，实施任免“双报告”和工作“双考核”制度。一方面，凡涉及村党组织书记职位变动的，包括新任、离任、转任等，调整前乡镇党委都要以书面形式向组织部报告拟变动人员基本情况，说明调整意见及理由，并附公检法和征信等部门联查联审书面记录，经组织部门批复调整后，乡镇党委还需如实填写村干部基本情况登记表，并上报县委组织部门进行备案；另一方面，组织部门和相关条线单位利用每季度和年底对所有村逐一过堂，精准考实工作实绩。对工作能力不佳、实绩落后的村党组织书记及时加压鼓劲，经提醒后效果不佳的，进行岗位调整。

连云港近年积极完善村党组织书记管理监督机制，推广以党组织领导、议事会表决、村委会落实、监委会监督的“一委三会”治理模式，编制村委运行流程图和村社权力清单，建立事前请示报告、派驻干部参与、决策全程记录三项制度，实行提议、决策、实施、监督、核查等“五步”规范运行制度，全面推进任免备案管理制度，对村党组织书记实行全流程控制管理，保障了村党组织书记队伍的稳定性。

四、村党组织书记队伍的活力不断激发

干事创业需要一支充满活力的队伍，一支充满战斗力、创造力的村党组织书记队伍是乡村振兴的坚实保障。苏北地区党委政府高度重视对基层干部队伍的鼓励激励，结合实际出台了一系列政策、措施，以提高村党组织书记的政治地位、经济待遇。

淮安市洪泽区在村书记队伍建设过程中，采取“四十”模式，着力构建村书

记待遇保障激励体系。所谓“四+”,即在报酬奖励上,实行“基本报酬”+“考核报酬”的奖励形式,健全和优化村书记岗位薪酬结构和逐年增长机制,以此增强村书记岗位的吸引力和工作干劲;在岗位激励上,加强“精神激励”+“物质奖励”,加大评先评优和招考公务员、事业单位向村书记的倾斜力度,创新建立村书记“荣誉津贴”,打通村书记上升通道,增强村书记干事创业的内生动力;在福利待遇上,落实“养老保险”+“医疗保险”,实行退休村干部养老金动态增长机制,加大离任村干部慰问帮扶力度,进一步提升村书记的获得感和幸福感;在考核激励上,严格“目标考核”+“责任考核”,明确党组织的主体责任和党组织书记第一责任人责任,建立村书记工作目标绩效管理考评机制,严格奖惩兑现。

宿迁着力打破村党组织书记因身份原因造成的晋升阻碍,研究出台了《关于培养新型村干助推乡村振兴的实施意见》,明确提出“每年招聘一批符合条件的村党组织书记进入事业单位”,并且专门制定了《村(社区)党组织书记工作实绩评定参考》,对年度考核、重点工作、集体经济收入、满意度情况、党风廉政建设等明确考评标准。依据考核标准,宿迁部分地区试行了“双结构”的报酬制度,即村党组织书记的工资由基本报酬和考核奖励两部分构成,基本报酬统一由财政局纳入全年预算,按月足额发放至个人账户,并且考核奖励与上一年度村书记的工作实绩考核结果挂钩,按排名前10、前20、前50、前100四个等次,分别上浮60%、40%、30%、20%。从实际运行情况看,差额化的报酬机制进一步激发了村党组织书记干事创业的积极性。

连云港市赣榆区制定出台《村党组织书记参加企业职工社会养老保险办法》,明确规定由镇财政集中为村党组织书记缴纳企业职工养老保险费,具体费用按一定比例由个人和集体共同承担,确保符合条件的村党组织书记全部参加企业职工养老保险。

通过以上一系列创新举措,苏北农村党组织书记队伍的活力得以不断激发,为江苏乡村振兴提供了不竭动力。

第二节　苏北地区加强村党组织书记队伍建设的新挑战

习近平总书记在山东考察时曾强调,要加强基层党组织建设,选好配强党组织带头人,发挥好基层党组织战斗堡垒作用,为乡村振兴提供组织保证。苏北地区在乡村振兴和村党组织书记队伍建设上取得了明显成效,但与脱贫攻坚、乡村振兴的新时代要求以及基层党员群众的期望相比,仍然有一定差距,存在着一些亟待解决的问题。

一、村党组织书记岗位吸引力不强，干事创业的热情需要持续激发

村党组织在基层治理中承担着极其繁琐的行政事务性工作，在考核的序列中处于最底层，除了基层党建、脱贫攻坚、乡村振兴、村民自治等工作外，还要承担社会稳定、拆迁控违、环境整治、秸秆禁烧等诸多工作，其中大量的事务性工作涉及“一票否决”。繁琐的基层工作和压力型体制导致基层党组织书记普遍感觉压力巨大。调研中，不少村党组织书记表示，乡村振兴的时代背景下，工作任务重、要求高，压力越来越大。巨大的岗位压力导致少数干部存在思想松懈、积极性不高的情绪。有些干部惯性落实上级布置的行政工作，主动联系群众、服务群众的工作做得相对较少，在一定程度上存在应付、被动的思想；有些干部抱着宁愿少做事、怕干多了会出事的心态，逃避责任。调研发现，有些干部认为，“完成上级交办的任务，创新与否不重要”。与繁重的工作任务相对的是村党组织书记的报酬待遇仍然偏低，岗位吸引力不强。调研发现，不少地区村(社区)党组织书记的基本报酬低于省市规定的基准线，由于考核报酬主要由地方自行制定，导致执行的差异较大，也产生了同工不同酬的现象，挫伤了部分干实事、出实绩的村党组织书记的创业激情，降低了岗位的吸引力，导致部分地区存在“能人不愿干、想干不会干”的现状。

对于村党组织书记的政治、物质激励机制还不完善。调研中，不少村党组织书记反映，由于身份、年龄、学历等因素限制，村党组织书记上升渠道比较窄，有些村党组织书记在基层工作十几年，没有渠道转换身份，考试又比拼不过年轻的村干部，因而存在着上升无望、内心焦虑的负面工作情绪。

二、村党组织书记后备干部储备不足，需要不断拓展提拔选拔渠道

习近平总书记指出，村党组织书记是最贴近群众的领导干部。他们不仅要有深厚的政治素养，而且要有丰富的实践经验。从村党组织书记的成长路径来看，出于熟悉村情、熟络民情、树立权威和方便管理的需要，这些人选往往源自本乡本土，普遍存在着“师傅带徒弟”之类的“传帮带”现象。事实上，众所周知，江苏地区特别是苏北不少农村优秀人才大量流出，大批有文化的农村青年转向城市、城镇，大量优秀人才考取了大专院校离开农村，加之一些年轻党员对当村干部热情不高，导致一些地区村党组织书记后继无人。农村“空巢化”的现状，客观上造成了村干部后备人选的不足，少数村的村干部换来换去都是老面孔。

比如，赣榆区某某村在 2016 年村党组织换届时，由于无合适人选，只能由镇党委推荐机关事业干部参与换届。

三、村党组织书记的带富能力不强，综合素质仍有提升空间

调研发现，一些地区的村党组织书记队伍存在着年龄大、文化低、独立分析解决问题能力不强的现状，对新形势下发展现代农业、建设新农村、带领农民致富的办法不多，跟不上现代信息化、网络化和科学化发展的新要求。少数村党组织书记仍然属于“经验型”“资历型”干部，处理问题基本靠经验、靠面子，处理解决农村复杂矛盾的能力不强，缺乏驾驭市场经济的能力。特别是在面对“强富美高”的新江苏建设的实际需求时，少数村党组织书记推动村经济发展的能力不足、办法不多，有“等靠要”的依赖思想，寄希望于上级部门的资金帮扶；有的群众工作能力不强，不愿与群众打交道，不会讲老百姓的话，导致老办法不管用、新办法不会用、硬办法不敢用，在一定程度上影响了村党组织作用的发挥。有调研显示，61%的受访者认为村党组织书记发展村级经济的能力需要加强。

四、管理监督的机制需要切实完善

从苏北地区农村党组织书记队伍建设的实际看，各地按照中央和省市党委的要求，严格纪律规定，加强对村党组织书记的管理监督。总体上看，村党组织书记队伍是好的，但也存在一定的问题。相比于各级机关单位，基层党组织处在“上级监督太远、同级监督太弱、群众监督太难”的地位。监督体系的不完善增加了权力制约的风险，少数村党组织书记往往会以“小节无碍”宽容自己，以“下不为例”为开脱理由，放松对自我的约束。少数村没有很好地贯彻落实民主管理制度、财务审批制度，对现金、实物管理不严，对村级事务、集体经济的监督管理还存在不同程度的漏洞和形式主义，一些地方缺乏监管力度和扎实作风。

第三节　新时期苏北地区加强村党组织书记队伍建设的建议

“尚贤者、政之本也”，农村基层组织书记能力的强弱、素质的高低，直接影响基层党组织建设的水平和成效，进而影响乡村振兴的进程。建设一支守信念、讲奉献、有本领、重品行的农村基层党组织书记队伍事关全局、影响深远。需要从加强领导、创新举措、构建机制和提升能力等多个方面入手，形成共识、

凝聚合力、共同推进。

一、着眼于乡村振兴的实际需要，坚持标准拓宽选人用人视野

乡村振兴关键在党、关键在人，只有选好乡村振兴的带头人，才能充分发挥基层党组织的活力。一是要打破用人界限，拓展用人渠道。早在2010年，中央组织部下发了《关于加强农村党支部书记建设的意见》，对农村党支部书记的选任标准、选人渠道、选任方式和后备人才培养等方面作了明确规定。在选人渠道方面，提出要拓宽思路，主要从本村优秀现任村干部、致富能手、农民经纪人、农民专业合作组织负责人、复员退伍军人、外出务工返乡的农民党员中选拔村党支部书记。鼓励优秀民营企业经营管理人员，县乡机关和企事业单位退居二线、提前离岗或退休干部职工中的党员回原籍担任村党支部书记。如果本村暂时没有合适人选的，也可以从县直部门和乡镇机关党员干部中选派。要积极探索村党支部书记跨村任职，采用强村带弱村、大村带小村的办法建立联合党组织，从中择优选拔村党支部书记。这种拓宽选人渠道的做法对于选准用准村党支部书记大有裨益。二是培育接班"梯队"。要严格按照《加强村党组织书记后备人才队伍建设的通知》的要求，制订和构建村党组织书记队伍建设的长远规划，按照长期、中期和近期目标，逐级推荐遴选一批后备人才。应将打造后备梯队列入各级党委的重要议事日程，并将其作为抓基层党建工作述职评议考核的重要内容。在后备人才的选择上，以辖市、区为单位，以村两委现职干部为基础，重点在致富能手、企业经营管理者、外出务工经商人员、农民专业合作组织负责人、大学生村官、复退军人、返乡大专毕业生中选拔。在建立人才库后，要实现择优储备、动态调整、重点培养、跟踪考察、备用结合，充分培育后备干部，加速他们的成长，缩短履职成长期。三是严把选人用人的政治关、廉洁关、作风关和能力关，按照公推与公选相结合的方式，将"相马"与"赛马"相结合，明确"正负"两项选人标准，将政治过硬作为主要正向标准，将"不同心、不在岗、不作为"作为主要负向标准，让能上者上、能下者下，真正选出对乡村振兴充满热情、能够为老百姓办实事、出实绩的村党组织书记。

二、以教育培训为突破点，增强村党组织书记的带富能力

增进农村党组织书记能力，根治本领恐慌的现象，必须从实际出发，按需施教，创新施教模式，提升培训教育的实效性。一是按需施教、抓好培训。坚持缺什么补什么的原则，针对新形势下村党组织书记所处的地位、作用和岗位特征，

围绕着农村热点、难点问题，以农村工作方法、民主法制建设、领导科学、土地政策、村镇规划及经济发展等内容为核心，强化实用技术技能培训，不断提高村党组织书记引领经济发展、创新社会治理的能力。二是分类施教。培训教育不仅要囊括村党组织书记队伍，而且还要涵盖后备队伍。按照施教对象的现实需求，将施教内容分为“思想格局”“工作格局”“能力格局”三种“格局”教育。骨干型的村党组织书记突出组织领导力、引领发展力、群众工作能力等三种能力教育，进一步培养锻造本领过硬、素质过硬、适岗能力强的村党组织书记；纳入人才库的后备型干部，突出基本修养、基本常识、基本能力三类教育，进一步培养思想作风正、规矩意识强、实战能力好的村年轻干部。三是创新施教途径。依托基层干部学院、社科院、区委党校及高校机构，围绕着“强富美高”的新江苏建设，创新培训教育模块，比如，可以设立党建实务培训模块、乡村振兴战略模块、脱贫攻坚教育模块、电子商务教育模块等。通过这些定制式的、具有鲜明特色的培养模块，迎合村党组织书记能力建设的现实需求，提高其履职本领。另外，还要不断丰富教育形式，定期发布学习主题，组织优秀的村党组织书记谈经验讲做法、晒成绩打擂台，推动学用转化、比学赶超；充分利用互联网信息技术的便利性，打造党建智慧化平台，定期推送学习内容，组织村党组织书记和备选对象在线学习，依托微信群、QQ 群加强学习者之间的学习交流，依靠“线上＋线下”检查相结合的方式定期检查测试学习效果。四是突出实战导向。应组织镇领导班子成员、村党组织书记与村后备人才结成帮扶对子，跟踪帮促培养，定期谈心谈话，了解工作动态。制订人才培养计划，安排村党组织书记后备人选，到镇机关站所挂职，参与脱贫攻坚、环境整治、拆迁安置、综合治理等工作，提升整体干部队伍解决实际问题的能力。

三、加强对村党组织书记的权力监督，提升干部队伍的凝聚力和组织力

村党组织书记虽是最基层的干部，但个个直面百姓；村书记权微，但事事关乎民生。其廉洁、公正与否，直接影响着基层群众对党和政府的认同，必须加强监督，防止“有权任性”，确保权力在阳光下运行。一是完善权力监督体系。要创新“三务公开”的形式，党务、村务和财务公开是权力公开透明的一项基础性工程，可以借鉴“扬州经验”，变单一的公开栏为灵活的书面简报形式，定期出版“乡村简报”，发放到村级服务中心，供村民随时取阅，接受村民的监督。严格实施个人事项报告制度，建议借鉴陕西“铜川模式”，适时将领导干部报告个人有关事项制度延伸到村级，出台村干部个人报告的具体办法，将所有行政村“两

委”主要干部纳入报告范围。村党组织书记、副书记和村委会主任、副主任除每年第一季度进行年度例行报告外，每三年一次的两委换届结束后，进行集中报告，促使村党组织书记清白做人，干净做事，防止“小官大贪”。二是改进群众监督方式。保障群众的知情权、信息权是提升群众监督效率的重要条件。可以借鉴安徽“天长模式”，将农村资金、资产、资源管理和宅基地审批等日常运作频繁、村民普遍关心的村级事务各项权力分门别类、界定清晰。建议编制《村级小微权力清单和运行规范》口袋书，发放到村民和村干部手中，让基层干部和群众明白干部权力运行的红线，既帮助基层干部认清权力的边界，也为村民加强监督提供指南。三是构建长效机制。一方面，形成干部能上能下的常态化机制，可以借鉴“浙江经验”，健全完善村党组织书记岗位职责，推行竞职承诺、创业承诺和辞职承诺“三承诺制”。村书记出现“辞职承诺书”所列辞职情形的，启动辞职程序。还可以借鉴“四川经验”，明确规定村书记“为官不为”的具体表现，研究不胜任、不称职、不合格书记调整处置方法，请为官不为者出局。另一方面，也要坚决贯彻落实省委出台的“三项机制”的要求，为符合免责容错条件者担责和容错，积极营造干事创业的氛围，鼓励干事创业者为苏北乡村振兴贡献力量。

四、强化村党组织书记的激励保障，营造栓心留人的政治环境

抓好村党组织书记队伍建设，保障激励是关键，不仅需要“紧箍咒”，也需要“关心关爱”，让这一群体有奔头、有想头、有盼头，真正让村党组织书记岗位更有吸引力、更体面。一是要让基层负担“减下来”。适时组织督察回头看，全面检视苏北各地贯彻落实中央《关于加强和完善城乡社区治理的意见》以及江苏《关于加强农村社区治理与服务的意见》中关于基层减负增效的具体要求，推动“人往基层走、钱往基层投、政策往基层倾斜”，特别是在提高财政补助村级组织运转经费标准，提高农村干部养老和医疗保险补助、设立村级组织为群众服务专项经费等方面提供政策支持，保障农村基层“有人管事、有钱办事、有场所议事”，减轻农村党组织书记的工作负担，帮助他们集中精力振兴乡村。二是要把收入水平“提上去”。除了按相关规定落实“一定三有”的基本保障、加强集体经济以逐步缩小报酬待遇的区域性差异外，还可以借鉴“湖北模式”，以县（区、市）为单位，按照镇长工资水平确定村书记的最低报酬标准，并实行同步调整。逐步建立村党组织书记基本报酬正常增长机制，建议确保村党组织书记基本报酬不低于上年度全区农民人均可支配收入 2 倍标准，具体的考核报酬可以由各镇结合村党组织书记目标管理考核的情况确定。另外，还可以建立集体经济突出

贡献奖制度,鼓励村党组织根据本村实际,发挥优势、挖掘潜力,拓宽日常生活经济收放渠道,将村日常生活经营性收入与村党组织书记报酬挂钩,对发展壮大村集体经济做出突出贡献的村党组织书记,经村民议事会讨论通过,镇党委审核批准,村集体经营性收入增长部分按照一定比例奖励村党组织书记,奖励的标准可以对标上年度地区农民人均可支配收入。还可以建立在职村党组织书记年功性保险补贴制度,对任职满 25 年的,由区级财政进行补贴,并按任职年限逐年提高。鼓励各地区通过享受事业编制待遇,更好地解决农村党组织书记的后顾之忧,吸引更多优秀人才从事基层工作。三是精神上的关怀要"跟上来"。激发农村党组织书记的干劲和热情,除了经济待遇、政治舞台,更重要的是形成一种积极向上的气场、氛围和文化。要建立上级党组织有关负责人与村书记经常性的谈话谈心制度,帮助他们解决工作和生活中遇到的矛盾和困难。进一步加大表彰优秀和宣传模范的力度,围绕着"政治素质强、担当作为强、发展本领强、作风纪律强、治理能力强"等五个方面的标准,每年对村党组织书记进行综合考评,树立一批优秀村党组织书记的先进典型,发挥先进示范和引领作用,推动村党组织书记对标找差,补短板、强弱项,激发村党组织书记队伍干事创业的斗志,激励广大村党组织书记不忘初心、牢记使命,为推动乡村振兴贡献力量。

参考文献

[1] 蔡清平. 提升党员教育管理质量[N]. 中国组织人事报,2019-04-26(6).

[2] 陈健. 红色党建促乡村绿色振兴[J]. 群众,2019(10).

[3] 刘彦林. 配强农村基层"主心骨"[N]. 中国组织人事报,2019-02-01(6).

[4] 决胜全面建成小康社会夺取新时代中国特色社会主义伟大胜利——在中国共产党第十九次全国代表大会上的报告. 人民日报,2017-10-28(1).

[5] 中共湖北省委组织部. 全面实行村党组织书记县级党委备案管理[J]. 党建研究,2019(5).

[6] 周铁根. 推动新时代农村基层党建全面过硬[J]. 群众,2018(21).

改善苏北农村住房条件

仇桂且 佟 姗
（苏北发展研究院）

苏北地区农村群众住房水平普遍不高，如果再不重视解决，等到中西部地区通过扶贫搬迁等措施实现脱贫后，苏北就可能成为全国农村住房条件最差的地方。省委十三届四次全会上，省委书记娄勤俭这一席话振聋发聩，在全省上下产生强烈反响。加快苏北农村住房条件改善，推进农民群众按城镇化规律集中居住，既是我省贯彻落实习近平新时代中国特色社会主义思想的基本要求，又是积极回应农民群众殷切期盼，满足人民群众对新时代美好生活向往的关键途径，也是顺应"四化同步"规律，提升苏北城乡整体建设水平，实现高质量发展的重要战略。在苏北农村住房条件改善过程中，要进一步加强组织领导，强化产业支撑，完善公共基础设施配套，增加农民财产性收入，让广大农民群众不仅能够上得了楼，而且能够留得下来，防止"二次空心化"风险。

尊重农民意愿是基本前提。推进苏北农村住房条件改善的根本目的，就是提高农民生活质量，满足人民群众对美好生活向往的现实需求，不能忘记推进这项工作的初心。苏北农村住房条件改善的前提是尊重农民意愿，倾听农民心声，回应农民关切，打消农民忧虑，赋予农民群众一定的自主权、话语权、参与权和选择权。省委、省政府在相关文件中明确提出，要深入宣传发动，强化政策引导，激发农民群众自愿改善居住条件的积极性和主动性，按照"先申请后实施、先建设后拆除"的要求，做好农民新旧住房过渡衔接，严禁强拆强建，赶农民上楼。此外，农房建设模式也应尊重农民意愿，探索多元化建设模式，既可统规代建，也可由农户按统一规划设计自行建设，并且要保障农民利益，方便农民的生产和生活，让农民真正从中受益，这样才能最大限度地赢得农民的拥护和支持。

满足农民需求是重要抓手。要想解决新型农村社区可能出现的"二次空心化”问题，最为关键的就是重视并满足农民的根本需求。苏北是江苏欠发达地区，全面小康建设的难点在苏北，关键也在苏北。由于历史遗留问题和经济发展滞后，农村中的老房、旧房比较多，严重影响广大农民群众的生存质量。截至2016年底，尚有50%的农村住房是于2000年之前建造的，很多老房、旧房年久失修，存在极大的安全隐患，特别是一些农村贫困户的房子已经成为危房，沦为脱贫奔小康的短板，甚至还不如中西部贫困地区农民的住房条件，是迫切需要改善和解决的问题。首先，要改革完善住房补偿制度，借鉴以“土地换社保”的方式，弱化农民对土地的依赖，并应尽快完善相关政策，提高保障额度与力度；其次，依法推进土地流转，实行土地规模经营，改变原有土地的生产、使用、分配方式，使农民能够真正从中获益；最后，积极推进农村住宅确权，规范农村住宅交易市场，保障农民住房产权，增加农民财产性收入。

实现乡村振兴是根本举措。乡村振兴是加快农村发展、缩小城乡差距、实现农村现代化的必由之路。习近平总书记在党的十九大报告中指出，实施乡村振兴战略，“要坚持农业农村优先发展，按照产业兴旺、生态宜居、乡风文明、治理有效、生活富裕的总要求，建立健全城乡融合发展体制机制和政策体系，加快推进农业农村现代化”。实现乡村振兴，不仅可以改善农村住房条件，而且可以优化农村资源配置，为农村注入新的生机和活力，助推城乡二元结构难题和社会公平问题的破解。例如，农村耕地问题、农民就业问题、留守老人问题、留守儿童问题、农民工文化融合问题以及农村优秀传统文化的传承问题等。在苏北新型农村社区建设过程中，乡村振兴使得农民在集中居住后实现“搬得出、稳得住、能致富”，从根本上避免“二次空心化”风险，让农村真正成为农民安居乐业的美丽家园。

（《新华日报》2019年6月4日，收录本书时略有改动）

历史文化名城立法保护问题研究

——以淮安市为例

主持人:李银生(淮阴工学院)
课题组:王 娜 高 欣 陈上海

内容提要:历史文化名城保护可以追溯到新中国建立初期的北京古城保护方案即"梁陈方案",改革开放初期学者倡议历史文化名城保护,现国务院公布的历史文化名城有 135 座。《中华人民共和国文物保护法》《中华人民共和国城乡规划法》《历史文化名城名镇名村保护条例》《城市紫线管理办法》《历史文化名城保护规划规范》等法律、法规先后出台,有 109 个历史文化名城制定了地方性法规进行名城立法保护。近几年有 13 个历史文化名城因保护不力被通报批评。淮安市 1982 年被国务院确定为历史文化名城,2016 年淮安市获得地方立法权,历史文化名城立法保护的必要性、可行性均已具备,应尽快把淮安历史文化名城立法保护项目纳入地方人大立法计划。

历史文化是城市的灵魂,要像爱惜自己的生命一样保护好城市历史文化遗产。

——2014 年 2 月,习近平在北京考察工作时的讲话

历史文化遗产是不可再生、不可替代的宝贵资源,要始终把保护放在第一位。

——2020 年 5 月,习近平在山西考察时的讲话

一个城市的历史遗迹、文化古迹、人文底蕴,是城市生命的一部分。文化底蕴毁掉了,城市建得再新再好,也是缺乏生命力的。要把老城区改造提升同保护历史遗迹、保存历史文脉统一起来,既要改善人居环境,又要保护历史文化底蕴,让历史文化和现代生活融为一体。

——2019 年 2 月,习近平在北京看望慰问基层干部群众时的讲话

第一节 国家历史文化名城保护概况

一、历史文化名城保护历史脉络

早在新中国成立初期,关于历史古城保护的思想就有过讨论,比如著名建筑学家梁思成、陈占祥先生,为了保护北京古城原貌,曾于 1950 年 2 月,撰写完成长达二万五千字的《关于中央人民政府行政中心区位置的建议》的保护规划,为了实现这个古城保护方案,二位先生也付出极大的努力,但终究因为种种原因,此方案最终被废弃搁置,成为北京城发展规划史上的憾事。但是二位先生提出的北京古城保护方案,成为中国规划史上著名的“梁陈方案”。

改革开放以后,历史文化名城保护问题,日益引起学者的关注,最具代表性的就是北京大学侯仁之先生、建设部郑孝燮先生、故宫博物院单士元先生,在 20 世纪 80 年代初提出历史文化名城保护的倡议。根据学者们的提议,国务院把保护历史文化名城作为保护历史文化遗产的重要内容,并建立了文物保护机制。根据这种机制,由国务院确定并公布国家历史文化名城,这些城市均为保存文物特别丰富、具有重大历史价值或者纪念意义、且正在延续使用的城市。

1985 年,由侯仁之、郑孝燮、阳含熙和罗哲文等先生在全国政协提案,启动了我国加入《保护世界文化和自然遗产公约》的工作。成为公约缔约国后,我国的历史文化名城保护工作得到了进一步的加强。

自国务院 1982 年公布首批国家历史文化名城以来,截至 2018 年 5 月共有 135 座城市被确定为国家历史文化名城。

二、历史文化名城基本情况

国家历史文化名城,根据《历史文化名城名镇名村保护条例》的规定,满足下列条件的,可以申请为国家历史文化名城:保存文物特别丰富;历史建筑集中成片;保留着传统格局和历史风貌;历史上曾经作为政治、经济、文化、交通中心或军事要地,或发生过重要历史事件,或其传统产业、历史上建设的重大工程对本地区的发展产生过重要影响,或能够集中反映本地区建筑的文化特色、民族特色;在所申报的历史文化名城保护范围内还应当有 2 个以上的历史文化街区。

根据城市历史特点的不同，国家历史文化名城主要可以分为七大类型，具体如下：

历史古都型，即都城时代的历史遗存物、以古都的风貌为特点的城市；传统风貌型，即保留了一个或几个历史时期积淀的完整建筑群的城市；一般史迹型，即分散在全城各处的文物古迹为历史传统主要体现方式的城市；风景名胜型，即建筑与山水环境的叠加而显示出鲜明个性特征的城市；地域特色型，即以地域特色或独自的个性特征、民族风情、地方文化构成城市风貌主体的城市；近代史迹型，即以反映历史上某一事件或某个阶段的建筑物或建筑群为其显著特色的城市；特殊职能型，即某种职能在历史上占有极突出的地位的城市。

截至 2018 年 5 月，我国共确定公布了 135 座国家历史文化名城，具体名单如下（表一、表二、表三）。

表一　第一批 24 座国家历史文化名城（1982 年 2 月 8 日公布）

1 北京	7. 杭州	13. 开封	19. 遵义
2 承德	8. 绍兴	14. 荆州	20. 昆明
3. 大同	9. 泉州	15. 长沙	21. 大理
4. 南京	10. 景德镇	16. 广州	22. 拉萨
5. 苏州	11. 曲阜	17. 桂林	23. 西安
6. 扬州	12. 洛阳	18. 成都	24. 延安

表二　第二批 38 座国家历史文化名城（1986 年 12 月 8 日公布）

1. 天津	11. 阆中	21. 敦煌	31. 淮安
2. 保定	12. 宜宾	22. 银川	32. 宁波
3. 济南	13. 自贡	23. 喀什	33. 歙县
4. 商丘	14. 镇远	24. 呼和浩特	34. 寿县
5. 安阳	15. 丽江	25. 上海	35. 亳州
6. 南阳	16. 日喀则	26. 徐州	36. 福州
7. 武汉	17. 韩城	27. 平遥	37. 漳州
8 襄阳	18. 榆林	28. 沈阳	38. 南昌
9 潮州	19. 武威	29. 镇江	
10. 重庆	20. 张掖	30. 常熟	

表三　第三批37座国家历史文化名城(1994年1月4日公布)

1. 正定	11. 长汀	21. 岳阳	31. 建水
2. 邯郸	12. 赣州	22. 肇庆	32. 巍山
3. 新绛	13. 青岛	23. 佛山	33. 江孜
4. 代县	14. 聊城	24. 梅州	34. 咸阳
5. 祁县	15. 邹城	25. 雷州	35. 汉中
6. 哈尔滨	16. 临淄	26. 柳州	36. 天水
7. 吉林	17. 郑州	27. 琼山	37. 同仁县
8. 集安	18. 浚县	28. 乐山	
9. 衢州	19. 随州	29. 都江堰	
10. 临海	20. 钟祥	30. 泸州	

后续增补的国家历史文化名城有:

山海关区(2001.8.10)、凤凰县(2001.12.17)、濮阳市(2004.10.1)、安庆市(2005.4.14)、泰安市(2007.3.9)、海口市(2007.3.13)、金华市(2007.3.18)、绩溪县(2007.3.18)、吐鲁番市(2007.4.27)、特克斯县(2007.5.6)、无锡市(2007.9.15)、南通市(2009.1.2)、北海市(2010.11.9)、宜兴市(2011.1.27)、嘉兴市(2011.1.27)、太原市(2011.3.17)、中山市(2011.3.17)、蓬莱市(2011.5.1)、会理县(2011.11.8)、库车县(2012.3.15)、伊宁市(2012.6.28)、泰州市(2013.2.10)、会泽县(2013.5.18)、烟台市(2013.7.28)、青州市(2013.11.18)、湖州市(2014.7.14)、齐齐哈尔市(2014.8.6)、常州市(2015.6.1)、瑞金市(2015.8.19)、惠州市(2015.10.3)、温州市(2016.5.4)、高邮市(2016.11.23)、永州市(2016.12.16)、长春市(2017.7.3)、龙泉市(2017.7.16)、蔚县(2018.5.2)。

三、历史文化名城研究机构

国内从事历史文化名城学术研究的主要机构有同济大学、清华大学、苏州科技大学、绍兴文理学院等高校科研机构。

同济大学国家历史文化名城研究中心,由住房和城乡建设部及同济大学共同领导,该中心具体的业务范围包括:组织开展历史文化名城保护与建设的综合性研究;推进国内外各相关研究机构和组织之间的学术、信息、文化交流和合作;举办学术会议和全国性的讲座、培训和展览宣传;根据国家管理部门需要,组织专项调查研究和综合性政策研究;承接国家课题研究项目;推动我国历史文化名城之间的保护实践经验交流与合作；编辑专业资料及论文著作；培养博士生、硕士生和进修生。

北京清华同衡历史文化名城研究所成立于2006年，重点研究文物保护、历史文化名城保护、旧城更新规划、历史城市营造建设规划。历史文化名城研究所以保护文化遗产，创造美好生活为愿景，业务领域全面覆盖历史文化名城保护规划编制、申报、保护提升全程咨询服务，历史文化街区（风貌区）保护规划编制、保护提升全程咨询服务，历史文化名镇、名村保护规划编制、申报、保护提升全程咨询服务，世界文化遗产申报与保护管理全程咨询服务，文物保护单位立项、保护规划、保护工程咨询服务，城市特色空间规划设计服务。

苏州科技大学苏州国家历史文化名城保护研究院（简称“名城研究院”）成立于2014年3月，是校直属研究机构。在2013年9月签订的“省市共建协议”中，苏州市人民政府明确提出重点支持并与苏州科技大学共建“苏州国家历史文化名城保护研究院”科研平台。2014年4月，苏州市姑苏区人民政府、苏州国家历史文化名城保护区管委会与苏州科技大学签订共建“苏州国家历史文化名城保护研究院”协议书，开始全面参与和支持研究院的建设，并在项目研究、干部挂职和人才培养等方面全方位展开了合作。“名城研究院”由苏州科技大学和研究院共建管理委员会双重领导，由学术委员会总体指导学术研究工作。现内设办公室、名城遗产保护技术实验室、名城保护规划研究所等8所2室，研究方向基本涵盖了名城保护的全领域。研究队伍集全校之力，依托校内相关优势学科和重点专业，专兼职相结合，并聘请了部分校外专家学者作为特聘研究员参与研究和指导工作。“名城研究院”还与苏州市名城保护相关政府管理部门，与国内外相关高校、研究机构、社会组织及大型企业建立了密切联系，加强了各类合作。“名城研究院”以需求为导向、项目为载体、服务为职责、双赢为目标，全面服务“苏州国家历史文化名城保护示范区”建设工作。围绕名城保护研究领域，以“政校共建”为依托，以学科交叉协同全覆盖的“全科型”和面向苏州实践应用的“落地型”为研究特色，紧密结合苏州名城保护与发展实践中的重大问题，重点研究名城保护的“苏州模式”，打造名城保护的“姑苏智库”，支持苏州实现名城保护研究和名城保护实践同步示范全国的目标。“名城研究院”对外辐射服务国内其他城市的名城名镇名村保护课题研究或工程咨询，对内组织名城保护相关基础理论研究和保护技术攻关，推动保护实践经验和学术交流，培养高层次名城保护专业复合人才。

绍兴历史文化名城保护与发展研究中心于2014年12月成立，该中心由绍兴文理学院地方合作处、土木工程学院牵头，绍兴市建管局、规划局、土地学会等部门参加发起成立。研究中心成立后在归纳总结现有名城保护规划成果的基础上，重点研究绍兴市历史文化名城保护规划。以历史文化名城保护与城市建筑的相关交叉学科作为研究方向制定的依据，主要依托土木工程学院的学科力量，整合校内外资源，从城市规划、建筑设计及其理论、建筑技术、可持续发展和文物遗迹保护等层面入手，多维度地开展历史文化名城保护和发展的科学研究工作。研究中心已初步确定了绍兴传统民居生态建筑技术研究、江南地区传统木构建筑柱础研究、绍兴民居建筑生态节水技术研究等 11 个研究方向。

在历史文化名城保护过程中，做出重要贡献的代表学者主要有:梁思成、罗哲文、郑孝燮、侯仁之、单士元、阳含熙、王景慧、阮仪三等。

四、历史文化名城立法保护

党和国家历来高度重视历史文化名城的立法保护工作，《中华人民共和国文物保护法》《中华人民共和国城乡规划法》确立了历史文化名城的保护制度，并明确规定由国务院制定保护办法。2004 年 2 月住房和城乡建设部颁布了《城市紫线管理办法》，2005 年 10 月 1 日，历史文化名城保护规划的国家标准《历史文化名城保护规划规范》(GB 50375—2005)正式施行，确定了历史文化名城保护的原则、措施、内容和重点。2008 年 7 月 1 日，国务院制定的行政法规《历史文化名城名镇名村保护条例》正式施行，规范了历史文化名城名镇名村的申报与批准，法规明确规定如果国家历史文化名城的布局、环境、历史风貌等遭到严重破坏的，由国务院撤销其历史文化名城称号。

但从国家历史文化名城保护的实践来看，也出现了一些令人担忧的情况，比较典型的是个别城市对历史文化名城保护不力，进入被通报批评的“黑名单”。

例如，2013 年 1 月 18 日，住房和城乡建设部、国家文物局联合下发通知，对山东省聊城市、河北省邯郸市、湖北省随州市、安徽省六安市寿县、河南省鹤壁市浚县、湖南省岳阳市、广西壮族自治区柳州市、云南省大理市等八个城市，因保护工作不力，致使名城历史文化遗产遭到严重破坏，名城历史文化价值受到严重影响的情况进行通报批评。2019 年 3 月 1 日，住房和城乡建设部、国家文物局联合下发通知，指出山东省聊城市存在在古城内大拆大建、大搞房地产开发问题，山西省大同市、河南省洛阳市存在在古城或历史文化街区内大拆大建、拆真建假问题，陕西省韩城市存在破坏古城山水环境格局问题，黑龙江省哈尔滨市存在搬空历史文化街区居民后长期闲置不管问题。鉴于上述问题导致国家历史文化名城历史文化遗存遭到严重破坏，历史文化价值受到严重影响，决定对聊城市、大同市、洛阳市、韩城市、哈尔滨市予以通报批评。

第二节 淮安历史文化名城立法保护背景

淮安位于江苏省中北部，江淮平原东部，长江三角洲北翼，江淮平原中段，是苏北中心城市，南京都市圈紧密圈层城市。淮安中贯京杭大运河，向南对接苏南、上海等地区经济辐射，向北作为开发苏北的前沿阵地和传导区域，素有“苏北门户”之称。淮安素来扼南下北上、东出西进水陆交通之要冲，是长江以北的核心地区，邻江近海，为南下北上的交通要道，区位优势独特，是江苏省的重要交通枢纽，也是长江三角洲北部地区的区域交通枢纽。

淮安至今已有2200多年的历史。秦时置县，境内有著名的“青莲岗文化”遗址，曾是漕运枢纽、盐运要冲，驻有漕运总督府、江南河道总督府。历史上与苏州、杭州、扬州并称运河沿线的“四大都市”，中国大运河淮安段入选世界遗产名录，有“中国运河之都”的美誉。淮安是国家历史文化名城、国家卫生城市、国家园林城市、国家环境保护模范城市、国家低碳试点城市、中国优秀旅游城市，为淮扬菜的主要发源地，是江淮流域古文化发源地之一，文化特色也因处于南北交会点具有文化融合的特色，形成了拥有运河文化、湿地文化、古城文化、曲艺文化、饮食文化以及名人文化于一体的独具特色的淮安文化。

淮安是国务院1986公布的第二批历史文化名城，目前共有世界文化遗产1处，国家级文物保护单位11处，省级文物保护单位35处，市级文物保护单位151处。

《淮安市城市总体规划(2016—2030)》确定淮安的发展方向为建设繁荣之城、安康之城、宜居之城、文明之城；《淮安市总体城市设计(2017—2035)》确定淮安城市空间特色主题为：“湖风河韵生态城、伟人故里运河都”。

一、法律背景

1. 国际立法

1931年，第一届历史纪念物建筑师及技师国际会议通过了《关于历史性纪念物修复的雅典宪章》(*The Athens Charter for the Restoration of Historic*

Monuments)，确立了历史性纪念物修复的基本国际规则。

1933 年 8 月，国际现代建筑协会(CIAM)第 4 次会议通过了关于城市规划理论和方法的纲领性文件——《城市规划大纲》，后来被称作《雅典宪章》，提出了城市功能分区和以人为本的思想，指出城市规划的目的是解决居住、工作、游憩与交通四大功能活动的正常进行。

1964 年 5 月 31 日，从事历史文物建筑工作的建筑师和技术人员国际会议(ICOM)第二次会议通过《保护文物建筑及历史地段的国际宪章》(又称《威尼斯宪章》)，确立了完全保护和修复古建筑的国际原则，每个国家有义务根据自己的文化和传统运用这些原则。

1972 年 11 月，联合国教科文组织通过了《保护世界文化和自然遗产公约》(*Convention Concerning the Protection of the World Cultural and Natural Heritage*)，确立了缔约国文化和自然遗产保护的国家义务。我国第六届全国人民代表大会常务委员会第十三次会议决定：批准联合国教育、科学及文化组织大会第十七届会议于 1972 年 11 月 16 日在巴黎通过的《保护世界文化和自然遗产公约》，成为该公约的缔约国。

2. 国内立法

规范历史文化名城保护的主要法律有《中华人民共和国城乡规划法》《中华人民共和国文物保护法》《中华人民共和国非物质文化遗产保护法》等。

规范历史文化名城保护的主要行政法规有《历史文化名城名镇名村保护条例》《中华人民共和国文物保护法实施条例》《风景名胜区条例》等。

规范历史文化名城保护的主要部门规章有《城市紫线管理办法》《城市古树名木保护管理办法》《城市雕塑建设管理办法》《世界文化遗产保护管理办法》等。

关于规范历史文化名城保护的地方性法规，截至 2019 年 5 月，全国有 12 个省(区、市)公布了省级历史文化名城保护法规，有 5 个省(区、市)启动了省级历史文化名城保护法规立法程序；有 109 座历史文化名城制定了保护法规，其中不少城市的首部立法就是历史文化名城保护专项立法。

规范历史文化名城保护的国家标准主要有《历史文化名城保护规划规范》(GB 50357—2005)。

3. 省内立法

截至 2019 年 12 月，江苏省内出台历史文化名城保护规范的城市主要有南京市、扬州市、苏州市、常州市、泰州市、镇江市、无锡市、南通市、兴化市、高邮市、常熟市等。其中地方人大公布地方性法规进行历史文化名城保护的主要有南京市、扬州市、苏州市、常州市、泰州市、镇江市等6个城市。

4. 本市立法

淮安最早的规范历史文化名城保护的文件应是《淮安历史文化名城保护规划介绍》(1987),后陆续制定了历史文化名城保护的相关规划,比如《淮安历史文化名城保护规划》(2010)、《淮安市城市总体规划(2016—2030)》、《淮安市河下古镇历史文化街区保护规划》(2016)等。

淮安市人民政府于2011年4月颁布了专门规范历史文化名城保护的政府规范性文件《淮安市历史文化名城保护管理办法》。

2016年1月淮安市取得地方立法权后,出台了多部地方性法规,其中有些地方性法规的内容,在一定程度上与历史文化名城保护有相关性,比如《淮安市永久性绿地保护条例》(2016)、《淮安市文物保护条例》(2017)、《淮安市周恩来纪念地保护条例》(2018)、《淮安市大运河文化遗产保护条例》(2020)等。

二、政策背景

在城市规划建设管理方面,2016年2月中央发布了《中共中央 国务院关于进一步加强城市规划建设管理工作的若干意见》,指出"城市规划建设管理中还存在一些突出问题:城市规划前瞻性、严肃性、强制性和公开性不够,城市建筑贪大、媚洋、求怪等乱象丛生,特色缺失,文化传承堪忧";强调"加强文化遗产保护传承和合理利用,保护古遗址、古建筑、近现代历史建筑,更好地延续历史文脉"。

在历史文化名城保护方面,2018年12月住房和城乡建设部、国家文物局联合召开了国家历史文化名城和中国历史文化名镇名村评估总结大会,认为历史文化名城名镇名村保护是我国改革开放40年来所取得的重大成就之一,保护了历史文化名城名镇名村和历史建筑的文化价值,有效延续了历史文脉,为世界文化遗产贡献了更多的中国文化资源。要认真学习领会和贯彻落实习近平总书记关于加强历史文化保护工作的系列重要讲话和指示精神,站在"保护弘扬中华优秀传统文化,延续城市文脉,保留中华文化基因"的高度,推动社会形成高度重视历史文化名城名镇名村保护的共识。

在历史文化名城名镇名村保护工作评估检查方面,2019年5月住房和城乡建设部、国家文物局发布了《关于历史文化名城名镇名村保护工作评估检查情况的通报》,指出历史文化名城名镇名村保护存在的主要问题:一是保护认识有待全面提高，二是保护实践仍存在一些问题，三是展示利用存在一些误区，四是监督实施机制需进一步健全。

第三节 淮安历史文化名城立法保护必要性

一、拟立法具体情况

1. 历史城区需要保护情况

淮安市历史文化名城保护的核心范围在淮安区，具体四至范围为：东至楚州大道，南至涧河，西至文渠、萧湖东南湖岸和里运河，北至翔宇大道，总面积约5.6平方千米，即淮安“三联城”范围。具体范围见图1所示。

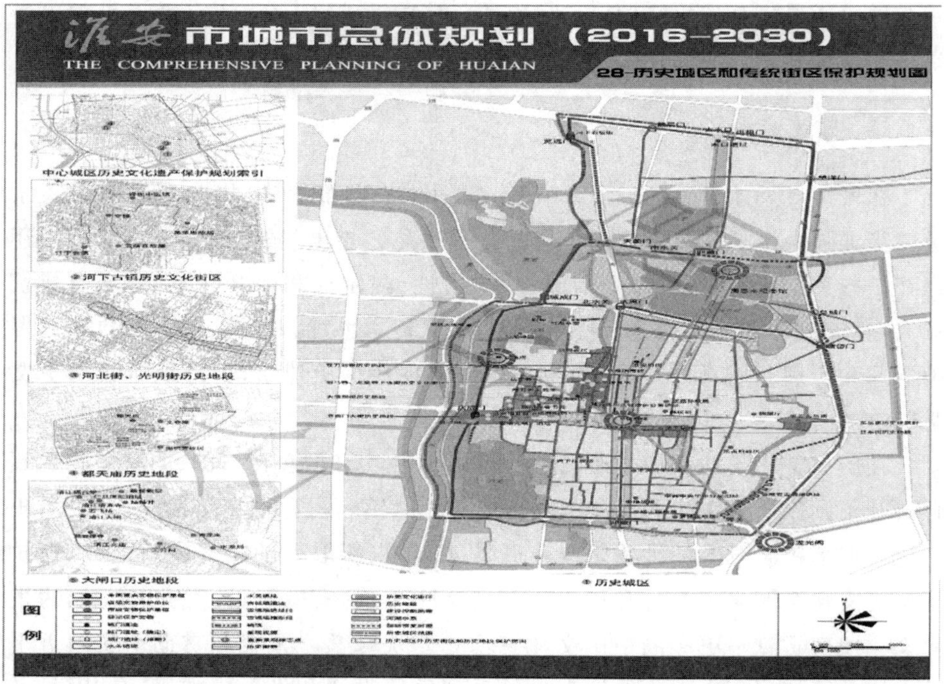

图1 淮安市历史文化名城保护核心范围图

需要整体保护“三城联立”的城池格局，重点保护老城、夹城、新城三城联立的平面轮廓；保护里运河、文渠和“四湖一垠”（萧湖、勺湖、月湖、荷湖和桃花垠）；保护石堤、码头、桥梁、驳岸及其相关历史遗迹；保护以镇淮楼为中心的棋盘上式道路街巷格局，保持新城、联城各城门、水关之间主要道路相互联通，保持50条历史街巷的走向、名称和历史环境要素。需要整体控制历史城区的空间形态，古城原则上控制新建建筑高度在24米以下，控制文通塔、镇淮楼和周恩来纪念馆周围一定范围内新建建筑高度在10米以下，保持南北中轴线两侧30米范围内新建建筑高度在10米以下。需要重点控制古城传统建筑风貌，使重要景观轴线和历史街巷沿线地区的新建筑形式、体量、色彩、风格等与传统格局相协调。

2. 其他需要保护对象情况

需要保护河下古镇、上坂街—驸马巷—龙窝巷2处省级历史文化街区；保护老西门大街历史地段、双刀刘巷历史地段、太清观街历史地段、东岳庙历史地段、县东街历史地段、都天庙历史地段、大闸口历史地段、河北街—光明街历史地段等8处历史地段。

需要保护淮安市大运河遗产尤其是清口枢纽和总督漕运公署；需要严格保护淮安市27片地下文物埋藏区；需要保护545株登记古树名木；需要保护202项非物质文化遗产。

需要保护历史建筑，加快推进历史建筑认定，优先开展城市更新区的历史建筑普查、认定、公布工作。

二、拟立法实际需要情况

淮安市在历史文化名城保护的实践中，不同程度地存在下列问题。这些保护实践中产生的问题，体现了淮安市历史文化名城地方立法保护的迫切需要。

（1）个别地方、单位、个人擅自私搭乱建、大拆大建造成建设性破坏，有的为了进行房地产开发，有的为了拓宽、整修道路，简单粗暴地拆除历史建筑。

（2）一定程度上存在重视历史文化遗存、遗产、遗址、遗迹等的前期申报，轻后期维护现象，个别地方存在对历史文化街区、历史地段和历史建筑长期不管不顾，甚至弃之不管任其衰败，一方面危及群众生命安全，另一方面也使历史遗存不断消失。

（3）存在造假古董破坏真实历史信息的现象。个别地方和部门在缺乏历史档案的情况下，真假不分，花巨资大量复建城墙，建假古街，造仿古楼、仿古桥、仿古亭阁牌坊等，用假古董破坏真历史，毁掉珍贵的文物和历史建筑。

（4）一定程度上存在缺乏整体保护的意识和手段。个别地方和部门只重视单体建筑保护，忽略对建筑周边环境保护，文物古迹成了“盆景”；有的只重视街区保护，忽略对老城整体传统格局、历史风貌保护；有的只重视对重要价值历史遗存保护，忽略对一般价值建筑、构筑物的保留利用；有的只重视文物保护单位、历史街区、历史地段、历史建筑保护，忽略对历史环境要素的保护。

(5) 一定程度上存在重物质轻人文倾向。有的地方、部门为开发旅游业、文博业、文创业搬空原住民，使得原有的人文环境不复存在。

(6) 利用不足与过度利用情况并存，活化利用的质量有待提升。有的地方、部门负责的大量历史遗存尚未得到很好利用；有的长期闲置，已经开展利用的也多以简单展示功能为主；有的在利用过程中，存在过度商业化倾向，脱离了原有文化价值。

(7) 缺乏展示历史文化信息的有效手段。有的地方、部门缺乏串联历史信息、讲述城市故事的能力，群众难以在日常生活中感知城市的文化底蕴和历史记忆。

(8) 历史文化名城保护规划作用有待加强。有的完善法律规定需要编制保护规划，但尚未编制保护规划；有的已经编制并经过批准的法定保护规划，需要提高保护规划的刚性管控作用；有的地方、部门对违反规划行为的监督问责力度不够，破坏性建设行为时有发生。

(9) 历史文化名城保护专业技术力量有待加强，需要加强历史文化名城保护的专业型管理；保护利用主体需要再明确，部门联动需要再理顺，管理制度需要配套设置，增强资金投入要保持可持续性等；用地性质调整和建筑功能转，消防审核、经营许可和工商注册等审批手续办理等需要进一步规范化、法治化。

(10) 个别地方和部门对加强历史文化保护工作的重要意义认识不够，责任感和使命感不强，没有切实把思想和认识统一到习近平总书记“保护文化遗产，保持民族文化的传承，是各级党委、政府义不容辞的历史责任”“城市规划和建设要高度重视历史文化保护”等重要指示精神上来；有的没有站在文化自信高度认识历史文化名城名镇名村保护工作，没有充分认识历史文化资源的不可再生性，对历史文化名城名镇名村保护工作缺乏足够耐心和历史责任感，导致建设性破坏、历史遗产毁坏灭失、急功近利等情况时有发生；有的没有充分认识到历史文化名城名镇名村保护工作是一项涉及民生、安全、环境品质、社会治理等复杂系统工程，造成保护工作缺乏统筹，人力、物力等投入不足。

(11) 历史文化名城保护需要向治理体系和治理能力现代化提升。党的十九届四中全会明确要求“加强系统治理、依法治理、综合治理、源头治理，把我国制度优势更好转化为国家治理效能”,历史文化名城保护功在当今,利在千秋,“要总结成功经验,借鉴国际理念,健全长效机制,把老祖宗留下来的文化遗产精心守护好,让历史文脉更好传承下去”。

(12) 历史文化名城保护也是淮安市依法治理的需要。法治国家、法治政府、法治社会建设需要地方积极有为担当,加强历史文化保护领域的立法,引导本市干部群众做社会主义法治的忠实崇尚者、自觉遵守者、坚定捍卫者,以历史文化名城保护的良法,保障历史文化保护领域的善治。

综上所述,一方面,淮安市历史文化名城保护的立法从淮安市历史文化名城保护的实际出发,针对本市历史文化名城的具体情况开展立法工作,具有很强的针对性、现实性;另一方面,淮安市历史文化名城保护立法立足于保护实践中出现或存在的主要问题,以问题为导向,具有很强的操作性,通过立法实现历史文化、城市文脉的更好传承和保护,达到区域的良法善治,体现目标导向和结果导向。

第四节 淮安历史文化名城立法保护可行性

一、立法权限可行

2015 年 7 月 31 日,江苏省十二届人大常委会第 17 次会议审议通过,扬州、常州、南通、盐城、镇江、泰州市人民代表大会及其常务委员会获得地方立法权;2016 年 1 月 15 日,江苏省十二届人大常委会第 20 次会议审议通过,连云港、淮安、宿迁市人民代表大会及其常务委员会获得地方立法权。淮安市自 2016 年起开始行使地方立法权。

二、立法技术可行

淮安市自取得地方立法权以来,先后出台了《淮安市永久性绿地保护条例》《淮安市地下管线管理条例》《淮安市文物保护条例》《淮安市周恩来纪念地保护条例》《淮安市制定地方性法规条例》《淮安市文明行为促进条例》《淮安市市容管理条例》《淮安市住宅物业管理条例》《淮安市古淮河保护条例》《淮安市大运河文化遗产保护条例》等 10 部地方性法规,积累了较丰富的立法经验。淮安市设有淮安市人民代表大会法制委员会、人大常委会法制工作委员会专门机构,负责立法工作。文化旅游、城市规划、城市管理等政府职能部门熟悉历史文化名城保护管理的具体业务，有较丰富的管理实践经验，可以为立法提供重要帮助。淮安市有淮阴师范学院、淮阴工学院、苏北发展研究院等高校和智库，可以提供立法技术的专业服务。

第五节　淮安历史文化名城立法保护建议

（1）借鉴广东、浙江等地方的立法经验，归纳提炼历史文化名城立法中的保护与发展问题，理清保护与发展的主要矛盾，预判立法中的主要难点和困境。

（2）成立专门临时性立法团队，具体负责立法统筹、协调、组织、保障等工作，提高立法工作效率和质量。

（3）深度调研淮安市历史文化名城的历史、现状和发展趋势，把历史文化名城保护放在更宽广的时空背景下研究立法相关问题。

（4）具体分析保护机构、保护范围、保护对象、保护规划、保护名录、保护信息、保护标志、保护日、预先保护、保护资金、社会参与保护、活化利用、法律责任落实等问题，把保护措施和文化遗产风险点联系起来，提高立法的针对性和可操作性。

（5）提高特色立法意识，根据本地历史文化名城的实际情况，梳理出典型的主要的立法问题，进行立法条文的创设，避免雷同性立法、重复性立法。

（6）认真对待历史建筑问题，从保护历史文化名城传统格局和历史风貌的实际情况来看，历史建筑的立法保护应当引起高度重视，历史建筑在城市文脉传承中具有基础性的地位（参见图 2）。

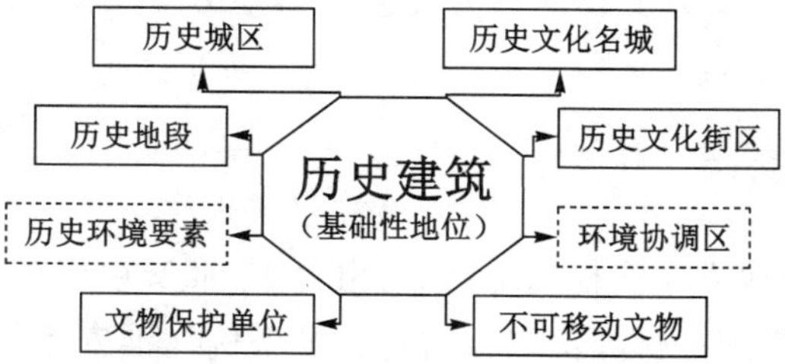

图 2　历史建筑地位图

① 从文物保护角度看，历史建筑有可能成为一般不可移动文物，也有可能成为各级文物保护单位，是不可移动文化和文物保护单位的重要的潜在来源。

② 从城市文脉传承看，历史建筑及其历史环境要素构成历史地段、历史文化街区、历史城区、历史文化名城的基础性要素，也是《历史文化名城名镇名村保护条例》认定名城名镇名村的核心要素，历史建筑是构成城市记忆、乡愁、文脉、根基和灵魂的重要元素。

③ 从地方立法趋势看，直辖市、省会市、较大市、设区市地方立法机关，有逐渐加强历史建筑单独立法的发展趋势。

(7) 设区市历史建筑立法有关理论问题。历史建筑的学术概念与法律概念的比较，与历史建筑相关的概念，比如古建筑、保护建筑、文物保护点、具有保护价值的建筑、优秀历史建筑等；历史建筑法律概念的统一使用，《历史文化名城名镇名村保护条例》出台前后地方性法规中历史建筑的不同概念；历史建筑地方立法的立法目的、立法依据、适用范围；历史建筑的单独立法与附属性立法；历史建筑界定的法律标准，有无时间限制，时间限制的长短；历史建筑的分类及其具体规范标准；历史建筑地方立法中的管理主体与资金配置；历史建筑地方立法中合理利用、永续利用、活化利用；历史建筑地方立法中的维护、修缮规范与仿古、复古的规范协调；历史建筑地方立法中的保护名录、保护标志、预先保护制度设计；历史建筑地方立法中的核心保护范围、建设控制地带、环境协调区规范；历史建筑的地方性法规与政府规章规范冲突及协调；历史建筑地方立法与上位法的协调；历史建筑地方立法中的通行规范和特色规范；设区市历史建筑立法向国家立法发展的可能；国际法视野中历史建筑保护问题。

第六节 结　　论

根据立法调研情况，淮安市需要进行历史文化名城保护方面的地方立法，具备了历史文化名城立法保护的条件，应当尽快把《淮安市历史文化名城保护条例》纳入淮安市人民代表大会常务委员会的立法计划。

参考文献

[1] 付子堂，张善根．地方法治建设及其评估机制探析[J]．中国社会科学，2014(11)．
[2] 李林．关于立法权限划分的理论和实践[J]．法学研究，1998(5)．
[3] 沈关成．对地方立法权的再认识[J]．中国法学，1996(1)．
[4] 孙波．试论地方立法“抄袭”[J]．法商研究，2007(5)．

[5] 阮仪三.历史建筑与城市保护的历程[J].时代建筑,2000(3).
[6] 周旺生.关于地方立法的几个理论问题[J].行政法学研究,1994(4).
[7] 朱光亚,杨丽霞.历史建筑保护管理的困惑与思考[J].建筑学报,2010(2).
[8] BRIAN Z T. Law as a means to an end: threat to the rule of law[M]. New York:Cambridge University Press,2006.
[9] CARL F M. China's turn against law[J]. The American Journal of Comparative Law,2009(59).
[10] TYLER R T. Why people obey the law[J]. Princeton University Press,2006.

附:立法调研现场照片(42幅)

(1) 景观标志点照片

周恩来纪念馆正面照

周恩来纪念馆周边日常市民活动照

文通塔西面照

文通塔西南侧照

文通塔西北侧照

文通塔西南侧近照

镇淮楼正北面照

镇淮楼东南侧照

魁星门·巽关

龙光阁东面照

龙光阁北面照

(2) 历史城区核心范围四至照片

涧河西面照

涧河东面照

里运河东堤西面照

里运河西面照

里运河东面照

里运河东堤

闻思寺

韩侯钓台

文渠正面照

文渠桥

东岳庙文渠桥

堂子巷明清砖工堤遗址

玄天宫

月湖蒲菜

月湖

勺湖公园正门照

勺湖社区西面照

勺湖社区西北侧照

刘鄂故居

(3) 历史文化街区照片

河下古镇西入口

河下石板街

湖嘴街

驸马巷南口

驸马巷北口

驸马巷内景

周恩来故居

上板街北口

上板街内景

上板街南口

龙窝巷南口

龙窝巷北口

农业特色小镇建设中的农民市场能力培育

——基于苏北 H 市的实践分析

主持人：刘海健(苏北发展研究院)
课题组：帅　强　刘铭铭　詹国辉　王刘飞

内容提要：在农业特色小镇建设实践中，农民市场能力培育并未引起足够关注。本文通过呈现 H 市三个农业特色小镇建设实践，揭示当前农业特色小镇建设中农民市场能力匮乏的具体表现，分析了农民市场能力匮乏的根源，包括社区治理体系不完善和浓厚的行政主导色彩等。针对这些问题，从个体市场能力培育、新型小镇社区营造和制度支持体系构建等三个维度提出了农民市场能力培育路径。农民市场能力培育是农业特色小镇建设必须解决的实际问题，也是需要持续推进的跨学科研究领域的重要内容。

第一节　问题的提出

在实施乡村振兴战略的背景下，形成更强的市场能力是保障农民生计、抵御风险乃至提高农村经济活力的重要基石。从整体上提升农民市场能力，农业特色小镇是一个可能的载体和平台。苏北 H 市的三个农业特色小镇在品牌塑造、合作组织介入和产业融合方面具有一定特色，但也存在农民市场能力缺失、农民主体性发挥不足以及缺乏农民市场能力培育的社区环境和制度支持体系等问题。在这一问题意识的引导下，应更新理论视野，将农民市场能力作为农业特色小镇研究与实践的重要维度。农民市场能力与农业特色小镇的相关研究，为分析农业特色小镇建设中农民市场能力的现实状况、存在问题及建构策略提供了基本理论视野。

一、社会转型中的农民市场能力

经典农民研究认为，小农一般不会寻求大规模生产或谋利性贸易（舒尔茨，1987），不论是理性小农还是道义经济都表明，农民在意识观念上并未真正实现市场转型（陆益龙，2012）。当然，传统社会的农户可能会较好地适应产品市场和要素市场（马若孟，1999），比如，温州地区形成了以商代工的“小商品、大市场”（费孝通，2004），或者在特定地域范围内形成的市场可突破行政界限，形成某种市场共同体（施坚雅，1998）。但是，传统的市场共同体与现代市场仍存在较大差异，因传统农户形成了从根本上与市场社会相冲突的生计方式与价值观念（Lewis，1966），这会严重制约农民市场能力的形成（Siposné，2011）。在现代市场转型中，多数农民会意识到传统世界的终结，但还不善于在现代世界中从事活动，处在传统和现代两个世界的张力关系中（孟德拉斯，2010）。20 世纪 90 年代以来，农民开始不断地在体制外“闯市场”，市场意识开始显著增长（陆益龙，2013）。但是，在“透明市场”为“抽象市场”取代后，小农户与大商业资本之间存在极大的交易鸿沟（黄宗智，1992），在农产品销售中存在诸多利润环节，极大限制了个体化农民的市场行动能力和获益水平（Qin，Vania，Salas，2018）。而且，长期的城乡二元治理模式也在一定程度上影响了农民的市场自信，社会经济地位的代际传递也显著减少了他们进入市场的机会（周柏春，2016）。

在实践层面上，有学者提出要增强农民的市场驾驭能力，包括市场透视能力和农产品销售能力（王龙生，1993）。同时，为了解决农民利益过多地被商业资本俘获的困境，有学者提出通过农业特色小镇的新型载体促进农民经营能力的提升（余茜、李冬梅，2018）。此外，国内外也不断出现克服商业资本主导市场体制缺陷的诸多尝试，包括社区支持农业（CSA）、农夫市集和替代食物体系等（付会洋、叶敬忠，2015）。这些方案致力于打破由中间人垄断的市场结构，使生产者和消费者建立直接联系，恢复共同体意义上的信任关系，从而提升农民的利润空间与产品质量（任守云、潘璐，2016）。此外，有研究指出应创新地方社会地方治理模式，建立“央—地”之间的协作机制，以重塑农民在地方市场中的主体性（马方、梅琳，2017）。

二、农业特色小镇的本质及其治理

总体而言，当代农民的市场参与程度日益加深。在此背景下，特色小镇建设也成为地方市场转型、农民参与市场的平台。自江苏省 2017 年开始打造首批省级特色小镇以来,特色小镇建设成为热点,创建类型也不断扩展,相关文献聚焦于特色小镇的规划建设、产业发展和治理模式等议题。第一,产业发展研究上,相关文献将特色小镇视为产业转型的载体(庄晋财等,2018),或将其视为推动农村产业融合和农业供给侧改革的平台(李冬梅等,2018)。第二,不少学者对特色小镇浓厚的行政主导特点提出质疑,认为一些地方政府将特色小镇等同于产业园区、田园综合体,甚至将其视为吸引投资的手段,存在房地产化倾向,忽略了特色小镇的社会文化意涵。第三,为了克服仅从产业发展角度认识特色小镇的倾向,有学者提出要从城乡治理的角度来重新认识特色小镇。比如,可将特色小镇建设成"产、城、人、文"四位一体的新型社区(张鸿雁,2017),亦可从小镇治理主体多元化和智库化、小镇运行机制平台化和网络化、小镇创新体系常态化和本土化,以及小镇绩效评估精细化和全球化等方面入手,实现特色小镇的精准治理(闵学勤,2016)。相比一般的特色小镇研究,关于农业特色小镇的专门研究颇显单薄。仅有的少量文献仅讨论了农业特色小镇建设中的农民利益保护问题(李长安,2017),并未深入分析农民在复杂市场环境下的行动能力及其观念支撑和制度保障等问题。

三、迈向农民市场能力培育

关于农业特色小镇的专门化研究尚处于起步阶段,而一般意义上的特色小镇研究则聚焦于特色小镇的物理空间打造、产业发展、综合治理等,鲜有从农民市场能力视角开展的研究。这种研究取向及实践模式,一定程度上忽视了与小镇建设"程序技术"相匹配的社区精神和价值理性的塑造问题。提升农民市场能力,发挥其市场主体性,并塑造与之相匹配的市场价值理性和社区精神,是提升农业特色小镇运营绩效、打造"三生融合"新型社区的必备条件。从目前的农业特色小镇实践来看,农民市场能力的现实表征、价值支撑和宏观制度安排等尚未明确,亟待深入研究。为回答这一问题,本文从描述农业特色小镇建设实践样态出发,深入剖析小镇建设中农民市场能力缺失的结构性因素,进而从个体、社区和制度三个层面上构建农民市场能力培育路径。

第二节 农业特色小镇及农民市场参与的实践分析

H 市位于江苏省北部,属于我国南北方过渡区域,气候兼具南北方特点,四季分明,雨量充沛。H 市地貌属黄淮和江淮冲积平原,境内水网密布,农业特色明显，是全国闻名的绿色农副产品产销基地。以特色农业为基础，H市发展起了部分特色农业小镇，红椒小镇、荷花小镇与稻米小镇是其中三个典型。

一、J小镇：行政主导下的品牌塑造

J小镇是H市有名的红椒之乡，该镇以红椒为主导产业被确定为省级农业特色小镇。J小镇及周边乡镇素有种植红椒的传统，出产红椒以良好的外观形状和独特品质赢得市场青睐，很快成为当地第一大经济作物。J小镇常年种植红椒面积累计达10万亩，年产可达30万吨，年均产值超15亿元；从事红椒产业人员2万多人，人均年收入2万余元，占全区人均纯收入的60%，同时带动8000多人就业。总体而言，J小镇红椒产业发展的主要手段包括品牌塑造、农民合作组织介入及产业文化孕育等。

(1)红椒品牌塑造。创新商业模式，推行跨界营销，发展品牌农业，成为“大农业时代”农业发展的重要思路（徐伟，2016）。H市红椒小镇所在区政府采取了系列行动，致力于打造具有地域特色的红椒品牌。小镇所产红椒是江苏省首个获批的蔬菜类地理标志产品，并取得国家级无公害生产基地和无公害产品的认证。此外，当地农委组织制定了红椒产品标准化生产和产品分级标准，制定省级标准2项，统一包装上市。正如有关学者指出的，产业发展指标成为上下级政府共同认可的制度安排与激励结构，它约束并激励基层政府通过引领性干预的方式，塑造地方辖域内特色鲜明的产业格局（冯猛，2014）。在品牌塑造过程中，当地农委通过“项目包装”延长红椒产业链，推出红椒菜肴、红椒盆景等衍生品。

(2)农民合作组织介入。农民合作组织的功能主要是为农户、家庭农场等生产经营主体提供社会化服务，尤其是为农业产业链延伸带来助益（江元、田军华，2018）。在红椒产业发展过程中，J小镇成立了乡村经济合作组织——蔬菜种植专业合作社。合作社为种植大户提供信息服务、专业技能培训服务等，以提高农户种植、销售等环节的市场化程度，成为吸纳新农人、培育新型职业农民的平台。地方政府并未强制椒农加入合作社，半数以上的农户是因合作社带来的实际效益而入社。正如有关研究指出的，一些普通农民通过参与合作社服务从外围成员演变为核心成员，为乡村产业发展提供了稳定的力量（赵晓峰，2018）。

(3)红椒产业文化孕育。农业文化可以成为促进农民、农业合作组织、企业和政府之间实现良性互动的黏合剂，使各类农业经营主体将经济资本、文化资本和社会资本结合起来,提升农业生产绩效(舒萍,2017)。在红椒产业勃兴之后,小镇开始重视产业文化建构,致力于孕育“红椒文化”。该小镇所在区投入近2000万元,建立了红椒周年种植展示基地和历史文化博物馆,精心制作了小镇红椒宣传片,用以展示红椒的历史文化,使红椒这种普通蔬菜转变为产业文化符号。

二、Y小镇:空间塑造与产业融合

Y小镇被誉为“荷花之都”,位于H市东南部,是江苏省首批农业特色小镇项目之一,也是国家全域旅游示范区的重点工程、国家生态文明建设示范县的标志工程。作为“农业+旅游”融合发展的典型,Y小镇尤为注重空间打造,设置了“一核一环两翼五区”的功能板块。其中,“一核”指的是依托荷花荡景区形成的旅游观光核,“一环”是全国最长的20公里环湖樱花风景道,“两翼”是居民广场和主题特色田园乡村,“五区”为老街民俗区、渔港风情体验区、荷藕精加工和新能源产业集聚区、高效荷藕产业区、水上观光区。小镇的主要特色是将生态农业融入其中,形成休闲旅游度假、享受田园乡村的慢生活平台。

作为具有鲜明旅游业属性的农业特色小镇,Y小镇的创建、运营同样由地方政府主导,引入企业运作。与J小镇相比,其农业特色有所淡化,旅游业属性比较明显。Y小镇以自身荷藕和生态禀赋为依托,通过政府推动和商业运作,形成了休闲生态旅游、健康养生服务和荷文化创意三大主导产业。可见,Y小镇建设契合了产业融合发展规律,将多种价值链接起来。价值网络理论认为,不同类型的企业可能会把各自的核心价值链连接起来,构建包含上下游企业、顾客及竞争者在内的关系网,以实现运营效益共赢(易开刚、厉飞芹,2017)。旅游特色小镇要建构起有效的价值链,就要实现小镇生产、生活、生态空间的协同发展,实现小镇社区、企业和农民等主体的良性互动,尤其要充分挥发原住民的主体性。对Y小镇来说,要从根本上延长经营的价值链并提升运营效益,农民市场能力是一个无法回避的要素。

三、P小镇:乡村精英带动

H市P小镇是省农委确定的以大米产业为核心的特色农业小镇。该小镇土地、生态和气候条件适宜水稻种植,现有耕地面积15万亩,成为H市农字当头、以粮为本的农业特色小镇典型。P小镇具有显著的乡土特色,乡村精英在其发展中扮演了重要角色。该小镇乡村精英包括从事大米产业的大中型大米产销企业管理人员、生产大户、农业经纪人、专业技术人员等。目前整个小镇拥有178个专业合作组织,吸纳了种养殖专家180余人、生产经营大户135户、农业经纪人86人、农民技术职称持有者106人、农民"绿色证书"持有者680人,其中70%以上从事大米生产、销售和服务。这些乡村精英以专业合作组织为平台,承担了全镇半数以上的大米产销量。实际上,精英依赖已成为我国农民合作社发展实践的重要特征。乡村精英介入村庄产业发展时会将收入、声誉、地位等因素加以综合,从而降低农民合作组织运行风险,形成更加合理的分利秩序(刘同山、孔祥智,2014)。总体而言,P小镇发挥乡村精英作用表现在如下几个方面。

第一,带动新型职业农民培育。P小镇的一大优势是围绕大米产业形成了一批乡村精英,由这些乡村精英带动其他农户提升生产技能和经营管理能力,促进了新型职业农民培育。这些乡村精英扎根乡土,从普通农民成长起来,具有明显的身份认同优势。在积累创业经验、掌握行业规律后,这些乡村精英在政府的组织下对其他普通农户农民进行专业技能和理论知识培训。目前,小镇已开办农业技术培训班12期、电子商务培训班6期、新型职业农民中专班2期,开展巡回宣讲活动20多场。这些专业化的培训活动有效提升了农民的大米生产经营综合能力。

第二,深度介入产业发展。与城市商业精英不同的是,乡村精英植根于乡村社会,兼具地方性知识和现代生产经营理念。在不少乡村精英的带动下,小镇形成了生态种养殖、立体种植、林下经济等多种生产经营模式。不少乡村精英通过自身掌握的技术技能和社会资本,较好地解决了不少普通农户在家庭化生产经营过程中遇到的低效率、抗风险能力弱、市场能力低等难题。在乡村精英的带动下,P小镇大米产业形成了"公司+合作组织+基地+农户"的形式,采取提供种苗、提供技术、回收产品等办法,吸引了大部分农户进入规模化经营。该小镇依托骨干大米企业,组建专业协会和专业合作组织,培育了大量的农民经纪人,提高了农户进入市场的组织化程度,建构起大米生产、加工、销售产业链。例如,小镇的两名大米企业负责人牵头组建了"大米联盟",统一使用岔河大米包装、标识,统一生产标准、统一定价,进一步提升了岔河大米的品牌价值。

第三,为乡村精英提供发展平台。P小镇乡村精英凭借自身的社会资本,在产业发展中取得较大成功。他们自主创办各类食品企业20多家,有的大米生产企业被省农业厅授予江苏省无公害粮油基地、江苏省无公害农产品标准化生产示范基地、江苏省农业产业化重点龙头企业等称号。作为回报，各级政府也为从事大米产业的乡村精英搭建了更好的发展平台。比如，大力宣传推广大米生产经营的精英分子，积极吸收他们入党或举荐担任人大代表、党代表、村干部。

上述三类农业特色小镇的总体特征如表1所列。

表1　农业特色小镇建设总体特征

小镇名称	核心产品(服务)	特色	建设模式
J小镇	红椒	品牌塑造	注重产业文化塑造，发挥农业合作社作用
P小镇	大米	乡村精英有效带动	“公司＋合作组织＋基地＋农户”
Y小镇	荷藕、旅游	产业融合(旅游＋农业)	以景区建设为核心，注重旅游空间打造，带动荷藕产业

苏北H市的三个农业特色小镇建设模式各具特点，成为地方政府推动产业转型、招商引资和新型城镇化建设的重要机遇。然而，正如已有研究指出的，农业特色小镇建设实践中也存在着重规划建设而轻运营管理、重产业发展而轻综合治理、重空间打造而轻社区营造等问题。同时，除了这些显而易见的问题之外，农民市场能力的缺失也成为制约农业特色小镇发展的结构性因素。

第三节　农民市场能力缺失的诱因及其后果

总体而言，苏北H市的三个典型农业特色小镇建设都以其核心优势为基础而打造。需要注意的是，这些农业特色小镇在创建、运营中，行政主导、精英介入色彩较为浓厚，小镇可持续发展内生动力以及农民主体性仍显不足。作为乡村振兴的新型载体，农业特色小镇建设的主体和核心受益者必然是农民，农民主体性的发挥与市场能力的提升对农业特色小镇建设运营尤为重要。然而，特色小镇相关研究忽略了农业特色小镇建设实践中的重要主体——农民。与其他类型特色小镇相比，农业特色小镇在创建基础、形成演化、运营管理等方面具有更明显的复杂性。农业特色小镇嵌入了乡村社会文化结构中，其发展也会受到农耕传统、乡村治理、地方性知识等影响。目前，H市的农业特色小镇建设在一定程度上未能充分关照农民市场能力及其赖以形塑的社区价值支撑，相关制度支持体系也不够健全。

第一,农民的谋利意识虽然不断增强,但小镇缺少与市场行为(程度技术)相匹配的抽象价值支撑。抽象价值是支撑现代市场运行的一套观念体系,它是人们在市场活动中逐渐开展的伦理实践(李猛,1999)。借由这种抽象价值,人们的谋利活动才可处于理性化与共同体价值的张力关系所形塑的良性市场环境下,从而实现经济发展与社会秩序的统一(张小军,2011)。目前,农业特色小镇创建速度较快,而关于特色小镇发展的抽象价值或市场伦理支撑却并不充分。尤为重要的一点是,作为农业特色小镇核心主体的农民,难以在短期内形成参与市场活动的完整能力结构,而更多的是以实用主义心态来解决生计问题而非深度参与市场。因此,这最终导致农民个体市场能力结构的不完整。农民市场能力的欠缺,易使农民在产业转型中处于边缘地位,无法形成内生发展能力。比如,Y 小镇为小镇原住民提供了较多非农就业机会,但他们大多处于产业链末端,在由大资本控制的分利秩序中处于明显弱势地位。由于大资本与小农户之间经过了多层"代理",普通村民缺乏市场参与能力,导致他们难以从小镇建设中得到稳定而充分的收益。换言之,在文化资本、社会资本和权力资本相对匮乏的情况下,农民很难形成与"资本下乡"商业环境相匹配的市场能力。实际上,Y 小镇村民并不反对"搞开发",但他们对小镇开发后的可持续生计问题存有疑虑:企业在这里搞了开发挺好,种地反正也不赚钱,在企业上班也很好,但心里没底。以前有点土地,赚不到什么钱,但还能保证有饭吃。现在地没了,去打工,有工资拿,可要是这些公司经营不好,就没保障了。可见,农民始终围绕基本生计来衡量本区域内的发展变迁,对资本的利益捕获也未产生多少抵触。这也说明,在传统乡村社区孕育起来的生活观念仍对农民产生重要影响,他们更多的是在生计模式上进入了市场,而缺乏与抽象市场体制相匹配的市场能力。这样的抽象市场能力并不可能简单地通过农业技术培训得以塑成,而要有赖于孕育市场能力的社区精神和观念系统。

第二,农业特色小镇还缺乏孕育农民市场能力的新型社区。除了农民的个体市场能力,小镇所在的乡村社区运转模式也对小镇产业发展有重要影响。特色农业小镇赖以建立的乡村社区不仅是一个物理空间,也是一个支撑农民生计的市场共同体。社区市场能力指的是孕育农民市场能力的社区环境,包括较强的资源链接与整合能力、完善的市场参与机制、抵御市场风险的市场治理体系和信任机制等。当前因项目开发而变迁的乡村社区虽已与外部市场形成关联,但还未能成为与现代抽象市场体制相匹配的观念系统,也没形成服务于市场参与的现代社区管理体系(郭劲光、俎邵静,2018)。H 市的三个农业特色小镇均基于特色产业而生,有自身的核心产品或服务,并具有现代社区的物理空间形态,但还远未能成为具有一定竞争力的市场共同体。目前,三个小镇的综合治理仍沿用原有的乡镇、社区行政管理模式,其开发建设在本质上仍具有传统的项目制和资本下乡的特点,并未能为普通农民参与小镇运营和市场实践提供充分的社区环境。在J小镇红椒生产经营过程中,椒农始终面临着资金短缺、自然灾害、市场波动等结构性风险。各级政府部门采取了引导发展合作社、提供农业技术培训等措施,但社区自身的市场风险防范机制、农户收益保障和主体间信任机制还不健全。致力于风险共担、基于高度信任的"社区支持农业"等新型经营模式并未出现。因此,农业特色小镇的社区治理并未因特色小镇创建而发生根本转型,尤其是未能形成提高农民市场准入与市场竞争能力的现代社区运转模式。行政力量虽然可以迅速打造起小镇的物理空间,也可以将大量资本引入小镇创建过程,但小镇的整体市场竞争能力却很难靠运动式治理来迅速提升。因为包含抽象市场价值或观念体系的社区精神并不是短期内能孕育的,需要长期的历史过程。国外一些典型案例业已证明,特色小镇得以长盛不衰的原因在于其具有深厚的社区精神支撑。

第三,小镇建设的行政主导色彩浓厚,过于注重外部要素的单向输入,内生性的小镇农民个体能力和社区支持体系难以塑成(张小军、雷李洪,2018)。当前,农业特色小镇运营的市场化机制尚未健全,缺乏对农户市场能力的挖掘与培育。当前,H市农业特色小镇创建具有显著的政府主导特点,农户和社区的主体意识不强。然而,后者必然是农业特色小镇发展的根本动力。目前,Y小镇涉及较多基础设施建设投资,依赖行政主导成为必然。同样,J小镇在创建运营中的行政主导特色也颇为浓厚,政府包办了品牌打造、产品认证、内涵建设等事项,普通农户的参与度较低,未能形成促进农民和社区深度融入市场的生态系统。然而,小镇建成后的成功运营不能过于依赖行政力量,而必须要嵌入更大的市场。因此,如何使农民更有效地参与到小镇运营中,如何更好地迈入市场并形成可持续的生计能力,如何进行服务于农业特色小镇健康运营的社区再造,都成为小镇后续发展中亟待解决的难题。

第四,农民个体市场能力和小镇社区精神、观念基础的匮乏,使农民在分利秩序中处于弱势地位(李祖佩、曹晋,2012)。近年来,乡村社会的"原子化"和"个体化"趋势日益明显,传统社区精神纽带式微,社区凝聚力下降,乡村精英的带动作用发挥极易受到限制。因此,农业特色小镇的社区观念基础、治理方式与理想型市场体制仍有较大距离。在社会资本占有不平衡和不充分市场环境下，普通农户的利益仍极易被少数占有优势资源的社区精英所俘获，他们在小镇运营中的主体性发挥仍受诸多限制。

农民市场能力的缺失及其诱因可参见图1所示。

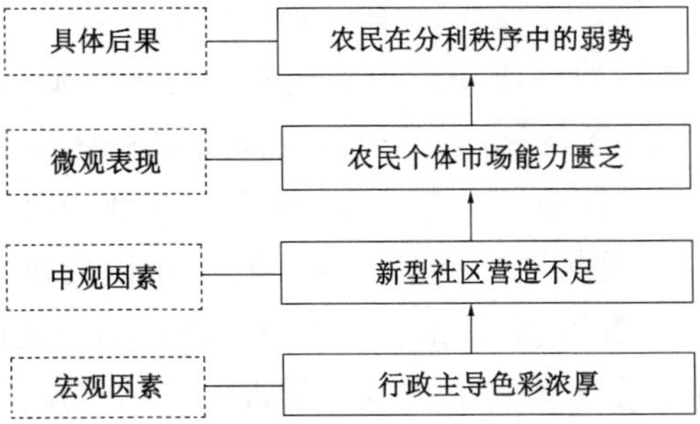

图1 农民市场能力的缺失及其诱因示意图

第四节 农民市场能力培育路径

在当前农业特色小镇建设中，农民主体性未得到应有重视，农民个体市场能力还较为匮乏，不能适应小镇运营需要。这一状况的出现，与社区治理体系和宏观制度安排的不足存在密切关系。未来的农业特色小镇建设应坚持重心下移，实现政府、企业、社区和农户的良性互动，进行整体性运营和治理。针对上述问题，本部分从个体能力建设、社区治理体系建设和制度支持体系建设三个维度来提出农民市场能力建设路径。

一、培育农民个体市场能力

农民个体市场能力培育的核心在于发掘农民的能动性和发展潜力，以农民的既有认知特点和能力结构为基础加强农民个体市场能力的成长，成为有文化、懂技术、会经营的新型职业农民。抓住新型职业农民培育这一载体，以特色农业生产经营为主线优化农民的市场能力结构，对农民进行技术技能、市场信息获取、应对市场风险等多元市场能力培育。第一，优化针对农民的农业生产技术技能培训。在竞争激烈的农产品市场上，良好的产品质量是农业特色小镇立足的基石。为此，要深化对农民的农业技术培训，使其掌握特色小镇农产品标准体系和科学的生产流程，以深度对接高端市场需求。第二，提升农民管理、营销能力。随着消费观念的转变，消费者对绿色、高端农产品的需求日益上升。

由于信息不对称,某些农业特色小镇的优质产品还不能充分对接市场。为解决这一问题,要丰富新型职业农民的营销能力培训内容和方式。要突破传统的广告传播、渠道建设、营销流程控制等推式营销,充分运用现代信息技术和各种新媒体,推行互动营销传播、用户主动传播等新型营销手段。推式营销是当下"农夫市集"等新兴农业发展的必要动力和塑造农业特色小镇品牌的重要手段,也是提升农民营销能力的重要载体。第三,提高农民社区参与能力。要完善机制,促进农民适应乡村社区治理的新变化,深度参与到特色小镇新型社区建设过程中。特色小镇所在社区要完善农民参与特色小镇建设、运营的渠道,吸收农耕文化和农民传统生存智慧,发掘农民在农业特色小镇建设中的主体性。通过培育,形成农民的多元能力结构,尤其是能进入市场前端,降低多级代理对农民利润的削减效应。而为了达到这个目标,农业特色小镇应致力于新型社区营造,形成农民利益保护、提高市场参与的市场共同体。

二、营造新型社区

农业特色小镇是一个变迁中的新型社区空间,与传统乡村社区存在差异。为了从中观层面为农民个体市场能力培育提供可靠保障,基于农业特色小镇空间的社区精神营造不可或缺。新型社区营造指向社区环境干预,核心在于营造有利于塑造农民市场意识、提高农民参与市场竞争的共同体。首先,全面考察和评估农业特色小镇赖以建立的乡村社区民情样态。要进一步考察农民的市场行为和市场实践,全面考量其市场观念及其影响因素,分析其市场观念与理想型市场经济的异同。其次,从乡村社区民情基础出发,建立起保障各类主体规范参与市场的机制,完善新型职业农民培育的内容和手段,更好地塑造农民的市场观念。在这方面,可尝试改革农业合作社运转模式,使其真正体现自发性、合作性和共享性。而且,特色小镇中的各类主体(农业、合作社、企业、政府)形成规范化、常态化的互动协商机制,形成具有规范分利秩序的新型社区和市场共同体。基层党委政府和社区(村委会)可尝试设立专业化的农业特色小镇管理机构,致力于打造特色产业基础上的新型社区文化,并通过诸如农博会等活动,为农民参与市场并提高获益能力构筑起稳定可靠的社区精神。最后,深度挖掘利用社区传统资源,融入现代市场机制。尤其是要充分利用传统乡土社会认同和信任机制,为一些新兴的农业发展模式(如社区支持农业)提供良好的社会文化基石。通过上述做法,最终使农民克服个体化可能带来的市场交易风险,从而避免农民利益为商业资本过度侵袭,从社区层面打造起保护农民利益并深度参与市场的稳定机制。

三、构建宏观制度支持体系

无论是农民个体还是社区层面的市场能力培育，都需要坚实有效的制度安排作为保障。这些制度安排包括优化创业环境、构建农业特色小镇标准体系和评估体系、引入社会组织优化小镇运营等。第一，要进一步优化特色农业小镇的创业环境。目前，苏北农村的空心化问题仍较严重，在人才不断外流的情况下，提升农民市场能力很可能成为空谈。地方政府要继续制定、完善推进农业特色小镇发展的人才政策，包括基础设施完善、税收优惠、提供创业基金等。要鼓励在地农民投身小镇创业，也要吸引年轻人加入农业特色小镇的运营过程，成为新农人。第二，建立健全农业特色小镇标准体系，强化农业特色小镇在创建、管理和运营过程的科学评估。农业特色小镇是一种新的组织形态，其运作并不等同于行政建制镇，而要面向市场谋发展。必须要构建农业特色小镇的建设标准体系，以科学评估小镇的运营能力、盈利水平以及对乡村发展的贡献度。各地政府及主管部门要因地制宜，根据小镇的主导产品和服务推出精准的农业特色小镇标准管理体系。在制定农业特色小镇创建标准体系的同时，也要对农业特色小镇的运营过程和结果进行精准而科学的评估，将农民的市场能力状况作为评估体系中的重要维度。第三，创造条件，推动社会组织和社会工作介入农民市场能力培育。按照农业特色小镇的产业类型及其发展水平的差异，发展适宜的涉农社会组织和社工机构，将乡村社区的人才、资金、信息、技术、文化等资源进行有效整合，服务于农民市场能力培育。在当前不成熟的农村市场环境下，农户很容易遭遇自然灾害、信息不对称、市场衰败等风险，而农村社工组织可以运用自身强大的资源链接能力为农民形成抗风险能力提供支持。与一般的“科技下乡”“文化下乡”“精准扶贫”等帮扶形式不同，农村社工组织注重从农民和社区自身的优势和潜能出发来制定服务目标和计划，并非直接对农民进行农业技术、经营管理等方面的业务培训。社工机构充当了农民资源获取的中介，特别重视从农民自身的优势与潜能出发来制定农民市场能力提升方案，强调农民的参与性，而不是单向地接受外部资源输入。

以上三个维度是一个有机整体，存在层层递进的关系。首先，农民个体市场能力的形成嵌入到小镇社区环境之中，有赖于社区治理体系的建构；其次，农民个体市场能力也是社区治理体系的支撑；最后，社区治理体系与个体能力的形成需要制度安排来保障。（参见图 2 所示）

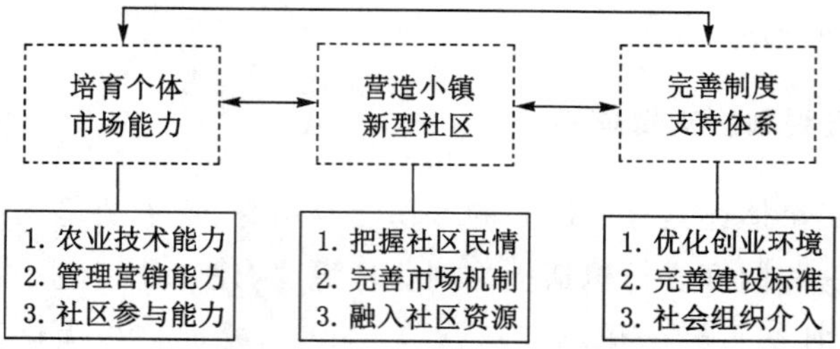

图 2 农民市场能力培育的三个维度

第五节 结语和讨论

随着我国乡村振兴战略的实施和高质量发展目标的提出,农业特色小镇建设迎来重要的发展机遇。苏北农业发展水平会直接影响江苏高质量发展目标的实现,也会直接影响苏北的民生福祉。作为促进农业高质量发展的重要载体和平台,未来的苏北农业特色小镇发展要实现多元主体共治,尤其要克服过度依赖行政力量而忽略农民市场参与的倾向。同时,充分发挥农民自身优势和潜能,培育与特色小镇发展相适应的市场能力也尤为重要。

从 H 市的三个农业特色小镇的发展实践来看,农民市场能力还存在明显缺失,这与农村社区营造和宏观制度安排不无关系。针对该问题,可尝试从个体市场能力培育、新型社区营造和宏观制度完善等三个维度构建农民市场能力培育路径。总之,农民市场能力培育是未来农业特色小镇建设实践必须面对的实际问题,也是未来特色小镇研究需要亟待推进的领域。本研究只是一个初步尝试,其中的不少议题尚需进一步推进。比如,针对不同类型的农业特色小镇,农民市场能力培育如何实现精准化;如何将新型职业农民、新农人培育与农业特色小镇建设实践深度融合;在农业特色小镇建设背景下,深度嵌入市场的新农人如何承担农耕文化传承的使命,等等。要继续紧跟多样化的农业特色小镇建设实践,通过城乡规划、经济学、社会学、人类学和艺术学等学科交叉研究,对上述问题进行更精准的回答。

参考文献

[1] 费孝通. 志在富民[M]. 上海:上海人民出版社,2004.
[2] 冯猛. 基层政府与地方产业选择——基于四东县的调查[J]. 社会学研

究,2014(2).
[3] 付会洋,叶敬忠.兴起与围困:社区支持农业的本土化发展[J].中国农村经济,2015(6).
[4] 郭劲光,俎邵静.参与式模式下贫困农民内生发展能力培育研究[J].华侨大学学报(哲学社会科学版),2018(4).
[5] 黄宗智.长江三角洲小农家庭与乡村发展[M].北京:中华书局,1992.
[6] 江元,田军华.谁是更有效率的农业生产经营组织:家庭农场还是农民专业合作社?[J].现代财经(天津财经大学学报),2018(6).
[7] 李长安.建设特色小镇应以农民利益为重[J].农村工作通讯,2017(9).
[8] 李冬梅,郑林凤,林赛男,等.农业特色小镇形成机理与路径优化——基于成都模式的案例分析[J].中国软科学,2018(5).
[9] 李猛.论抽象社会[J].社会学研究,1999(1).
[10] 李祖佩,曹晋.精英俘获与基层治理:基于我国中部某村的实证考察[J].探索,2012(5).
[11] 刘同山,孔祥智.精英行为、制度创新与农民合作社成长——黑龙江省克山县仁发农机合作社个案[J].商业研究,2014(5).
[12] 陆益龙.农民市场意识的形成及其影响因素——基于2006年中国综合社会调查的实证分析[J].中国人民大学学报,2012(3).
[13] 陆益龙.制度、市场与中国农村发展[M].北京:中国人民大学出版社,2013.
[14] 吕方,梅琳."复杂政策"与国家治理——基于国家连片开发扶贫项目的讨论[J].社会学研究,2017(3).
[15] 马若孟.中国农民经济[M].南京:江苏人民出版社,1999.
[16] 孟德拉斯.农民的终结[M].李培林,译.北京:社会科学文献出版社,2010.
[17] 闵学勤.精准治理视角下的特色小镇及其创建路径[J].同济大学学报(社会科学版),2016(5).
[18] 任守云,潘璐.作为场域的市场:农民销售处境与结构限制——以河北李村李子销售为例[J].南京农业大学学报(社会科学版),2016(2).
[19] 施坚雅.中国农村的市场与社会结构[M].北京:中国社会科学出版社,1998.
[20] 舒尔茨.改造传统农业[M].北京:商务印书馆,1987.

[21] 舒萍.实践型生态文化与农业生产经营模式转变——基于山东生态茶园新型经营主体的调查[J].山东社会科学,2017(4).
[22] 王龙生.关键是要增强农民驾驭市场的能力——对如何引导农民进入市场的思考[J].地方政府管理,1993(6).
[23] 徐伟.品牌农业的力量——大农业时代商业模式创新与跨界营销案例[M].北京:中华工商联出版社,2016.
[24] 易开刚,厉飞芹.基于价值网络理论的旅游空间开发机理与模式研究——以浙江省特色小镇为例[J].商业经济与管理,2017(2).
[25] 余茜,李冬梅.农业特色小镇发展模式比较研究——以浙江省余杭市春风长乐小镇和陕西省杨凌区五泉镇为例[J].世界农业,2018(2).
[26] 张鸿雁.特色小镇建设与城市化模式创新论——重构中国文化的根柢[J].南京社会科学,2017(12).
[27] 张小军,雷李洪.乡村社区自主发展的中国经验——走向共同体的乡村自治[J].江苏社会科学,2018(3).
[28] 张小军.文化经济学的视野:“私有化”与“市场化”反思——兼论“广义科斯定理”和产权公平[J].江苏社会科学,2011(6).
[29] 赵晓峰.信任建构、制度变迁与农民合作组织发展——一个农民合作社规范化发展的策略与实践[J].中国农村观察,2018(1).
[30] 周柏春.新型城镇化进程中的分配正义:来自于农民能力与政策保障的双重视角[J].农业经济问题,2016(9).
[31] 庄晋财,卢文秀,华贤宇.产业链空间分置与特色小镇产业培育[J].学习与实践,2018(8).
[32] LEWIS O. The culture of poverty[J]. Scientific American,1966,215(16).
[33] QIN F, VANIA B, SALAS G. Information access and smallholder farmers' market participation in Peru[J]. Journal of Agricultural Economics,2018,69(2):476-494.
[34] SIPOSNÉ N E. Subjective poverty and its relation to objective poverty concepts in Hungary[J]. Social Indicators Research,2011,102(3).

文化建设高质量背景下的苏北文明乡风传承与创新研究

主持人：卢 倩（中共徐州市委党校）
课题组：聂 磊 吴曼曼 黄 斌 王 鑫 杜 宇

内容提要：人民的生活追求从“物质文化”到“美好生活”的跃升，意味着高质量的发展将构成新时代我国经济社会发展的基本特征。在文化建设高质量背景下推进文明乡风的传承与创新，则要求乡风文明建设要更加注重质量效益，为人民美好生活提供积极、健康、持续的精神指引和文化滋养。以此为目标，推进苏北地域文明乡风的传承与创新，面临乡村振兴战略、城乡融合发展、苏北地域文化以及地方实践探索等现实考量。在此基础上探寻文明乡风的传承与创新的演进路径，应着眼于增强乡村文化自觉与自信，尊重提升农民的主体地位，推进以社会主义核心价值观为基础的“以文治理”，传承发展提升乡村优秀传统文化，加强对乡风文明建设的组织引领等。此外，乡风文明建设是一项复杂的系统工程，在文明乡风的传承与创新过程中还应注意把握好一些关系与问题，坚持久久为功，才能取得更好的成效。

乡村振兴，乡风文明是保障。从民国时期的初步尝试到新中国成立初期的有益探索，再到改革开放后的全面推进，历经百年的乡风文明建设，在新时代被赋予了更加深刻的内涵和更高的站位。

党的十九大报告中指出，中国特色社会主义文化，源自于中华民族五千多年文明历史所孕育的中华优秀传统文化，熔铸于党领导人民在革命、建设、改革中创造的革命文化和社会主义先进文化，植根于中国特色社会主义伟大实践。新时代的乡风文明不仅要传承优秀的家风、民风，继承和发扬尊老爱幼、邻里互助、诚实守信等优秀传统文化，同时也包含了“五位一体”和“五大发展理念”等乡风文明建设的新内容;不仅要体现乡村传统民俗、风俗等乡村文化,也要让农民在原有村庄肌理上享受现代城市文明。乡风文明建设正是在传统与现代、城市与乡村的融合发展中形成时代特色。

第一节　文化建设高质量下苏北文明乡风传承与创新的时代架构

人民的生活追求从“物质文化”到“美好生活”的跃升,意味着高质量的发展将构成新时代我国经济社会发展的基本特征。作为“六个高质量”发展任务之一的“文化建设高质量”的提出,构成了江苏在新时代进一步落实以人民为中心的发展思想,推动“三强两高”文化强省建设向纵深发展的重要战略安排。文化建设高质量是对文化发展实践和认识的升华,要求以更高的发展站位、更优的发展格局、更强的福民力度,回应广大民众对文化发展的期盼,实现文化发展“质”的飞跃。

乡风文明是一种社会状态,需要有目的建构才能形成。在文化建设高质量背景下推进文明乡风传承与创新,则要求乡风文明建设要更加注重质量效益,以高质量的文明新风尚,为人民美好生活提供积极、健康、持续的精神指引和文化滋养。但乡风的范畴极为宽泛,明确地界定其内涵并非易事。社会始终处于发展变化中,每个阶段乡风文明的发展目标和建设重点不同,且在发展的过程中可能由于各种政治、经济、文化等因素的影响而有所改变。同时,乡村地区范围辽阔,建设内容需要根据研究地区的特点和所处的时代特征因地制宜、因时而易。就当下苏北地域而言,其文明乡风的传承与创新至少应涵盖以下内容。

一、乡村振兴的战略布局

乡村振兴战略是新时代做“三农”工作的新旗帜和总抓手。一方面,千百年来乡村文化作为传统生民的精神家园,凝聚着乡土之美、人文之美。丰厚的农村传统文化资源,具有超越历史的时代价值,需要在新时代呈现。在振兴乡村的伟大事业中,首先要充分挖掘这些价值,将其最大程度地融入乡村振兴中,使之在新时代的文明框架里、在现代和传统的交融中,吐露新的芳华。另一方面,乡风文明也是乡村振兴的灵魂所在,渗透到乡村振兴的各个方面。文明乡风既为产业兴旺提供保障,同时也是产业兴旺的重要资源;环境友好型的生产方式、低碳的生活方式以及生态信仰和习惯,是实现生态宜居的重要条件;文明乡风中的优秀传统文化，如家风家训、村规民约、道德示范等，有助于构建自治、法治、德治的治理体系，提高乡村治理的有效性等。

二、城乡融合的发展格局

如何处理现代化进程中的城乡关系，是发展所面临的一项重要课题。从历史的、系统的角度分析，城市和乡村血脉相融、地域相连，是不可分割的有机整体。但长期以来的城乡二元体制，则导致了严重的"城乡分割"和"城进乡退"问题。农村是我国传统文明的发源地，乡土文化的根不能断，农村不能成为荒芜的农村、留守的农村、记忆中的故园。当前，我国已进入工业反哺农业、城市支持农村的发展新阶段，迫切需要从构建新型城乡关系的角度来推进乡村建设，实现城乡协调发展。"看得见山，望得见水，记得住乡愁"，这不仅是新时代城镇化发展的目标，也揭示了城乡之间割不断的血脉亲情。因此，要统筹规划、协同推进新型城镇化和乡村振兴战略，优化国土空间布局，使城乡要素自由流动，城市与乡村相互支撑，真正实现城乡融合发展。

三、苏北地域的文化特质与传承弘扬

不同地域文化依靠各自的隐性代码世代传承，从而展现出独特的文化脉络和文化属性。就苏北地域而言，省域交界的地域风貌使得苏北地区自古以来就处于徐文化、齐鲁文化、楚汉文化的冲击、碰撞之中，多类型文化在苏北空间的凝聚和融合，催生了苏北兼容并包的复合型文化特征。汲南北文化之精髓，取江淮文明之毓秀，揽海洋气象之开阔，如此多元的文化浸染使苏北展现出兼容并蓄的地域品质，也使得苏北地域文化成为江苏乃至中华文化中极具特色的区域文化。当前要充分发挥楚汉文化、淮扬文化、农耕文化等源远流长、底蕴深厚的优势，传承弘扬新四军精神、淮海战役精神等红色基因，坚持传统文明与现代文明融合发展，厚植"勤善和美"的人文"底蕴"，培育文明乡风、良好家风、淳朴民风，让耕读传家、父慈子孝的祖传家训，邻里守望、崇信重礼的乡风民俗蔚然成风，凝聚起实施乡村振兴的强大精神力量。

四、"马庄经验"等实践探索的典型示范

地处苏北的徐州市贾汪区马庄村长期坚持"文化立村、文化兴村、文化惠民、文化育人"，积极探索中国特色社会主义乡村振兴道路，形成了经济上快速发展、文化上独树一帜的"马庄经验"。正是通过乡村文化发展繁荣，深入推进

农村精神文明创建活动，培育与乡村建设相适应的文明乡风，从而创新乡村特有的文化资源，促进了马庄的振兴。2017 年 12 月，习近平总书记在徐州视察时对马庄的做法给予了高度评价。2018 年 5 月发布的中共江苏省委江苏省人民政府《关于贯彻落实乡村振兴战略的实施意见》中明确提出，要以社会主义核心价值观为引领，总结推广徐州市贾汪区马庄村经验。2018 年 8 月，中央开展新时代文明实践中心试点探索，地处苏北的徐州市贾汪区、盱眙县、阜宁县等地被列入首批全国试点地区。新时代文明实践中心（所、站）的建设，着眼于凝聚群众、引导群众，以文化人、成风化俗，用中国特色社会主义文化、社会主义思想道德牢牢占领农村思想文化阵地，动员和激励广大农村群众积极投身乡村发展与振兴。实践探索的有效做法和鲜活经验，为当下的苏北乡风文明建设提供了参照。

第二节　文化建设高质量下苏北文明乡风传承与创新的路径解析

文化属于精神层面的创造，包含着人性的需求，需要长期的积累、沉淀、选择、坚守，因此"文化建设"第一要务是"传承"。同时文化也要不断"创新"。没有"创新"就没有文化和社会的进步，只有结合时代要求进行创造性转化和创新性发展，文化才能更好地服务于民。

一、着力增强乡村文化自觉，重建文化自信

高度的文化自觉与自信是文化建设高质量的核心理念，也是新时代文明乡风传承与创新的基础。苏北地域历史悠久、文脉深厚、文化载体种类丰富，孕育了楚汉文化、淮扬文化等独特的文化形态，凝练铸就了新四军精神、淮海战役精神、王杰精神等红色基因，淮剧、丁丁腔、海州童子戏等地方剧种也展现了独特的地方韵味。黄河夺淮入海后，持续几个世纪的天灾人祸恰恰造就了苏北刚硬强劲的迥然气质。当前只有着力增强文化自觉、坚定文化自信，才能充分发掘乡村文化潜力，不断激活更深层、更根本的文化基因，以积极主动的态度、自信自豪的姿态、鲜活生动的方式展现真实、立体的地域形象，打造地域特色文化品牌，形塑乡风文明新气象。

1. 重新审视厚重的乡村文化价值

长久以来，乡村往往给人贫穷落后、缺乏文化价值的印象。事实证明，这完

全是一种囿于时代局限的浅见。在现代工业文明孕育以前，五千多年的中华文明史，就是一部乡村文明积累和发展的历史。从中国特色的农事节气，到大道自然、天人合一的生态伦理；从各具特色的宅院村落，到巧夺天工的农业景观；从乡土气息的节庆活动，到丰富多彩的民间艺术；从耕读传家、父慈子孝的祖传家训，到邻里守望、诚信重礼的乡风民俗等，都是中华文化的鲜明标签，都承载着华夏文明生生不息的基因密码，彰显着中华民族的思想智慧和精神追求。近现代以来，在中国革命、建设和改革开放的征程中，乡村都做出了突出的历史贡献，体现出了可贵的创造精神和开拓精神。就苏北地域而言，河湖密布、土地肥沃、气候暖湿，特别适宜人类活动，是华夏文明最为发达的地区之一。这里既有建立在农耕文明基础上的中华优秀传统文化之根，又孕育了以红色精神为核心的革命文化之脉，构筑了乡村文化自信的重要源泉和底气。从微观实践的角度来说，"马庄经验"的显著特性正是在于看到了自身厚实的乡村文化底蕴，而独辟蹊径把目光投向了文化产业，趟出一条文化立村、文化兴村的发展道路。因此，今天的苏北乡村建设与发展，需要站在新的历史起点上，以敬畏之心，重新审视和理解厚重的乡村文化价值，让乡村文化焕发新的生机与活力。

2. 在问题反思中深化乡村文化认知

目前江苏发展不平衡不充分问题在农村尤其在苏北农村最为突出：农民转移就业空间收窄，促进农民持续增收任务艰巨；农业资源约束加剧，农村环境和生态问题较为突出；城乡基础设施和基本公共服务差距仍然较大等。苏北地区有超过 1/3 的人口长期生活在农村，随着经济社会的发展，农民对精神文化生活的需求日益旺盛。但与城市相比，乡村文化发展明显滞后。一是乡村文化资源依然不足。尽管这些年公共文化资源加速向乡村流动，在不少地区，村级文化服务中心功能齐全，但因缺少专业文化人才，面临缺乏人气的窘境。二是乡村文化个性和活力面临缺失。乡村是乡土文化的载体，一方面随着城镇化的发展，一部分村庄正在消失；另一方面，有一些村庄因过度旅游开发，而存在挂红灯笼、编民间故事等"雷同"现象。三是乡村面临低俗文化的侵蚀。在乡村，文化需求往往与娱乐简单地画上等号，文化活动形式单调、格调不高。甚至在一些地方，封建迷信、色情暴力等低俗文化趁机"入侵"，浊化乡村空气。这些问题的存在既凸显了乡风文明建设的现实必要性、迫切性，也要求乡风文明建设坚持立破并举，培育良好的乡风民风。

3. 避免以城市化眼光审视乡村

在工业化、城镇化进程中，乡村的地位是值得深入思考的大问题。加快推进农村现代化,并非乡村都市化、城市化,“城乡一体化”也并非“城乡一样化”,不能按照城市发展的路子来推进乡村振兴。今天的乡村,不再是单一从事农业的地方,还有重要的生态涵养功能,令人向往的休闲观光功能,独具魅力的文化体验功能等。也正是因为对乡村价值的重新审视和发现,使得像马庄村、潘楼村等一批曾经的苏北落后村庄焕发了新的生机和活力,成为全国文明村。因此,应牢固树立并践行城市乡村均是承载幸福生活的人居环境的理念,充分挖掘乡村文化中的优秀内核,重新唤起乡村的文化活力;注重挖掘乡村文化中原有的人情味、邻里互助、礼尚往来、诚实守信等,避免现代城市发展的“社会病”对农村原生态文化的污染,重建并光大乡村文化中传统优秀文化生态。

4. 不断加快农村发展

重建乡村文化自信,重在加快农村发展。针对当前苏北农村发展不平衡不充分的突出问题,要坚持城乡均衡发展,支持和鼓励各类投资主体,以多种形式参与乡村建设;加大农村公共产品的供给和基础设施的改善,实现城乡公共产品和服务供给的均等化;大力实施农村人居环境整治和生态修复等工程,加快推进农业现代化,提升农业发展水平,让农民真正过上和市民一样的幸福生活。只有城乡发展均衡,城乡人民的身份与心态才能真正平等,乡村文化自信才能凸显出来。同时,在发展中尤其要坚持“绿水青山就是金山银山”的发展理念,在保护和恢复乡村原有自然生态秩序和文化环境中实现宜居,在不断创新农村产业新业态中实现宜业,在发挥特色谋划全域旅游中实现宜游,在宜居、宜业、宜游的生态家园中增强发展自信,在自治、法治、德治相结合的精神家园中增强文化自信。

二、坚持以人为本,尊重提升农民的主体地位

“实施乡村振兴战略不能光看农民口袋里票子有多少,更要看农民精神风貌怎么样。”习近平总书记视察徐州市马庄村时的讲话,为乡风文明建设提供了明确的指引。农民是乡风文明建设的主体,也是乡风文明建设的受益者。在乡风文明建设的过程中,要坚持以人为本的原则,尊重农民意愿,维护和保障农民权益,充分调动广大农民的积极性、主动性、创造性,让农民从看不见到出现、从出现到给意见、从给意见到有主见、从有主见到理性的集体性文化建构行动,从而拥有更多切切实实的获得感、幸福感、安全感。

1. 充分尊重农民意愿

对于建设什么样的乡风,农民最有发言权、选择权,因此,推进乡风文明建

设应坚持以人为本的原则，以尊重农民意愿、维护农民利益、增进农民福祉为根本出发点来制定相关方针和政策，只有这样才能真正保护广大农民的根本利益。近年来，一些地方在乡风文明建设中出现供需错位等问题，很重要的一个原因就是决策者在推进乡风文明建设的过程中，没有充分考虑到农村的实际情况和农民的实际需求，忽略或忽视了农民的真实想法、意愿和自主决策权。因此，乡风文明建设在任何时候都必须尊重农民意愿、维护农民权益，把选择权交给农民.只有这样才能发挥农民的主体作用，才能真正调动农民的积极性；只有这样才能使乡风文明建设的各项决策更加符合实际、更加科学有效。

2. 全面提升农民素质

20 世纪 80 年代，马庄村依托煤炭资源实现经济起步，但头脑空虚、思想混乱、酗酒赌博等问题随之而来。没有农民的文明，就没有乡风的文明。农民作为乡风文明建设的主体和受益者，其自身素质的高低直接决定着乡风文明的好坏。全面提升农民素质，既是乡风文明建设最为迫切的要求，也是乡村振兴最本质、最核心的内容之一。要把切实提高农民素质、实现人的全面发展作为乡风文明建设的根本出发点和落实点，不断增强农民群众的自我发展能力。要正确处理农民“富口袋”与“富脑袋”的关系，把乡风文明建设内化于农民的具体行为之中，融进农民的生产生活中去，让农民来“雕刻”乡风。从本质上讲，也只有真正调动和充分发挥好农民的主人翁作用，乡风文明建设才能与“产业兴旺、生态宜居、治理有效、生活富裕”的乡村振兴战略要求有效对接，乡村才能焕发生机与活力，实现繁荣与兴盛。

3. 着力增强农民的文化自觉与自信

农民的文化认知、文化态度和文化自信心是影响其文化参与，同时也是决定文化建设成效的重要因素。马庄农民乐团成立 30 年，累计演出超过 6000 场次，已成为马庄乃至徐州的“文化名片”，正得益于其高度的文化自觉与自信。当前城镇化进程中乡村文化式微的一个重要原因在于，作为乡村文化主体的农民缺乏文化自觉意识。正是因为大多数农民没有自觉地认同本土文化的精神涵养与价值底蕴，没有在乡土文化中找到自我定位，也没有以主人翁的姿态去审视和反思传统文化，更多的是对外来文化的推崇与好奇，才加剧了文化记忆的断层。这种文化自觉意识的缺乏还导致农民不能有效运用乡土文化优秀思想，指导生产生活实践，从而出现大量珍贵文化遗产消亡、原生态空间土壤被摧毁的现实乱象。乡土文化的特色底蕴正随着农民传承热情的消散而消散。农民的文化自觉与自信，是乡村文化振兴的内在动力。优秀传统文化如涓涓细流,承载着希望,蕴含着生机,滋润着村民。要充分挖掘乡村文化中原有的文化资源与价值,激发村民文化自觉,丰富农民文化生活,提升农民生活品质,以文化自觉成就文化自信。

4. 在乡村“共建共治共享”中彰显农民的主体作用

发挥农民的主体作用,让农民真正享有乡风文明建设的主动权,离不开“共建共治共享”的乡村治理实践。农民是乡村的主要居住者和乡村发展的亲历者,最了解乡村的历史、发展现状、乡村发展最需要什么和农民群众最盼望什么。在乡风文明建设进程中,只有动员农民广泛参与和支持,才能破解乡村文明建设动力不够、后劲不强、活力不足等难题。当下乡村要从本地的历史、文化、传统、风尚出发,通过动员农民广泛参与,制定普遍认可并遵守的乡规民约,在潜移默化中达到润物无声的教育效果。就自治、法治、德治相结合的乡村治理目标而言,只有当农民能够真正成为这“三治”的主体,担负起乡村治理的实际责任时,乡村振兴中的“治理有效”目标才能实现。共享则要求加快构建满足农民美好生活需要的乡村基础设施和公共服务,切实解决好农村居民的教育、医疗、社会保障等问题,让农民真正感受到乡村振兴带来的获得感和幸福感,促进乡风文明水平的提升。

三、推进以社会主义核心价值观为基础的“以文治理”“以文化人”

“以文治理”“以文化人”是传统国家和社会治理的重要特征。在新的历史阶段,“以文治理”可借助传统形式并赋予新的时代内容,要体现社会主义核心价值观,与中国特色社会主义目标相一致。在现阶段“以文治理”中,最重要的是以均等化为目标,着力构建高质量的乡村公共文化服务体系,推动社会主义核心价值观进村入户,以文化人,成风化俗。

1. “以文治理”要强化其内生性、民间性和生活性

社会主义核心价值观作为国家层面的集体性建构,反映了全国人民的意志和方向。但要真正发挥其作用,还必须将主流意识形态的宏大理论叙事转化为普通民众的日常生活场景。为此,很多地方进行了积极有效的探索,通过展板、故事、曲艺等形式,使社会主义核心价值观与农民的日常生活进行链接。如农民对社会主义核心价值观还较陌生,但对“小康”“大同”之类的话语较为熟悉;农民可能不理解高深的理论,但容易理解和接受日常生活中尊老爱幼、扶贫济困等做人的道理。因此,现阶段“以文治理”要善于将社会主义核心价值观大众化、生活化,与农民日常生活紧密结合起来,注意改进其“叙述方式”,建立一套

农民能够理解、易于接受的“核心价值观”话语系统，以群众喜闻乐见的形式唱响主旋律，拉近农民与主流意识形态的距离，让他们听得懂、记得住、用得上，增强老百姓的认同感。

2. “以文治理”可借助传统形式并赋予新的时代内容

家庭是乡土社会的基础，也是乡土社会文明传承的细胞。家训家规是一个家族中祖先对后人、族长对族人、长辈对晚辈的训示或者规约，包含丰富的道德文化，集中展示了中华民族生存发展的德性和智慧。随着社会发展，个人的独立性愈来愈强，家庭的功能相对弱化。但无论怎样变化，家庭的生活依托、社会功能、文明作用始终是不可替代的。因此，现代“以文治理”的基础仍在家庭。要通过家庭日常生活传递符合社会主义核心价值观的理念体系，特别是强化与社会主义核心价值观相一致的良好家教，建立与国法相衔接的家规，提倡树立良好的家风，鼓励通过撰写家史家传，传承修身之道、家和之道、睦邻之道，涵育文明新气象，培塑乡风文明的价值主体和良好氛围。

3. 传承乡贤精神，塑造新乡贤文化

在传统乡村，乡贤精英们以自身的嘉言懿行垂范乡里。尽管历史上的乡贤已不复存在，但乡贤精神则可继承。如淮安市涟水县塑造文明新风的重要一招，就是通过传承和弘扬新乡贤文化，重塑乡村文化内涵。相比较而言，新乡贤既有传统乡贤文化的历史传承，又具有现代的知识、技能和新的文化视野；既扎根乡土大地，又沟通外部世界；既有本土人才的热切熟络，又有外部人才的智慧与见识，还具有出门在外的乡愁情结与回报乡里的桑梓情怀；既可以发挥道德引领作用，涵育文明新风，又可以传播新思想、新知识、新文化、新技能。因此，应积极传承和弘扬新乡贤文化，吸引、凝聚新乡贤回馈乡里，充分发挥其建设新农村、倡导新文明的作用。同时，现代信息技术的发展打破了传统的时空界限，要积极探索借助网络平台等方式，拓展新乡贤“不在场”的服务方式，为乡村社会发展注入内生动力源泉。

4. 深入推进农村精神文明建设

实施社会主义核心价值观进村入户行动，坚持教育引导、实践养成、制度保障“三管齐下”，深入实施公民道德建设工程，扎实推进道德讲堂建设。深入开展文明村镇创建活动，不断扩大创建活动的覆盖面和影响力。围绕爱国守法、遵德守礼、平等和谐、敬业诚信、家风淳朴、绿色节俭、热心公益等内容，广泛开展文明家庭、星级文明户创建推选活动，积极参与中央组织开展的好媳妇、好儿女、好公婆和寻找最美乡村教师、医生、村干部、家庭等评选活动，通过身边的榜样来教育人、感染人。持续开展移风易俗行动,突出党员干部带头,强化群众自我教育管理,树立勤俭节约的文明新风,有效遏制大操大办、厚葬薄养、人情攀比等陈规陋习。

5. 加强乡村优质公共文化建设

当下农村闲暇时间日益增多,但可供消费的文化产品却相对缺乏,大量时间用于打牌,甚至赌博等。一方面要充分发挥政府作用,加快推进农村公共文化供给侧改革,健全乡村公共文化服务体系,引导优质文化资源向农村地区倾斜,丰富农民的精神生活。另一方面要创新公共文化服务的供给方式,改变“运动式、大水漫灌式”的习惯方法,精准对接不同农民群体的复杂需求,将文化服务与农民的日常生活紧密结合起来,真正实现有效供给。如准确把握公共文化活动开展的时机,针对农民的生活特点,充分利用节假日和农村集市等时机,把经常性、小型多样的文娱活动与定期举办的大中型文体活动结合起来,将农民引导到文艺演出、民俗表演、趣味运动会等喜闻乐见、互动性强的活动中来,寓教于乐。

四、传承发展提升乡村优秀传统文化

乡村优秀传统文化是中华民族的根脉,具有极为广泛的群众基础,在民族心理和文化传承中有着独特的作用。传承优秀传统文化,有利于陶冶农民的情操,引领农村良好的社会风尚。新时代的乡土文化传承与发展思路,亟须打破固步自封模式,激活乡村的内在动因,维持浓厚深沉的文化底蕴,营造安定有序的社会风气,彰显优秀传统文化的独特魅力。

1. 珍惜乡村文化资源,守正文化根脉

苏北乡村有大量的文化资源,如盐城的海盐文化、滩涂文化、铁军精神,徐州的楚文化、两汉文化、淮海战役精神,淮安的淮扬文化、运河文化等。这些文化是乡风文明的重要源头。乡村要留住乡韵、记住乡愁,就要努力传承文化基因、保留优秀文化形态、珍惜文化资源、守正文化根脉。乡村文化不是空中楼阁,它蕴含于村居建筑、乡村格局、风俗习惯、乡规民约、民间信仰等诸多方面,不仅与山水风情、特色院落、村落农田相得益彰,而且与乡村所具有的道德习俗、礼仪、风尚紧密相连。推动乡风文明建设,从物质形态看,重点是保护好乡村文化的物质载体,正确对待古镇、古村落、古民居等历史风貌,结合本地实际发展具有历史文化记忆和地域民俗特色的美丽乡村。从精神层面看,要着力保护和发展民间文化、传统工艺、道德习俗等,组织开展能反映农民精神面貌的民俗文化活动,使优秀民间文化活起来、传下去。

2. 实施乡村文化保护、传承和提升行动

尽管当前工业文明和城市文明长足发展,但乡村文化仍有其独立的价值体系和独特的社会意义。要系统发掘、整理乡土文化,通过培养文化传承人、打造传统工艺品牌、征藏民间物证等,激发乡土文化的内生,重塑乡村文化生态。加大对民间文艺和文化产品的扶持力度,深入挖掘优秀传统农耕文化蕴含的思想观念、人文精神、道德规范,彰显农村优秀传统文化凝聚人心、教化群众、淳化民风的作用。培育乡村文化人才,传承乡土文脉,保护优秀非物质文化遗产,加强农耕文化、民间技艺、乡风民俗的挖掘、保护和传承,开展农村文物古迹、传统村落、传统建筑和黄河故道、运河沿线农业遗迹保护,着力保护历史文化名村和传统建筑组群。通过政府主导、多方参与、市场运作等方式,引入现代文明元素,盘活乡村特色文化资源,打造独具魅力的平原地区、沿海垦区、里下河圩区等地域乡村文化标识。

3. 深入挖掘乡村熟人社会蕴含的道德规范,结合时代要求进行创新

乡风文明在百姓心头扎根,离不开乡风乡俗助力乡村善治。乡村社会与城市社会的一个显著不同,就是人们大多"生于斯,死于斯",熟人社会特征明显。正是基于这一点,马庄村从 1986 年开始,坚持"五好家庭"创建,对全村农户实行"家庭档案"管理;通过评选好婆婆、好儿媳、好妯娌,在相互"攀比"中促民风向善;借力乡土社会的人情传统,马庄村还注重发挥新乡贤、红白理事会等主体特长,推进乡村善治。实践证明,乡土社会的道德规范具有超越时代的价值。新时代的乡风文明建设,要深入挖掘乡村熟人社会蕴含的道德规范,结合时代要求进行创新,强化道德教化作用,引导农民爱党爱国、向上向善,孝老爱亲、重义守信、勤俭持家。

三、加强对乡风文明建设的组织引领

1. 强化农村党组织的文化引领

办好农村的事情,实现乡村振兴,关键在党。马庄村等全国文明村(镇)的建设实践充分证明,党建"高质量"对农村各领域各项事业有着强大的引领带动作用. 要健全完善党的农村工作领导体制机制,全面落实农业农村优先发展要求,在干部配备上优先考虑,在要素配置上优先满足,在资金投入上优先保障,在公共服务上优先安排,确保党中央关于乡村振兴的决策部署落到实处。扎实推进农村基层党组织建设,把农村基层党组织建设成为坚强战斗堡垒和领导核

心,使基层党组织的政治优势、组织优势转化为推动党员群众实现乡村振兴的发展优势,激发乡村振兴的“组织动能”。要强化乡风文明建设的规划指导,科学把握不同村庄变迁的发展趋势,因村制宜,精准施策;要注重地域特色,尊重文化差异,避免千村一面,把挖掘原生态和引入现代元素结合起来,推进文明乡风传承与创新。

2. 推进乡风文明的体制机制优化

文明乡风的传承与创新,离不开体制机制的“硬保障”。这既有利于增强乡风文明实践活动的吸引力、感染力,也有助于推动实现乡风文明建设的常态化、长效化。如宿迁市出台《乡风文明提升行动计划》,开展核心价值观宣传普及、农民文明素养提升、文明村镇创建拓展等“七大提升行动”;徐州市铜山区印发《乡村振兴乡风文明建设三年行动计划(2018—2020年)》,同时颁布《乡村振兴乡风文明示范村建设考核细则》;贾汪区秉承在服务群众中引导和凝聚群众的工作理念,推出理论宣讲、厚德贾汪、文化惠民、帮扶关爱、富民增收、乡风涵育六大行动,创新开展“两包两联”工作法。地方实践中的体制机制创新,既形成了各自的亮点特色,又有效地助推了乡风文明建设进程。因此,要尊重地方尤其是基层首创精神,鼓励各地在建设模式、运行方式、活动形式上因地制宜、创新思路,充分发挥特色文化资源、乡土人才队伍、品牌活动载体等优势,在扩大参与率、增强吸引力感染力上寻找突破口,找准结合点,不断提升文明建设成效。

3. 培育和激发乡村民间文化社团活力

苏北乡村存在大量的各类民间文化社团。如泗阳县临河镇就有云渡桃雕传习所、书法协会、中老年舞蹈队、腰鼓队、夕阳红文艺宣传队等社团队伍。这些社团根植于乡村沃土,了解当地的风土人情,深谙当地的文化底蕴,演出内容贴近生活,表演形式生动有趣。虽然民间社团的自创式文化有些粗糙,但其经常性活动和喜闻乐见的形式,有助于形成文化发展的“常态化”,如马庄村的农民乐园、淮安区漕运镇的“草根群体+乡土文化+服务群众”特色模式等。但不可否认的是,当前多数民间社团存在经费短缺、组织松散、后继乏人等生存困境。为此,要充分发挥政府的调控和规范引导职能,加大经费投入,推动政府向社会购买公共文化服务,以监控评估促进民间社团的自律生长;通过文化馆(站)等基层文化阵地,扶持和培养一批民间文艺骨干,培育壮大农民演出团体;建立综合协调机制,拓展民间社团多元化生存发展路径;通过完善机制,激励民间文化人才发挥聪明才智,助力乡村文化建设。

4. 推动乡村文化产业化发展

苏北乡村文化底蕴深厚，历经数千年积淀下来的建筑、礼俗、工艺、典籍等，蕴含着丰富的文化内涵和无限的发展潜能，理应回归生产生活实践。马庄经验表明，文化产业化的发展，不仅为文化资源保护、传承和农民多样化需求的满足提供现实支撑，还能通过市场化运作更好地捕捉农民的文化需求信号、及时提供相应的文化产品，增强文化认同感。当前要选准、做好乡村发展“文化＋”工程，促进文化与农业、生态、旅游、科技等深度融合和创新发展，不断提升乡村文化创造力和生产力，推动文化富民、强村，塑造乡村振兴发展新态势。在发展中要注意统筹协调保护、传承与发展的关系，让乡土文化激发新的生命力和内涵，以符合文化发展规律的状态呈现，成为文化产业的重要组成部分。另外，当前文化产业化的发展，还离不开农民消费市场的拓展。一方面要优化资源配置，通过直接投资、资金补贴、免费推广等形式，因地制宜地为乡村提供符合农民需求、具有乡村特点的公共文化服务，支持乡村传统、特色文化产业的发展，优化文化消费的渠道与环境；另一方面通过教育、培养等方式，提升农民的文明素养和文化消费能力，重塑乡村文化消费市场和农民消费习惯，引领广大农民推进乡村文化产业的全面振兴。

第三节　文明乡风传承与创新中应注意的一些问题

一、坚持系统思维、整体推进、因地制宜

要准确把握文化建设高质量发展的目标诉求，充分认知和挖掘乡村的多种功能和价值，注重系统性、协同性，统筹谋划推进文明乡风的传承和创新。乡村是一个整体的文化传承和价值表达的空间，把文明乡风融入乡村建设的方方面面，乡风文明才能发挥应有作用，乡村振兴才能获得事半功倍的效果。乡村作为文化载体体现在乡村形态、民居格局、标志建筑、风俗习惯、制度安排、民间信仰等诸多方面，而且形成了乡村文化的有机整体和乡风文明体系。乡风文明建设要在尊重原有乡村文化体系的基础上吸纳现代文化，而不是离开原有文化基础另搞一套，更不能以破坏乡村文化载体为代价。要注意切合实际，因地制宜，避免简单照搬、复制。

二、充分认识乡风文明建设的复杂性、长期性

新时代的乡风文明建设具备多种特性。一是系统性。乡风文明是一个由诸多要素构成的完整有机体系,涵盖主体、客体、内容和方式等要素架构,以及制度设计、试点探索、总结推广等环节的相互协调与互动等。二是综合性。这种综合性既包括内容上的综合,也包括途径和方式方法上的综合。从内容上来说,既有物质文明,也包括制度文明和精神文明,涉及诸如生产方式、制度规范、风俗习惯、思想观念,乃至婚丧嫁娶、岁时节庆等在内的生活场景。可以说,乡村的一草一木、一砖一瓦,居民的一举一动,都被赋予了深刻的文化内涵和乡土情怀。三是发展性。乡风文明的发展性是指其内容与形式也应与时俱进,顺应时代发展要求实现创造性转化和创新性发展。文明乡风不仅需要培养和传承,还需要锲而不舍的积累、积淀。乡风文明建设的多种特性,彰显了乡风文明建设的复杂性,同时也决定了建设的长期性、艰巨性。

三、把握好政府主导与农民主体的关系

乡风文明建设是一项复杂的系统工程,需要以政府为主导,同时发挥农民主体的作用,共同致力于文明乡风的传承与创新。从乡风文明建设实践来看,一些村镇中乡风文明建设主要是地方政府在发挥主导作用。地方政府不仅制定乡风文明的行动方案,还往往明确推进建设工作的具体考核指标和责任追踪,以形成对基层党员干部的工作要求,从而激发基层党组织和党员干部的先锋带头作用。这种方式固然能发挥重要作用,但也应牢记乡风文明建设的人民性,当地农民的主动参与是乡风文明建设的关键。只有充分发挥农民的主体作用,使农民由被动接受者转变为主动参与者和积极创造者,才能从根本上使文明乡风"活起来、活下去"。因此,乡风文明建设必须坚持党的群众路线,坚持走党和政府引领带动进而激发起农民群众主体活力的路径。

四、把握好文化组织的载体与对象

苏北虽地处东部沿海地区,但经济社会发展水平相对滞后,农村就业吸纳能力较低,整体属于人口净流出区域,常住人口普遍低于户籍人口15%左右。面对农村大量青壮年劳动力外出,老人、妇女、儿童等留守的态势,有必要进一步明确文化活动的重点对象。相对于外出的青壮年劳动力,留守的老人、妇女、儿童等弱势人群对于基本的娱乐、交往、被关心、共同生活等精神文化领域的诉

求则愈发强烈，一旦有人组织文化活动，就很容易在他们中间激起共鸣。因此，他们应是乡村文化建设的最重要载体和对象，对乡村文化的传播和发扬能力甚至要高于外出的青壮年。尤其值得一提的是，从文化组织入手在提高了参与性的同时，也会带来乡村文化价值和良性治理生态的改变，从而助推乡风文明建设进程。

总之，农村改革40余年的实践证明，良好乡风具有浸润人心、规范行为、凝聚力量的积极作用。抓好乡风文明建设既是我国农村建设取得显著成就的重要经验，也是新时代推动乡村振兴的重要基础和内容。在文化高质量的背景下推动苏北文明乡风的传承与创新，是一项复杂的系统工程，不可能一蹴而就，必须汇聚党委政府、社会组织、自治组织和村民等多方力量，坚持久久为功。

参考文献

[1] 乡村振兴战略规划（2018—2022年）.[A/OL]（2018-09-26）[2020-12-06]. http://www. mon. gov. cn/xw/zwdt/201809/1t20180926_6159028.htm.

[2] 唐兴军，等. 文化嵌入：新时代乡风文明建设的价值取向与现实路径[J]. 求实，2019(2).

[3] 徐勇. 两种依赖关系视角下中国的“以文治理”——“以文化人”的乡村治理的阶段性特征[J]. 学习与探索，2017(11).

[4] 徐勇. 乡村文化振兴与文化供给侧改革[J]. 东南学术，2018(5).

[5] 叶南客. 文化建设高质量的江苏内涵与江苏路径[N]. 新华日报，2018-02-07.

苏北高水平全面建成小康社会评价研究

主持人:孙巨传(江苏省社会科学院)
课题组:蒋红奇　马清涛　孟力强　刘永飞

内容提要:2014 年底,习近平总书记视察江苏并发表重要讲话,殷切希望江苏把"两个率先"作为光荣使命,努力建设经济强、百姓富、环境美、社会文明程度高的新江苏,为全国发展探路。没有苏北的高水平全面小康,就没有江苏的高水平全面小康。本文根据 2018 年《江苏高水平全面建成小康社会指标体系》(2017 版)监测数据,进一步分析苏北高水平全面小康冲刺期的发展现状、实现程度,并从经济发展、人民生活、三大攻坚、民主法治、文化建设、资源环境六个方面进行评价,最后提出苏北高水平全面建成小康社会的对策建议:坚定信心决心,细化目标任务;发挥科技引领,强化创新驱动;壮大实体经济,夯实经济发展;坚定文化自信,推进文化发展;坚持绿色发展,美化生态环境;营造良好氛围,创优社会治理。

高水平全面建成小康社会,赋予"全面小康"更高的目标、更丰富的内涵,其核心要义是发展水平更高、群众获得感更强,对于坚持和发展中国特色社会主义具有重大意义。全面建成小康社会的核心是全面,高水平全面建成小康社会必然要求统筹推进"五位一体"总体布局,经济建设提供雄厚物质基础,政治建设提供有效政治保障,文化建设提供强大精神动力,社会建设提供和谐社会条件,生态文明提供良好生态环境,促进现代化建设各个领域协调发展,推动"全面小康"向更高层次、更高水平不断提升。更高水平的全面小康是江苏新的责任使命。2014 年底,习近平总书记视察江苏并发表重要讲话,殷切希望江苏把"两个率先"作为光荣使命,在扎实做好全面建成小康社会各项工作的基础上,积极探索开启率先基本实现现代化新征程这篇大文章，努力建设经济强、百姓富、环境美、社会文明程度高的新江苏，为全国发展探路。2018 年底，中共江苏省委十三届五次全会发出冲刺高水平全面建成小康社会的动员。2019 年 7 月，中共江苏省委十三届六次全会讨论通过了《关于决胜高水平全面建成小康社会补短板强弱项的若干措施》等文件，强调紧扣高水平、突出全面性，打好全面建成小康社会收官战，在全面建成小康社会的质量上发挥标杆作用。

尽管总体上江苏是全国发展水平比较高、发展比较快、基础比较好的地区，但也存在着区域性差异，特别是苏北地区发展相对滞后。苏北作为江苏发展的“短板”，也是江苏 2020 年高水平全面建成小康社会的重点和难点。没有苏北的高水平全面小康，就没有江苏的高水平全面小康。苏北必须对标总书记勾画的新蓝图，必须切实增强使命意识，把握好转型提升的重大窗口期，以“等不起”的紧迫感、“慢不得”的危机感和“坐不住”的责任感，突出抓重点、补短板、强弱项，特别是要坚决打好防范化解重大风险、精准脱贫、污染防治的攻坚战，不仅要确保苏北 2020 年如期全面建成小康社会，而且要高水平全面建成，使全面建成小康社会得到人民认可、经得起历史检验，不辜负总书记对江苏发展的期望。

第一节　苏北高水平全面建成小康社会总体情况

一、苏北发展现状

近些年来，苏北深入落实习近平总书记系列重要讲话精神特别是对江苏工作的重要指示精神，紧紧围绕全面建成小康社会的宏伟目标，把高水平全面建成小康社会作为工作中的重中之重。经过全省上下共同努力，苏北地区经济社会持续健康发展，全面小康建设取得重大成就。一是综合实力大幅提升。2018 年苏北地区 GDP 为 21 365.98 亿元，占全省 GDP 92 595.40 亿元的比重提高到 23.07%。2018 年，苏北地区一般公共预算收入 1 595 亿元、社会消费品零售总额 8 075.52 亿元，均比“十二五”末提高许多。二是产业结构调整步伐加快。2018 年，苏北地区三次产业结构为 10.25∶43.26∶46.49，基本形成了一产为基础，二、三产业并进的“三、二、一”格局。三是发展动力活力明显增强，对外开放不断扩大。2018 年，苏北地区实际利用外资 49.74 亿美元、外贸进出口总额 394.51 亿美元。四是城乡面貌显著改善。区域性中心城市综合功能日益增强，重点中心镇建设成效明显，乡村振兴建设扎实推进，城乡发展一体化步伐加快，交通、水利、能源、信息等一大批基础设施重点项目相继建成。2018 年，苏北地区城镇化率达到 63.2%。五是人民生活水平不断提高。2018 年，苏北地区城乡居民人均可支配收入分别达到 33 607 元和 17 982 元。教育、文化、卫生等社会事业加快发展，苏北地区城乡基本养老、基本医疗参保率均达 100%。江苏发展取得的重大成就，为 2020 年高水平全面建成小康社会奠定了更加坚实的物质基础。

目前，江苏南北发展不平衡是制约江苏高水平全面建成小康社会的主要瓶颈，还存在不少不全面、不均衡、不协调问题。从 GDP 差距来看，2018 年苏北地区 GDP 为 21 365.98 亿元，只是苏南地区 53 953.76 亿元的 39.6%，苏北地区人均 GDP 为 70 369 元，只是苏南 160 747 元的 43.78%；从农民收入差距来看，2018 年苏南地区农村人均可支配收入达到 29 030 元，而苏北地区只有 17 982 元，只是苏南的 61.94%；从城镇化进程来看，2018 年苏南地区城镇化率已经达到 76.8%，而苏北地区只有 63.2%；从脱贫致富的重点来看，我省“十三五”扶贫开发的重点主要是农村低收入人口、省定经济薄弱村、扶贫开发重点片区和扶贫开发重点县(区)四类对象，大部分集中在苏北地区。

推进苏北高水平全面建成小康社会，既有许多有利条件，也面临巨大挑战。“一带一路”建设、长江经济带建设、江苏沿海地区发展、大运河文化带建设和淮河生态经济带发展等国家战略深入实施，以及江苏“1+3”功能区发展新格局的加快构建，为 2020 年苏北高水平全面建成小康社会提供了难得的机遇。同时，苏北发展也面临国际国内经济环境复杂多变、区域竞争日趋激烈、资源环境约束加剧等严峻挑战。随着经济发展进入新常态，外部发展环境和内部发展动力都在发生深刻变化，对苏北高水平全面建成小康社会带来巨大压力。高水平全面建成小康社会，突出强调的是“高水平”和“全面”，实现这一目标，必须处理好长板和短板的关系，既要巩固提升现有优势，把长板进一步拉长，又要高度聚焦事关全局的重点、均衡发展的弱点、群众关注的难点等问题，拉高标杆，精准发力，补齐短板，强化弱项，全方位构建均衡协调发展新格局，扎扎实实推进高水平全面建成小康社会建设。

二、苏北高水平全面建成小康社会实现程度

“十三五”时期，是江苏全面建成小康社会的决战决胜阶段，是高水平全面小康冲刺的关键阶段。为深入贯彻落实党的十九大和省委第十三次党代会精神，准确反映江苏全面小康社会建设成效，及时判析高水平全面小康进程中存

在的短板和薄弱环节，为各级党政领导了解情况、科学决策提供参考依据，经省委省政府领导同意，从 2017 年起，在全省开展高水平全面建成小康社会监测统计工作。通过建立一套科学全面和可量化的高水平全面建成小康社会指标体系并开展监测评价，对推动全省高水平全面小康社会建设具有重要的导向和激励作用。由原来 2013 年版《江苏全面建成小康社会指标体系》的五大类 36 个指标，调整为新的 2017 年版《江苏高水平全面建成小康社会指标体系》六大类 45 个指标(共 54 个细分指标)。

根据 2018 年全省高水平全面建成小康社会指标综合实现程度来看，苏南地区综合实现程度全部达到 95.00%以上，其中南京最高为 98.98%，常州最低为 96.27%；苏中地区综合实现程度只有扬州达到 95.00%以上，南通和泰州实现程度接近 95.00%；苏北地区综合实现程度都低于 95.00%，最高的徐州为 92.35%，最低的宿迁为 87.73%。

从 2018 年苏北地区六大类指标自身实现程度来看，经济发展类指标实现程度最差，五市都低于 90.00%；文化建设类指标实现程度相对较差，其中只有盐城达到 90.00% 以上，也仅为 90.92%，徐州、连云港、淮安和宿迁都在 80.00%和 90.00%之间；资源环境类指标实现程度次之，连云港和宿迁都在 90.00%以下，徐州、盐城和淮安达到 90.00%以上；人民生活、三大攻坚、民主法治类指标实现程度相对较好，都达 90.00%以上。

从 2018 年苏北地区高水平全面建成小康社会 48 个具体指标实现程度来看，徐州有 34 个指标目标实现程度达到或超过 100%，有 5 个指标目标实现程度介于 90.00%和 100.00%之间，有 9 个指标目标实现程度小于 90.00%；盐城有 26 个指标目标实现程度达到或超过 100%，有 9 个指标目标实现程度介于 90.00%和 100.00%之间，有 13 个指标目标实现程度小于 90.00%；淮安有 26 个指标目标实现程度达到或超过 100%，有 10 个指标目标实现程度介于 90.00%和 100.00%之间，有 12 个指标目标实现程度小于 90.00%；连云港有 21 个指标目标实现程度达到或超过 100%，有 16 个指标目标实现程度介于 90.00%和 100.00%之间，有 11 个指标目标实现程度小于 90.00%；宿迁有 25 个指标目标实现程度达到或超过 100%，有 5 个指标目标实现程度介于 90.00%和 100.00%之间，有 18 个指标目标实现程度小于 90.00%。

第二节　苏北高水平全面建成小康社会的评价

结合江苏省提出的高水平全面建成小康社会目标内涵和《江苏高水平全面建成小康社会指标体系》主要内容，对比2020年目标值，下文就苏北高水平全面建成小康社会成效与不足进行评价分析。

一、经济发展总体较好，但仍需注重质量

2018年，从人均GDP(2010年不变价)实现程度看，徐州、盐城和淮安已达目标，连云港实现程度达96.86%、宿迁79.97%。从地区经济发展差异系数看，苏北五市实现程度都已达到100%。从服务业增加值占GDP比重看，徐州实现87.50%、盐城80.54%、淮安86.07%、连云港79.82%、宿迁75.89%。从常住人口城镇化率看，除连云港实现程度达96.86%外，其他四市都达100%。从固定宽带家庭普及率看，除连云港实现程度达96.86%外，其他四市都达100%。从科技进步贡献率看，徐州实现93.67%、盐城93.50%、淮安91.50%，连云港91.50%、宿迁89.67%。但是，也存在需要切实加以认真研究解决的问题。从研究与试验发展(R&D)经费投入强度看，徐州实现81.20%、盐城83.60%，而淮安74.40%、连云港79.20%、宿迁66.00%，三市实现程度较低，需要加快解决。从战略性新兴产业增加值占GDP比重看，除连云港实现97.19%外，徐州实现23.66%、盐城43.97%、淮安26.13%、宿迁26.49%，实现度较低，需要加快提高战略新兴产业增加值比重。从高技术产品出口额占出口总额比重看，盐城实现52.70%、徐州实现10.00%、淮安27.87%、连云港29.03%、宿迁26.93%，五市都要加快政策激励，提高高技术产品出口总额比重。从服务贸易占对外贸易比重看，徐州实现55.00%、盐城56.88%、淮安61.88%、连云港50.00%、宿迁50.00%，五市都需要提升服务贸易占对外贸易比重。

二、人民生活相对幸福，但仍需关注个别领域

2018年，从居民人均可支配收入(2010年不变价)实现程度看，徐州实现程度达89.57%、盐城96.44%、淮安90.58%、连云港84.59%、宿迁74.96%。从城镇登记失业率看，苏北五市实现程度都已达到100%。从恩格尔系数看，除连云港实现程度94.67%外，其他四市都达100%。从城乡居民收入比看，苏北五

市实现程度都已达到100%。从城乡居民家庭人均住房面积达标率看，连云港和宿迁已达100%，徐州实现97.50%、盐城85.83%、淮安94.17%。从城市每万人拥有公共交通车辆看，盐城88.57%，其他四市都达100%。从建制村通客车率看，苏北五市实现程度都已达到100%。从平均预期寿命看，徐州实现100.00%、盐城99.52%、淮安99.57%、连云港99.74%、宿迁99.50%。从劳动年龄人口平均受教育年限看，徐州实现98.61%、盐城94.91%、淮安94.72%、连云港95.56%、宿迁93.24%。从每千人口执业（助理）医师数看，宿迁98.80%，其他四市都达100%。从每千老年人口养老床位数看，苏北五市实现程度都已达到100%。从基本养老保险覆盖率和城乡医保参保率看，苏北五市实现程度都已达到100%。从单位GDP生产安全事故死亡率（2010年不变价）看，徐州和盐城实现100%、淮安93.59%、连云港73.08%、宿迁89.74%。从制造业产品质量合格率看，徐州实现92.19%、盐城96.94%、淮安92.19%、连云港93.88%、宿迁83.88%。总体上看，人民生活类指标较好，但是个别地区要更加注重安全生产工作，切实增强生命至上理念，细化分工，强化责任，杜绝重特大安全事故发生。

三、三大攻坚成效显著，但仍需持续发力

近年来，苏北地区认真贯彻落实绿色发展理念，积极践行“绿水青山就是金山银山”发展要求，深入开展“263”专项行动，环境治理能力和水平明显提升，节能减排取得显著成效，生态环境取得显著改善。淮河等重点流域及近岸海域水质总体保持稳定。大力推进生活垃圾处理、污水集中处理，城乡人居环境持续改善。政府负债率、主要污染物、生活垃圾处理指数等指标实现程度都达100%。城市污水集中处理指标实现程度除宿迁外，其他四市还未达到100%。

四、民主法治持续改善，但仍需解决人才短板

近年来，苏北地区强化社会治理，民主法治不断深化。提升城市治理和服务水平，推进网格化服务管理全覆盖，扎实开展扫黑除恶专项斗争，坚持以基层为重心、以问题为导向、以实效为目标，全力打造社会治理“一张网”，打通网上网下“双向道”，网格化社会治理格局基本形成，百姓生活更幸福，社会更和谐。基层民主参选率、每万人拥有社会组织数和人民陪审员参审率三个指标实现程度都达100%。但是，这一领域也还存在着亟待解决的问题。每万人拥有律师数只有徐州实现程度达100%，而盐城实现64.35%、淮安76.52%、连云港

82.61%和宿迁76.96%。在交通日渐发达和人才流动加快的背景下,苏北这一指标还需要下大力气才能得以解决。

五、文化建设更加繁荣,但仍需大力推进

近年来,江苏先后制定出台《关于推动文化建设迈上新台阶的意见》《关于推动文化建设高质量走在前列的工作方案》《江苏文化人才高质量发展三年行动计划》等文件,不断把文化强省建设推向新的高度。"三馆一站"覆盖率、广播电视综合人口覆盖率、城乡居民文化娱乐服务支出占家庭消费支出比重等指标苏北五市实现程度都达100%。但是,文化建设领域仍需大力推进。行政村(社区)综合性文化服务中心覆盖率,连云港和宿迁实现程度还未达标,分别为91.68%和81.92%。文化及相关产业增加值占GDP比重和人均公共文化财政支出两个指标实现程度苏北五市都未达标,且都在80%以下。文化产业和公共文化建设需要尊重文化规律,注重积累,持续推进。

六、资源环境进展较好,但仍需紧盯"水""气"

苏北地区是江苏面积最大的区域板块,腹地空间广阔,境内湖泊、平原、滩涂、湿地、低山丘陵等形态多样的地貌交错分布,在全省生态环境中具有重要战略地位。近几年来,苏北地区充分发挥后发优势,深度挖掘和利用各自资源禀赋,摆脱传统路径依赖,积极探索生态优先、绿色发展的新路子。农村自来水普及率和农村卫生厕所普及率两个指标苏北五市实现程度都达100%。一般工业固体废物综合利用率除宿迁为91.11%外,其他四市实现程度都达100%。城市建成区绿地率除连云港为95.12%外,其他四市实现程度都达100%。但是,也存在一些仍需努力的方面。地表水达标率除连云港为90.86%外,其他四市实现程度都达100%。空气质量优良天数苏北五市实现程度都未达到100%。

第三节　苏北高水平全面建成小康社会的对策建议

2020年,是江苏高水平全面建成小康社会的关键阶段,要以高水平全面建成小康社会为目标,聚焦江苏"六个高质量"发展任务精准发力,抓住机遇,破解难题,补齐短板,强化弱项,奋力作为,不折不扣地向人民兑现庄严承诺,建成高水平全面小康社会。

一、坚定信心决心，细化目标任务

实现苏北地区高水平全面小康，必须根据经济社会发展的新形势、新变化、新特征，不断深化认识、创新思路举措，切实推进新型工业化、信息化、城镇化和农业现代化，走出一条有别于传统模式的新路子。苏北五市要始终保持强烈的政治责任感、历史使命感、时代紧迫感，把思想和行动统一到省委、省政府对江苏新一轮发展的重大决策上来，统一思想、敢于担当，坚持发展第一要务，在强支撑、拓空间、重生态、补短板上下更大功夫坚决打赢高水平全面建成小康社会攻坚战。对照标准找差距、消除差距就是下一步的工作任务。对照新版的指标体系及相应达标标准，结合苏北当前发展水平，找准指标差距产生的原因和指标间彼此波动的内在联系，制定指标提升的有效措施和指标达标的具体实施方案，确保如期高水平全面建成小康社会。围绕高水平全面建成小康社会的要求，将建设目标层层分解，落实到省有关部门、各市，并实施量化目标考核，进一步加大对高水平全面小康社会建设的考核力度，加大未达标指标的考核比重，确保各项指标加快推进。

二、发挥科技引领，强化创新驱动

创新是引领发展的第一动力，要充分发挥科技创新的引领作用。在新时代更加激烈的竞争中，苏北地区能否转型升级、实现后发先至的关键在于是否将创新摆在发展全局的核心位置。要深入实施创新驱动发展战略，大力发展高新技术产业，加快推动供给侧结构性改革，促进产业结构调整和优化升级。深入推进多样化和高端创新型人才的培育，加大科技创新财政支持力度，加快引进高端要素、培育和发展新能源、新材料、新医药和精密制造等高端产业或新兴产业。进一步增强自主创新能力，深入实施知识产权、标准化和品牌战略，提升产品附加值，加大技术创新及成果转化服务机构建设。不断推动校企、校地合作，提升区域创新能力；积极深化政产学研合作，增强合作实效。加快政府职能从研发管理向创新服务转变，为全社会开展科技创新、推进创新创业和成果转移转化营造良好环境。

三、壮大实体经济，夯实经济发展

实体经济是人民生活的保障，是国民经济的根基。只有着力壮大实体经济，筑牢经济的根基，才能实现经济平稳健康发展；只有不断做强实体经济，提升经济质量,才会在转变经济发展方式上取得新进展,更好地应对各种风险和挑战。要最大限度地放开市场准入,不断拓宽投资空间和领域;要改善和健全政府服务,让各类市场要素更多地向实体经济领域聚集,为实体经济发展创造良好的环境和条件。大力发展制造业,特别是要加大对高新技术产业的扶持,积极培育生物医药、可再生能源、高端装备等战略性新兴产业。大力发展民营经济。加大民营企业和小微企业的支持力度,建立健全中小企业服务平台,切实解决融资难融资贵问题。鼓励民营企业加强模式、业态、品牌创新发展,推动民营企业做大做强。

四、坚定文化自信,推进文化发展

推动文化建设大发展大繁荣,必须培育和弘扬社会主义核心价值观。习近平总书记指出,文化是一个国家、一个民族的灵魂。没有高度的文化自信,没有文化的繁荣兴盛,就没有中华民族伟大复兴。进一步坚定文化自信,坚持文化引领,树立乡风文明新典范,落实和弘扬徐州贾汪“马庄精神”,发扬并传承全国“时代楷模”王继才敬业奉献精神等。全面贯彻文化惠民工程,加大公共文化投入,加快城乡社区综合性文化服务中心建设,推动图书馆、博物馆、电影院、大剧院等载体设施建设,推动文化创造创新。大力发展动漫、电子竞技、影视出版等文化创意产业,促进文化与金融、旅游、互联网以及其他产业的融合,为人民提供差异化、特色化、多元化的文化产品。

五、坚持绿色发展,美化生态环境

良好的生态环境既是广大人民群众的热切期盼,也是高水平全面建成小康社会重要的衡量标准之一。当前,苏北地区仍处于环境高污染、高风险阶段。要立足自身实际,解决突出环境问题,推动生态高质量发展的全面部署。践行“绿水青山就是金山银山”战略思想,坚决打好污染防治攻坚战,聚焦治气、治水、治土“三大战役”,从源头上推动经济绿色转型,实现生态环境高质量。深入抓好中央环保督察“回头看”反馈问题整改和“263”专项整治,切实提升污染物收集、处置、清洁能源利用及环境监测监控“四个能力”。始终突出绿色发展主基调,把绿色作为高质发展的底色,以更加积极的理念大力推动绿色发展,以更加坚决的态度全面加强环境整治,以更加自觉的行动切实强化生态保护,坚定不移走经济快速发展、生态依然良好的路子。协同推动经济高质量发展和生态环境高水平保护,把高质量、高水平作为前提,切实在产业层次高、产品质量高、科技含量高、投入产出高、环保安全标准高、人力素质高上下功夫，真正走一条特色发展、绿色发展、创新发展的后发先至之路。

六、营造良好氛围，创优社会治理

加强和创新社会治理，维护社会和谐稳定。充分发挥政府对社会治理的主导作用，建立健全人民群众的利益表达、协调和保护机制，积极引导人民合法合理表达自身诉求和行使权力。各企事业单位、基层群众性自治组织以及其他社会组织和个人鼎力协作，主动承担责任，投身社会治理，努力营造全民社会治理的良好氛围。全面改革创新社会治理方式，推进全方位、信息化社会治安监督、防控和治理体系建设；加强城市常态化管理，深入实施网格化管理；加强农村社会治理，着力解决农村"空心化"和衍生出的一系列问题。同时，加大法学法律人才引进培育力度，为构建法治社会提高人才保障。多管齐下，打造共建共治共享的社会治理格局，使社会和谐安定充满活力。

七、突出民生导向，改善人民生活

民生是人民幸福之基、社会和谐之本。坚定不移增进民生福祉，不断实现人民群众对美好生活的向往，让群众的日子更加红红火火，生活更加有滋有味。按照"四化同步"要求推进乡村振兴、农民住房改善、脱贫攻坚等重点工作，为如期高水平全面建成小康社会夯实基础。加大卫生、教育和公共交通等有关人民幸福事业方面的财政支出投入力度；加快实现基本养老保险、基本医疗保险的全覆盖；加快建立多主体供应、多渠道保障、租购并举的住房制度，尤其要推进农村地区群众按城镇化规律集中居住，真正让农民过上与时代同步的现代城镇生活。借助乡村振兴战略的推进和实施，进一步深化农村集体产权制度改革，逐步构建现代农业产业体系、生产体系和经营体系，实现小农户和现代农业发展的有机衔接，支持和鼓励农民就业创业，有效拓宽农民增收渠道。

参考文献

[1] 程连生，冯文勇，蒋立宏. 太原盆地东南部农村聚落空心化机理分析[J]. 地理学报，2001(4):437-446.
[2] 杜园园. 空心村的形成及其改造——从宅基地制度及其实践说起[J]. 云南行政学院学报，2016(5):11-16.
[3] 冯健，赵楠. 空心村背景下乡村公共空间发展特征与重构策略——以邓

州市桑庄镇为例[J]. 人文地理,2016(6):19-28.
[4] 冯文勇. 农村聚落空心化问题探讨——以太原盆地东南部为例[J]. 农业现代化研究,2002(4):267-269.
[5] 付坚强,陈利根. 我国农村宅基地使用权制度论略——现行立法的缺陷及其克服[J]. 江淮论坛,2008(1):98-102.
[6] 关博. 我国空心村整治面临的挑战及对策[J]. 宏观经济管理,2014(2):46-48.
[7] 郭国仕. 城镇化过程中的农村空心化问题研究[J]. 龙岩学院学报,2013(3):94-102.
[8] 郭丽英,刘玉,李裕瑞,等. 空心村综合整治与低碳乡村发展战略探讨[J]. 地域研究与开发,2012(1):116-120.
[9] 江苏省统计局,中共江苏省委研究室,江苏省发展和改革委员会. 关于开展高水平全面建成小康社会监测统计工作的意见(苏统[2017]73号).
[10] 李秀美. 基于产业化发展的农业人才"回流"问题研究[J]. 中国人口. 资源与环境,2012(6):91-97.
[11] 李祖佩. 村庄空心化背景下的农村文化建设:困境与出路——以湖北省空心村为分析对象[J]. 中州学刊,2013(6):72-78.
[12] 刘洪彪,甘辉. 新农村建设中"空心村"的整治[J]. 农业现代化研究,2007(5):76-78.
[13] 刘孟山. 推进农村宅基地制度改革稳步治理空心村问题[J]. 管理现代化,2007(2):4-6.
[14] 刘西忠. 高水平全面建成小康社会的江苏实践[J]. 群众,2019(18).
[15] 刘兴远. 以高质量发展推动高水平全面小康社会建设[J]. 唯实,2018(7).
[16] 刘彦随. 科学推进中国农村土地整治战略[J]. 中国土地科学,2011(4):3-8.
[17] 刘彦随,刘玉,翟荣新. 中国农村空心化的地理学研究与整治实践[J]. 地理学报,2009(10):1193-1202.
[18] 刘彦随,刘玉. 中国农村空心化问题研究的进展与展望[J]. 地理研究,2010(1):37-44.
[19] 刘彦随,龙华楼,陈玉福,等. 中国乡村发展研究报告:农村空心化及其

整治策略[M]. 北京:科学出版社,2011.
[20] 刘永飞,徐孝昶,许佳君. 断裂与重构:农村的“空心化”到“产业化”[J]. 南京农业大学学报(社会科学版),2014(3):21-27.
[21] 刘玉,刘彦随,郭丽英. 环渤海地区农村居民点用地整理分区及其整治策略[J]. 农业工程学报,2011(6):306-312.
[22] 龙花楼,李裕瑞,刘彦随. 中国空心化村庄演化特征及其动力机制[J]. 地理学报,2009(10):53-63.
[23] 陆益龙. 后乡土中国的基本问题及其出路[J]. 社会科学研究,2015(1):121-128.
[24] 马小红,段成荣,郭静. 四类流动人口的比较研究[J]. 中国人口科学,2014(5):38-48.
[25] 乔家君,祝英丽. 基于农户调查的村域住房投资区位及变化分析[J]. 资源科学,2008(2):206-212.
[26] 宋伟,陈百明,张英. 中国村庄宅基地空心化评价及其影响因素[J]. 地理研究,2013(1):20-28.
[27] 王成新,姚士谋,陈彩虹. 中国农村聚落空心化问题实证研究[J]. 地理科学,200(3):257-262.
[28] 王德,刘律. 基于农户视角的农村居民点整理政策效果研究[J]. 城市规划,2012(6):48-55.
[29] 王介勇,刘彦随,陈玉福. 黄淮海平原农区农户空心村整治意愿及影响因素实证研究[J]. 地理科学,2012(12):1452-1458.
[30] 王文龙. 警惕农村的另类“空心”问题[J]. 南方农村,2010(2):95-98.
[31] 魏程琳,史明萍. “空心村”治理与宅基地制度变革——基于广西富县实地调研[J]. 城市规划,2017(1):63-69.
[32] 薛力. 城市化背景下的“空心村”现象及其对策探讨——以江苏省为例[J]. 城市规划,2001(6):7-12.
[33] 薛泽林,郑扬. 农民工回乡创业是解决空心村问题的重要途径——以北京郊区新农村为分析对象[J]. 中国劳动关系学院学报,2012(1):119-122.
[34] 杨永芳,刘玉振,艾少伟. “空心村”问题成因分析及解决对策[J]. 安徽农业科学,2007(26):210-213.
[35] 张杰,李可立. 中国城市化背景下村落“空心化”形成机制及调控研究

[J].开发研究,2010(6):101-103.
[36] 张茜,张俊.农村"空心化"现象的经济学解释[J].生产力研究,2008(8):40-41.
[37] 张泉,王晖,陈浩东,等.城乡统筹下的乡村重构[M].北京:中国建筑工业出版社,2006.
[38] 张卫华,韩霁昌,马增辉,等.交通因素对黄土丘陵沟壑区空心村变迁的影响分析[J].中国农业资源与区划,2017(8):163-168.
[39] 张昭.关于河北省空心村治理的理论探讨[J].河北师范大学学报,1998(4):144-147.
[40] 张正河.城乡人口流动下的村庄建设[J].人民论坛,2013(11):24-25.
[41] 张正河.城镇化背景下"空心村"何去何从[N].中国纪检监察报,2013-04-13.
[42] 张正河.准城市化下"空心村"解决思路[J].中国土地,2009(8):31-33.
[43] 张志胜.土地流转视域下的"空心村"治理[J].新视野,2009(2):32-34.
[44] 郑淼.打好高水平全面建成小康社会"收官战"[J].群众,2019(15).
[45] 钟震颖.空心村问题的形成机制及其治理对策——基于农村劳动力转移的视角[J].武汉理工大学学报(社会科学版),2015(4):112-115.
[46] 周祝平.中国农村人口空心化及其挑战[J].人口研究,2008(2):47-54.

以农房改善推进“四化”同步

史修松
(苏北发展研究院)

在推进苏北农村住房改善中，淮安遵循规律，顺势而为，加速新型工业化、信息化、城镇化和农业现代化深度融合、良性互动，以农房改善带动“四化”同步，不断提升自身整体发展水平。

“四化”同步，做好顶层设计

淮安按照省委省政府的战略部署，结合“四化同步”要求，全力推进农村住房条件改善工作。把农民群众住房条件改善工作视为实施乡村振兴战略的一项牵引性、基础性、标志性工程，纳入全市高质量跨越发展考核体系当中，举全市之力推进。农民群众既要住上好房子，更要过上好日子，淮安市围绕“哪些人要搬”“人往哪里去”“钱从哪里来”“房子怎么建”“稳得住能致富”五个方面，研究制定20余份政策文件，涵盖项目审批、社会治理、产业发展等各个方面，计划到2020年底完成6万户农房改善任务。

为推动农民群众住房条件改善，淮安成立由市委市政府主要领导任组长的领导小组，下设“一办五组”，明确县区主体责任和部门具体职责，建立“党政统筹、纪监保障、条线牵头、块块落实、条块联动、顺畅有效”的工作推进机制。制定五年行动计划，出台若干配套政策，涵盖项目审批、建设标准、资金管理、党组织建设、社会治理和产业发展等各个方面。编制完善《2019版镇村布局总体规划》《农民住房条件改善项目规划设计指导导则》，科学确定全市新建新型农村社区的点位和发展类型，优化完善镇村布局。实行市级联合审查，对所有项目规划设计方案进行政策性兼顾技术性审查；制定月度统计监测办法，及时准确掌握工作进展；建立巡查制度，及时发现短板漏洞，督促抓好整改落实。

2019年以来，淮安在全省率先开展农房改善工作“回头看”，通过全方位调研，摸清农房改善推进过程中的实际困难和问题。重抓项目建设，做到源头把关，建立项目规划设计方案市级联合审查制度；力量聚焦，建立市领导领办重点项目制度；过程管控，严把农民住房安全质量关。在全省率先研究出台《集体土地上新建农民集中居住区项目审批和招投标工作的实施意见》《农村集体建设用地使用审批办法》等系列文件，填补了政策空白，提供了工作规范。出台市级专项资金管理办法，明确调度省级专项资金遵循“项目跟着规划走、资金跟着项目走、监督跟着资金走”的原则，这一做法得到省财政厅充分肯定并在苏北其他四市推广。盱眙县创新思路，扎实做好农房改善“一户一档”工作，并以此为抓手，紧扣省定目标，狠抓体系建设、能力建设、规范建设，推动农房改善工作高质量开展。在农民群众住房条件改善工作推进过程中，淮安市探索实施的市级顶层设计方案、全面调查摸底、“一户一档”建设、省级财政专项资金管理等基础性工作的做法和经验得到省级认可并在全省推广，金湖塔集等3个项目入选首批省级示范。随着农房改善项目的不断实施，淮安农村面貌日新月异，农房改善正逐渐成为农村美好生活的新起点。

“抓纲带目”重构城乡形态

苏北农房改善是关系农民群众切身利益的事，也是江苏高水平全面小康建设中必须补上的短板。从更深层次来看，苏北农房改善是件抓纲带目的事，它改变的不仅是农村居住形态，还带来城乡关系的重构，以及农民生活方式、农业生产方式、城乡布局形态的变革。

加快集中居住点产业发展带动工业化同步。农民有了好的房子，还要有更好的发展。要做到留得住能致富，就必须有后续产业进行支撑，没有产业体系支撑的集中居住点必然会重复空置的老路。在城市化快速发展的进程中，尽管已有大量农民离开农村进入城市，但仍然会有很多农村家庭以种地为生，由于土地用途管制和农村产业基础薄弱，流转之后的土地很难用来建设工厂，这不仅对劳动力的吸纳能力有限，而且产出水平和收入水平不高，无法实现产业的提档升级。淮安市根据集中居住点发展实际，大力发展“一县一业”“一镇一特”和“一村一品”，壮大新型村级集体经济。

完善集中居住区公共服务带动城镇化同步。2020年省委1号文件强调农房改善要加强验收管理监督，确保新建社区达到美丽宜居乡村（特色田园乡村）的建管水平。打造现代城镇生活，让农民过上小康生活，才是苏北地区农民群众住房条件改善工作的根本目的。很多农民虽然住进了楼房，甚至进城入镇，但仍然保留着原来的生产方式和生活方式，滋生了新型农村社区建设和治理的难题。淮安强化示范引领，注重内外兼修，统筹考虑产业配套、生态环境、乡村治理、公共服务、就业创业等群众关注的问题，着力做好"后半篇文章"，打造了一批功能现代、绿色环保、治理有效、宜居宜业的特色样板，消除了农民群众"搬迁前"的焦虑和"回迁后"的顾虑，为乡村振兴提供了有力抓手，切实托起群众安居乐业的幸福梦。

因地制宜推动农业现代化同步。农村住房改善不仅是一项改善农民群众居住条件的民生工程，也是一次打造地方靓丽名片的良好契机。淮安地处江淮平原，全域无崇山峻岭、地势平坦，境内河湖交错、水网纵横，是典型的"平原水乡"。就目前来看，各县区新建农民集中居住区的建筑风格大同小异，对历史、地理和文化因子的挖掘力度不足，基本都是千篇一律的白墙黛瓦江淮风，没有体现出县区之间的历史、地理和文化差异。在农民住房改善建设过程中，淮安以开放的思维因地制宜编制实用性村庄规划，合理布局设计，在居住点的建设中既彰显江淮风的地域特色，又与当地旅游产业系统融合，使得百姓既"住有所居"，又"住有宜居"。

统筹城乡一体化融合同步。在农房改善工作推进中，建设的农村居住点既要符合城镇化发展需要，又要符合产业发展需要。通过发展农村产业增强吸纳就业能力，这既是"稳得住、留得下"进城入镇"新市民"的需求，也是增加入镇和留村农民收入、改善其生活水平的需要。淮安在建设中坚持产城（镇）融合的理念，把增强城镇吸纳劳动力转移就业能力作为促进就业的关键举措，作为实现城镇化健康发展的重中之重；通过大力发展二三产业，推动一二三产业融合发展，在集中居住点附近因地制宜发展休闲农业、创意农业、乡村旅游、健康养老、电子商务等新产业新业态，培育发展乡村特色产业，确保搬迁农户有稳定的保障、充分的就业和持续的增收。

（《群众》2020 年 07 期，收录本书时略有改动）

用系统性思维谋划区域协调发展

史修松
(苏北发展研究院)

区域协调发展是决胜全面建成小康社会的内在要求,是高质量发展的重要体现。江苏作为东部地区发达省份,经济整体实力位居全国前列,但是,省内区域发展不充分、不平衡问题依然存在。实现高质量发展,必须创新发展思路,以系统性思维构筑江苏区域协调发展新格局。

深化落实"1+3"重点功能区发展战略。进入新时代,要把江苏高质量发展放在全国高质量发展的大格局下做好顶层设计,跳出区域本身,把各个区域放在全省甚至全国的大系统中进行系统性分析。改革开放以来,江苏整体经济快速发展,形成明显的苏南、苏中、苏北的区域发展梯度。相对于全省而言,苏北是发展短板,南北区域发展差异较大。在新发展理念指导下,绝不能走传统粗放型发展老路,要深化落实省委"1+3"重点功能区发展战略。加快打造扬子江城市群,推进扬子江城市群融合发展,使之成为未来江苏区域协同发展的最重要增长极。加快沿海经济带的建设步伐,打通沿海高速通道,大力发展临港经济和海洋经济,尽早实现江苏海洋经济跨越式发展,向海洋经济强省迈进。加快推进江淮生态经济区建设,走出单纯追赶苏南的误区,探索生态经济发展新路径。加快打造徐州淮海经济区中心城市,实施徐州与连云港的双城联动,发挥连云港的战略叠加效应。

加快形成区域系统协同与互补效应。区域发展既是竞争关系又是共生关系,各个区域在发展过程中形成一个协同的系统,他们之间通过共享技能、共享资源、协调战略形成系统协同效应与互补效应。2018 年政府工作报告提出,完善区域发展政策,推进基本公共服务均等化,逐步缩小城乡区域发展差距,把各地比较优势和潜力充分发挥出来。江苏各个区域各有优势,也各有其发展瓶颈,推进高质量的区域协调发展,就是要发挥各自优势,协同发展,补齐短板。破除区域协调发展的障碍,要坚持全省一盘棋,加强功能区域间的协同发展,不断强化和优化扬子江城市群、沿海经济带、江淮生态经济区和淮海经济区之间的协调性,协同推进资源的有序流动和优化配置,从总体上节约区域发展成本,实现总体发展效益最大化。

深入推进城乡一体发展同步提升。高质量的城市发展离不开高质量乡村发展,高质量的乡村发展也离不开高质量城市发展。城乡发展必须同步提升,从整体上实现城乡功能互补,使城乡人口、技术、资本、资源等要素相互融合,互为资源、互为市场,互相服务,逐步达到城乡之间在经济、社会、文化、生态、空间上协调发展。江苏实现高质量发展必须加快实施乡村振兴战略步伐,制定具体的乡村振兴行动计划。不充分、不平衡发展不仅体现在区域之间,更体现在城乡之间。苏北的农村发展相对于城市而言更加不充分、不平衡,要加快农村基础设施建设,如加快建设农村快速路网,形成系统的高速公路和高速铁路网,缩短城市与农村的时空距离,缩小与城市圈、工业圈、产业圈的距离,形成城市和现代农村融合发展圈。实现城乡一体化发展,要推动农村社区相衔接,按照设施齐全、服务完善、环境优美、管理规范的要求,推进新型农村社区建设,完善综合文化站、便民服务中心、卫生室、学校等公共服务设施,达到农村与城市公共服务设施基本相当,实现江苏城乡一体化的高质量。

(《群众》2018 年第 7 期,收录本书时略有改动)

乡村振兴背景下苏北“空心村”的形成机理及治理对策研究

主持人:许加明(淮阴工学院)
课题组:王正中　闵　兢　汪倩倩　李　波

内容提要:经济领域和政治领域改革深化带来了社会的全面转型,中国逐步进入了一个后乡土时代,农村社会日渐凋敝,“空心村”现象越来越普遍。本报告从乡村振兴战略视角出发,全面分析了苏北“空心村”的发展历程、表现形态以及普遍存在的地理空心化、人口空心化、产业空心化、政治空心化、文化空心化五个方面的“空心化”困境。进一步研究发现,苏北“空心村”的形成是土地监管不严、人口流动加剧、招商引资困难、治理能力低下、良风美俗销蚀等五个方面的因素综合作用的结果。根据乡村振兴战略二十字方针,可以从集中居住、政策扶持、土地流转、合作共治、文化重建等五个方面综合发力,把苏北“空心村”转变为“实心村”,淮安市刘老庄村的实践为此提供了一个很好的样板和启示。

第一节　研究背景

改革开放以来,随着我国经济和政治领域改革不断地往纵深推进,引发了中国社会的全面转型,乡村社会也随之步入了一个后乡土中国时代。后乡土中国是对千百年来乡土中国的继承(村庄形式的延续)、消解(乡村不再是居住的场所,土地不再是谋生的根基)与再造(半工半耕、城乡代际分工),使得沿袭数千年的农村社会样貌发生了翻天覆地的变化。后乡土中国改变了几千年来乡土中国安土重迁的传统习惯,人口在地区之间的流动数量越来越多、流动速度越来越快，而流动的主要方向就是从农村到城市。2010年第六次全国人口普查数据显示，乡城流动人口占全部流动人口的比例为63.30%，相比于2000年五普时的52.22%上升了11.08个百分点。一少部分流入城市的农村人口因事业有成，留在了自己务工经商的城市，且举家迁入城市生活；而另外一大部分人则利用自己外出务工经商所得的收入回到农村老家在村庄外围兴建宽敞舒适的新住宅。长此以往，村庄的住宅布局就会不断地向外扩散，相比之下，村庄内部的房屋破旧且凌乱，并且大量闲置，这就是“空心村”这一形象称谓的最早由来。这种以地理位置上的外扩内空为直观表现形式的“空心村”，实际上是村庄外围的新宅环绕着村庄内部的旧宅逐渐向外层铺开，从而呈现出的一种外部繁华与内部衰败对比悬殊的特殊景观。放眼整个村庄可以发现，村庄内部的旧宅一般年代都比较久远，分布也相对比较集中，房屋面积比较小，房子之间的间距比较窄，基础设施也比较差，所以一般没有人愿意继续居住，处于一种荒废的状态，甚至有的房屋已经倒塌，院落里面杂草丛生。这种最初表现为地理位置上的空心，进一步泛化为农村在人口、产业、政治、文化等方面的全面空心化。

习近平总书记高度重视三农工作，党的十九大报告明确提出要实施乡村振兴战略，坚持农业农村优先发展，按照产业兴旺、生态宜居、乡风文明、治理有效、生活富裕的总要求，建立健全城乡融合发展体制机制和政策体系，加快推进农业农村现代化。具体而言，产业兴旺是实现乡村振兴的基石，生态宜居是提高乡村发展质量的保证，乡风文明是乡村建设的灵魂，治理有效是乡村善治的核心，生活富裕是乡村振兴的目标。乡村振兴被提升到战略高度并写入党章，为新时代农村发展指明了方向。江苏既是一个经济大省，又是一个人口大省，但省内的经济社会发展水平极不平衡，尤其是南北之间存在巨大差距，越往南部越发达，越往北部越落后，从而形塑了由苏南、苏中、苏北三大板块构筑而成的经济地理版图。具体而言，苏南包括苏州、无锡、常州、镇江四个地级市以及省会南京市，苏中包括扬州、泰州、南通三个地级市，苏北包括徐州、连云港、宿迁、淮安、盐城五个地级市。改革开放以来，伴随着农村住宅建设的不断加快和乡城人口流动的日益加剧，我国农村地区出现了越来越明显的空心化现象，“空心村”越来越普遍，尤其是在欠发达地区。苏北作为江苏省经济社会发展水平相对落后的地区，“空心村”问题非常严重，成为横亘在乡村振兴之路上的巨大障碍，而乡村振兴正是破解“空心村”之困、让“空心村”变成“实心村”的战略指南。江苏高水平全面小康的短板在苏北，苏北的短板在农村。习近平总书记在十九大报告中强调，中国特色社会主义进入新时代，我国社会主要矛盾已经转化为人民日益增长的美好生活需要和不平衡不充分的发展之间的矛盾。通过对苏北地区“空心村”进行实地调研，从乡村振兴战略视角出发对“空心村”的具体表现进行多维审视，探索其形成机理及治理对策，以帮助更多的“空心村”转变为“实心村”，是实施乡村振兴战略、推动高质量发展、补齐民生短板的战略举措，也是满足农民群众对美好生活的需要、解决部分地区农村不平衡、不充分发展的必然要求。

第二节 文献综述

一、“空心村”的定义

“空心村”又称空壳村或空洞村，由于学科背景、研究目的等方面的差异，学者们并未对其概念形成统一认识。多数学者是从地理意义上进行界定，即关注的重心是地理学中的空间形态，主要的研究视角包括土地利用、城乡关系和乡村地域可持续发展。一些学者从土地利用角度，基于农村宅基地的使用情况对“空心村”进行描述：“空心村”的新建住宅大部分集中在村庄外围，村庄内存在大量闲置土地或废弃的旧房，村庄的宅基地分布呈一种特殊布局，是村庄内部土地利用空间格局变化的一种过程和表征。一些学者从城乡关系视角来定义“空心村”，认为我国的城市化、工业化进程是“空心村”出现的社会背景，由于城市化滞后于非农化，迅速发展的村庄建设与落后的规划管理体制的矛盾引起村庄外围粗放发展而内部衰败的空间形态的分异现象。还有学者从乡村地域可持续发展角度对“空心村”进行解读，强调“空心村”是包括土地、人口、产业、基础设施等要素在内的乡村地域系统功能退化的一种现象。农村空心化不仅仅是农村土地低效利用问题，本质是在城乡发展转型过程中，由于农村人口非农化导致人走屋空、建新不拆旧的一种外扩内空过程。一些学者发现“空心村”不仅是地理意义上的空心，还存在着经济意义上的空心，即大批文化素质较高的青壮年进城，村里只剩下老弱妇孺守望。这种农村人口空心化是 20 世纪 90 年代以后出现的新现象，是中国社会经济转型的必由之路。农村人口流动的反复性是“空心村”形成的重要因素之一。与地理和经济意义上的空心化相对，有学者认为对于农村未来发展影响更大的将是另一种空心化问题，即服务、精神与文化上的空心，这种无形空心化是相对于规划建设与经济意义上有形的空心问题而言，对农村发展的不利作用不可小觑。纵观以上有关“空心村”的定义可以发现：“空心村”概念本身具有模糊性，这为学者们从不同维度理解这一概念提供了广阔空间，也容易造成学者们对这一概念运用的泛化。目前不少学者不断发挥“社会学的想象力”，将“空心”从地理范畴扩展至经济、文化等范畴。尽管“空心村”的概念内涵已从地理意义扩展到经济、社会意义上，但在学术界占主导地位的还是指地理意义上的空心。但是作为城镇化过程中农村变迁的一种特殊形态，“空心村”是一个农村社会系统，包含了远超过地理学的因素，需要进行系统分析、综合考虑。因此，本报告从乡村振兴战略涉及的地理、人口、经济、政治和文化五个方面把“空心村”具体界定为：在我国工业化和城市化快速发展进程中，越来越多的青壮年劳动力从农村转移到城市，最终形成了农村地区的内村宅基地荒废、青壮年劳动力匮乏、产业、政治和文化虚空的现象，进一步使得村庄在发展的过程中缺乏足够的动力，呈现出一片衰败和凋敝的图景，这样的村庄就是“空心村”。概括而言，“空心村”普遍具有以下三个方面的特征。首先，人口结构和产业结构方面存在严重的失衡。“空心村”里面留下来的大都是老人、妇女和儿童，主要从事第一产业，二三产业的发展受到严重制约，甚至处于一种空白状态。其次，社会保障水平比较低。“空心村”中与村民相关的各种基础设施建设和生活服务很难开展，村民的生活质量受到严重影响。最后，缺乏各种支撑发展的资源。随着城乡之间的劳动边际收益差异越来越大，人力资本和货币资本逐渐外溢，越来越多的人才离开家乡去往一些劳动价值更高的城镇或者发达地区。因此，除了农忙时期和春节以及一些比较特殊的情况之外，平时在“空心村”中很难看到青壮年人，即使留在村里的一些青壮年，也基本上已经脱离了农业生产，大都在附近的乡镇从事其他非农职业，导致农村地区人才紧缺，从而进一步拉大了城乡之间的发展差距。

二、“空心村”的形成因素

归纳总结影响“空心村”形成的因素是“空心村”研究的一大热点。大量研究表明，“空心村”的形成受多种因素影响，这些因素单独或叠加在一起影响着“空心村”的形成过程。

首先，经济因素是促进“空心村”形成的重要原因，其效应主要体现在两个方面：一是伴随农民收入提高和村庄外围建房的“低”成本导致住宅空心化；二是因城乡预期收入差距带来大量农村劳动力的乡城迁移，进而导致农村人口减少的人口空心化。随着工业化和城镇化的快速推进，我国农村非农化发展迅速，农民收入得到明显提高。建房是具有高收入弹性的开支项目，而且住宅消费是农民消费的主体,农民收入增加后,其住宅支出也会随之提高。原有旧住宅环境较差、面积偏小、改造成本偏高等固有缺陷,促使农户住房投资区位明显改变,村民更倾向于到村庄外围建新房。除农民收入增加外,农村低建筑成本、低移动成本及低土地成本也是农村空心化的重要驱动力。土地产出效益低下致使农户珍惜土地的意识淡薄,是导致农民弃旧占新,用耕地建房的重要原因。此外,大量农村劳动力的非农转移对"空心村"的形成起到推波助澜的作用。城乡预期收入差异使农村人才纷纷流向城镇,造成部分农村出现"空心化"。农民作为理性经济人,为应对农业比较利益的下降而弃农从工,"洗脚进城"成为农民的必然选择,从而导致"乡村成了客栈,漂泊的城市代替了家园"。

其次,自然因素直接促成了很多"空心村"的诞生,这些因素主要包括环境变化、自然灾害和地形地貌三个方面。常见的环境变化包括:工业企业环保不达标导致村庄自然环境被污染,因地下水超采而形成地下水位漏斗或村内地势低洼、排水排污能力差致水源被污染等。自然灾害有洪水、滑坡、泥石流等。地形地貌包括:房屋朝向、通风、采光、地表径流、地下水、土壤肥沃程度等因素。此外,交通因素在村落空心化中具有重要影响。新建住宅多分布在区位条件较好的交通线一侧或两侧,重要交通线的开通常常会促使新村落产生,并影响村落空心化的规模和速度。

第三,社会因素影响着村域的扩展、人口的乡城迁移以及对旧宅的处置,这些因素主要包括人口的不断增长、家庭结构的改变、农村人口向城市的迁移以及传统观念。人口的不断增长是村落不断外扩导致村落空心化的重要社会因素。伴随人口的增多,村落原有居住区容积率有限,使得村民不断开拓新的居住地,村落不断外扩。在人口增长的同时,农村"扩展家庭"向"核心家庭"的快速变迁,加剧了分家立户及其建房高潮的到来,家庭规模的小型化加剧了空心化程度。农村青年的弃农进城则加剧了农村人口的空心化。农村青年普遍厌农,农村青年如果升学无望,中学毕业后便义无反顾地扎进城里,农村对于他们只是"想要挣脱和逃离的生死场,而不是希望的田野"。诸如老房风水不可动、盲目攀比等传统观念以及住宅"私有"的错误认识直接影响了村落对废弃、老住宅的重新规划使用。

第四,城乡二元的户籍和社保制度是已"进城"农民眷恋农村住宅的重要原因,宅基地管理法律法规的不完备导致新旧宅基地并存。随着工业化、城镇化和农村就业结构的变化,青壮年向城镇转移,但城镇化滞后于非农化需求。现行城乡二元户籍和社会保障体系,难以在制度上给进城农民以必要的生存保障，土地实际承担着农民的社会保障功能。农村劳动力多属暂性转移，带有两栖性和不稳定性，这种状况使本来可以削弱农村住房建设内需力的农村劳动力转移没有发挥作用。此外，我国不完备的土地制度和农村宅基地管理法的缺失对农村空心化起重要的引致作用，导致旧宅基地闲置与新宅基地扩张同时并存。

第五，农村建房用地的粗放管理和村庄建设规划的缺位直接影响“空心村”的形成与演化。宅基地审批的随意性是农村建房用地粗放管理的突出表现。当前以村委会为审批主体、报上级土地主管部门存档的宅基地审批体制，为宅基地审批过程中的暗箱操作、管理混乱留下隐患。村庄建设规划缺位体现在两方面，一是没有编制村庄规划，二是有村庄规划不严格执行规划。农村新房建设加速和规划管理滞后存在着矛盾，导致新房外扩、旧房不拆。

三、“空心村”的治理对策

我国地域类型复杂，社会经济条件差别很大，学者们提出了多样化的“空心村”治理理论和措施。其中影响较大的观点包括：“乡村重构”论、“三整合”论、“整理分区”论、“分阶段整理”论、“综合整治”论、“适应经济发展”论。

张泉等提出了“乡村重构”的观点，认为“空心村”的治理需要在城乡统筹背景下与新农村建设结合起来。乡村重构包括三方面的内容：一是乡村经济重构，包括农业生产模式、农业生产结构、农业生产要素流转的优化；二是乡村社会重构，包括乡村社会权利、乡村社会事业、乡村公共管理的重构；三是乡村空间重构，包括产业发展集聚、农民居住集中、资源利用集约。

刘彦随等认为“空心村”整治必须从促进城乡要素有序流动和乡村地域空间优化重构的战略高度进行。“三整合”即在农村空心化兴盛期到来之前，通过强有力的政府管制和农村土地制度改革，推进乡村地域系统的空间、组织、产业“三整合”，从而阻隔空心化演替的路径，实现农村要素有序流动及其优化配置。结合新农村建设，科学开展“空心村”土地整治工作。

刘玉等以环渤海地区327个县域为评价单元，从整理潜力、整理能力和整理迫切度三个方面构建了农村居民点用地整理分区的概念模型，并将研究区划分为五种类型区，即优先整理区、重点整理区、优化调整区、适度整理区和挂钩项目区，不同分区的村庄整治模式不同。

刘洪彪认为“空心村”整治要因时因地分类指导，根据住宅更新率的不同，确定“空心村”的发展阶段，分阶段整理。对于住宅更新率不足30%的“空心村”

初级阶段的村庄,重点是科学确定中心村位置,有计划实施村庄搬迁和村庄兼并;对于住宅更新率50%左右的"空心村"中级阶段村庄,重点是实现废弃闲置地利用的最大化;对于处于"空心村"后期阶段的农村,要加快城乡一体化进程。

张志胜提出的"空心村"整治措施兼顾了地理和人口意义的空心。一是推动宅基地流转,进行并村迁移、原址规划、以绿填空;二是保障进城人员的土地权益,促进土地规模经营;三是借助土地流转推力,改善留守人员的生产与发展状况;四是积极构建中介服务体系,促使土地有序流转。

张正河认为,由于"空心村"存在位置的固定性和分布的差异性等特点,其整理的重点、内容、方法也不一样,要根据当地经济发展需要开展治理。他提出的整理模式有:农村城镇化模式、中心村内部改造模式、村庄兼并模式、生态移民模式、引导农民在城镇购房模式。

上述几种理论可以视为具有全局性指导意义的"空心村"整治对策,这些理论志在全面解决"空心村"问题。由于"空心村"的异质性,并不存在放之四海而皆准的治理模式,因此各地的"空心村"治理应因地制宜,借鉴适合当地情况的治理模式。学者们还从某一切入点提出了各自的观点,如从土地流转、宅基地制度改革、土地政策、人口学视角、"空心村"文化建设、低碳乡村发展等。尽管多数学者是从宏观层面研究"空心村"整治的思路、模式和对策,仍有学者选择微观视角、采用实证方法研究了农户的"空心村"整治意愿及其影响因素,还有学者采用模拟方法从农户视角对农村居民点整理政策效果进行了预测。这些研究为实际开展"空心村"整治活动提供了经验借鉴。

综上所述,"空心村"是在工业化、城镇化背景下农村变迁的阶段性外在表现,"空心"并不一定是一种空间形态,而是土地、人口、经济、社会、文化等各要素偏离和谐"运行轨道"的结果,是农村多要素"空心"的综合,是农村社会"生态失衡"的体现,是未来新型农村的孕育者。"空心村"的界定具有客观性、相对性和关联性特征。为了治理"空心村",我们需要将目光从"土地"转移到"农民"身上,以人为本,将增加农民福利作为"空心村"治理的最终目标,实现农村的顺利转型;而不是以治理"空心村"之名攫取农村土地用于城市建设,更不是将农民赶上楼。现有"空心村"的研究从内容和方法上都有待进一步的深化:"空心村"本身是一个复杂的社会系统,采用多学科视角从社会、经济、文化、历史等各方面进行多维度分析显得尤为重要;基于社区的微观层面研究能够更加深入细致地反映出"空心村"的形成机制、变迁逻辑、社会影响、治理方式等,可以作为"空心村"进一步研究的重要手段;农民对"空心村"的治理意愿、自主实践等是"空心村”研究中最具生命力的呐喊，在“空心村”研究中需要引入农民视角；制定“空心村”的量化指标体系是深入研究“空心村”的基础，能够保障国家政策有明确的施用对象，在制定“空心村”指标体系时，可以借鉴贫困指数、人类发展指数等较为成熟的指数编制方法。

第三节　苏北“空心村”的现状

“空心村”的出现在历史发展的进程中具有一定的必然性，不仅我国出现了农村的空心化，发达国家同样也存在着农村人口外流、农村地区逐渐衰败的景象。但是，由于各国的国情不同，我国的“空心村”问题远比其他国家要复杂和严重得多。宋伟等研究指出，中国村庄宅基地的空心化率平均在 10.15%左右；其中东、中、西部村庄宅基地的空心化率分别为 14.82%、9.11%和 7.15%，呈现出由东向西依次降低的格局；有 3.77%的村庄空心化率超过 40.00%，空心化率最高的村庄达到了 62.18%。

根据东南大学薛力博士的调查，从 1999 年末开始，江苏在全省范围内已经普遍出现了“空心村”现象。从历史的角度来看，苏北的“空心村”发展经历了萌芽期、快速发展期和稳定与治理期三个阶段。从 20 世纪 80 年代至 90 年代初期，是苏北“空心村”的萌芽期。在市场经济体制的推动下，农村产业结构得到优化，农民收入水平不断提高。随着农村人口的增加，一部分小家庭脱离大家庭需要新建住宅，少部分人会在村外林地或废地里建造新的住宅或者是对自家老房子翻新，空心化现象尚不明显。在这个阶段，苏北农村的村民主要还是依靠农业为生，重男轻女思想比较严重，认为养了儿子可以帮助家里干农活增加收入，因而生育率和出生性别比比较高。等到儿子长大之后娶了媳妇，以前的土房或者石头建造的房屋已不能满足居住需求，加上农民收入开始增加，大都会对老房子进行翻修，但在村内居住还是村民的第一选择。21 世纪初是苏北“空心村”的快速发展期。随着外出打工的人越来越多，农民越来越富裕。一部分村民开始把新房盖在村庄外围，村民的居住观念也开始转变，甚至去城里买房居住成为部分村民追求的目标。而村委会建设方向不明确，缺乏对村庄长期的规划，为了获取一定的利益把村庄外围临近公路的地方划为宅基地，并出售给农民，导致新房集中在村庄外围而内部房屋老旧的现象出现，因而在村庄的内部形成了“空心”现象。尤其是随着城市化进程的加快，农村经济的增长，交通条件的改善，苏北地区越来越多的农村青壮年劳动力外流，导致农村只剩下老人、妇女和儿童等边缘人群。一部分人赚钱之后回到家乡在村庄外围公路旁建造楼房,而以前的房子闲置在那儿;经济条件好一点的在享受了城市水电、交通、环境等良好的设施后直接举家迁往城市。党的十六大以后是苏北"空心村"的稳定与治理期。随着党的十六大的召开,十六大报告、"十二五"规划都针对村镇规划和村庄建设提出了指导性的意见和建议,国家逐渐开始介入"空心村"的治理,"空心村"问题得到了一定程度的改善。在这些方针政策的指导下,苏北农村普遍开始加强基础设施建设,用上了净化过的自来水,按点放置垃圾桶,进行厕所革命,建成了变电站等,大大改善了村民的居住条件,尤其是乡村振兴战略的实施,进一步加大了对"空心化"的治理力度。但由于治理资金缺乏以及村委会领导班子思想观念落后和治理能力不足等原因使得苏北农村的"空心村"治理举步维艰。

由于中国不同省份和不同地区的经济社会发展水平不同,自然地理地貌不同,村庄原有基础和建筑风格不同,家庭人口规模与生活方式不同,"空心村"的表现形态也不尽相同。苏北的"空心村"主要存在同心圆分布、扇形分布、多核心分布、带(条)状分布四种表现形态。第一种表现形态是同心圆分布。即以原村庄居住中心为圆点,以一定距离为半径,根据农村经济社会发展程度以及农民建房的欲望和能力,在内外有关政策的制约下,村庄平面规模相对均匀地向四周扩展,形成新扩建带包围空化带的环状结构。而且建筑规模、结构式样、空间布局等与农村经济发展成正相关关系。从外表看,由内向外越建越新,越建越高,越建越大,越建越阔,犹如树木的年轮一样由内向外推,一圈更比一圈大。这种形式在村庄规模较大、间距相隔较远的淮安、盐城等平原地区较为常见。第二种表现形态为扇形分布。即村庄受自然地貌、河流水系、交通干道或弧形地物等影响,形成角度大小不等、由新扩建带"环绕"空心带的空间形态。这种形态通常在靠近山脉、陡崖、河流等地出现,具有明显的地理局限性。连云港的云台山区、徐州的大洞山区以及淮安的大运河等流域沿岸,多见这种聚落现象。第三种表现形态为多核心分布。即村庄空间形态由多个单核型"空心村"组合而成。这种模式一般发生在村庄分布稠密且住宅连片地区。由于各村不断向外扩展,便形成了规模较大的多核式"空心村",甚至村与村之间已经形成相互"楔入"的穿插现象。这在平原农区比较典型。宿迁的村落布局及居住形态大都属于此种类型。同时,这些村庄大都由于历史原因,或南北走向,或东西走向,或者以某一地标为界限,分为居住集中的几个区域。而且在每一区域内又以街巷、沟塘、族际为界限,形成相对紧凑稠密的集居点。第四种表现形态是带

(条)状分布。即村庄沿某一地标向左右或前后呈畦带式或线条式延伸。这种形态通常在靠山面水的山地丘陵地区或临泽而居的沿河沿湖夹套地区较为常见。由于受自然地理条件限制,村庄纵向或横向扩建成本高难度大,只能按自然地形分布。淮安的盱眙、洪泽等山区和湖区村落民居大都沿山脉走向或河湖走向排列。近年来,随着观光农业和山区旅游事业的兴起及其交通道路的疏通,又出现了沿交通主干道两侧铺开的新态势。此外,还有矩阵形态、跳跃式形态、不规则形态等。但不论何种形态,都同其对应的农村经济发展水平、土地管理调控、人口政策变动、历史文化传统等密切相关。

通过对苏北地区徐州、宿迁、淮安、盐城和连云港五市共15个典型“空心村”的参与观察和深入访谈以及600位村民的问卷调查结果显示,苏北“空心村”在方方面面都面临着“空心化”的困境,这些困境主要体现在地理、人口、产业、政治和文化等五个方面。

一、地理空心化

苏北是发达省份的欠发达地区,从20世纪90年代开始,越来越多外出务工的村民赚钱之后为了改善自家的居住条件,或者是为了结婚,或者是为了彰显自己的身份、炫耀自己取得的成就等,纷纷回到农村老家建造新房。但是,由于受到村庄内部空间范围和基础设施等因素的制约,他们更加倾向于将新房子建造在村庄外围场地空旷、交通便利的地方。由于历史遗留问题和经济发展滞后,苏北农村中的老房、旧房比较多,严重影响广大农民群众的生存质量。截至2016年底,尚有50%左右的农村住房是于2000年之前建造,这些农房大都是低矮狭小的土坯房,很多人家人均居住面积不足20平方米,房屋间距也比较窄,有些房屋前后间隔仅1米左右。很多老房、旧房年久失修,存在极大的安全隐患,特别是一些农村贫困户的房子已经成为危房,沦为脱贫奔小康的短板,甚至还不如中西部贫困地区农民的住房条件。

调查结果显示,18%的农村住房为1990年前建造,34%的住房为1990—1999年建造,48%的住房为2000年及以后建造(见图1)。由于内村建设起步比较早,老房子的建设用地比较紧凑,空间非常拥挤,各种基础设施本身就十分匮乏,并且日益陈旧和落后,道路崎岖不平,而且全部都是土路,村中的小超市大都坐落在村庄外围交通便利的地方,近些年农村建起的加油站、快递站、药店和澡堂等也大都集中于村庄外围,因此住在内村的人们生活和出行都很不方便,于是越来越多的人选择在村庄外围另择风水宝地建造新房。之前的老房子

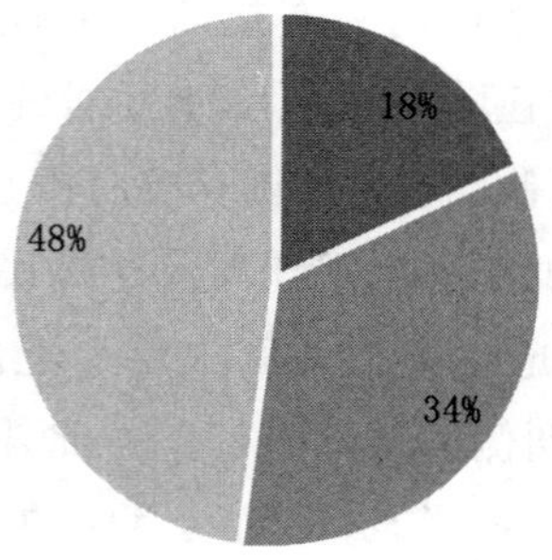

图 1 调查对象房屋建造时间

也就是被闲置下来的宅基地,村庄也没有进行统一的管理和规划,许多村民怀有不占白不占的心理,即使不再居住,也不会主动拆除,从而导致很多新房子在村庄外围建好之后,闲置了村庄内部的房屋,形成一片衰败的景象。再加上随着城镇化的推进和国家户口政策的放开,很多农民家庭娶媳妇不得不到城镇购置新房,虽然婚后进入城市居住,但仍然会保留着农村老宅,想着落叶归根,老了之后回农村养老,或者回乡走亲访友,或者回村干农活时方便居住。这就造成村庄内部大量的空闲住宅和闲置土地,土地资源无法得到有效利用。村庄内部和外部也因此形成了鲜明的对比,村庄内部房屋破败、混乱不堪,村庄外围新房林立、焕然一新,内空外延,构成了一种非常明显的反差,犹如两个不同的世界,呈现出了地理方面的空心化。

二、人口空心化

随着改革开放的不断深入,中国的市场经济日趋成熟,人口空心化就是发生在这样的大背景之下。农村青壮年人口被认为是村庄里面的"精英",他们普遍认为留在资源匮乏的农村并没有什么出路,所以想要去大城市寻找新的发展机会和发展空间。因此留守在村庄里的大都是一些妇女、儿童和老人,整体的人口结构逐渐畸形化,其中空关户占总户数的 18.2%。根据对苏北 15 个"空心村"的调查发现,目前村庄内部除了一些特殊的节日或者是农忙时节,平时很少能够看到在农田里耕作的青壮年劳动力,就连在大街上也很少见到,见到最多的就是老弱妇孺。统计结果显示,留在村中的成年人平均年龄为 50—70 岁,村干部的平均年龄为 53 岁,平均文化程度为高中。即使有一些青壮年人留在村子里生活，他们大多数也都是在附近的工厂或者企业上班，早出晚归，基本上已经脱离了农业生产。统计结果显示，苏北“空心村”中主要从事农业生产的农村劳动力占总劳动力的 43%，外出务工劳动力占总劳动力的 57%，其中在本村以外本县以内就业的占 17%，在本县以外就业的占 40%（见图 2）。调查结果表明，村庄非农化转移趋势明显，劳动力流失严重，空关户普遍存在，村中常住人口多为留守老人、妇女和小孩，文化水平偏低，缺乏创新意识，难以开展科技含量较高的农业生产。同时村庄基层干部的年龄结构偏大，文化程度不高，后备干部极其缺乏，村委会、农业合作社引导力量不足，不能较好地发挥对村民的指导带动作用。

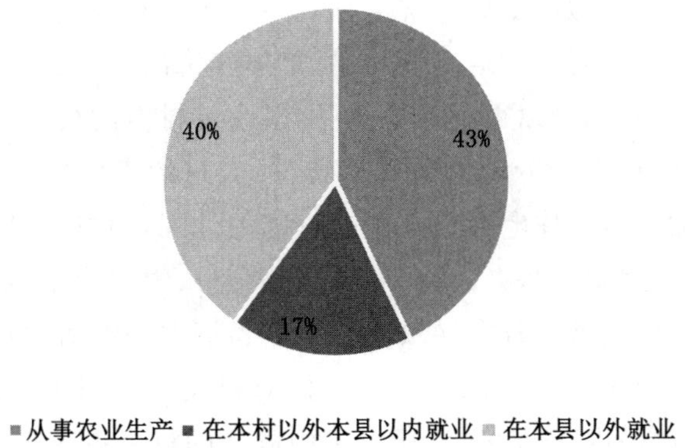

图 2　受调查村庄村民就业情况

经过深入访谈了解到，这种现象之所以越来越普遍，一方面，与农民的厌农情绪密切相关，而农民的厌农情绪又与农业生产的低回报有很大的关系，即“种田不挣钱”。2006 年，国家取消了农业税，但肥料、种子以及播种和收割时产生的机械费用等农业生产的成本却迅速攀升，与之前相比已经非常之高。而另一方面，自从中国加入 WTO 之后，农产品的价格却持续低迷。农民辛辛苦苦投入了大量的人力、物力、财力，一旦遇上天灾导致收成不好，就会使得付出与回报不成正比，因此种田是个不划算的活。而且，今天的农民已经不再只追求温饱了，以前收麦子都需要人手动收割，而后还得打场晒粮食，现在耕地收割均靠机械，节省了不少农忙时间，农忙过后农民的大部分时间是闲置的，但仅靠农业收入已满足不了农民的生活需求，于是农村的主要劳动力便向外寻求发展。恰巧城市给了他们就业的机会，于是农村的青壮年劳动力越来越少。农村社会依然深受传统思想的影响，男人在外面打拼，女人则在家带孩子照顾老人，农村青壮年大量外出,造成农村人口结构的失衡,农村男性青壮年严重匮乏,进一步加剧了农村人口层面的空心化。

三、产业空心化

在农村发展的过程中,第一产业是其主要经济支撑,但是农村的土地是集体所有制,村民并不拥有土地的所有权,他们所拥有的只是土地的承包经营权和使用权,然而,很多人都认为这是自己的土地,可以随意处置,所以村委会在进行统一整合的时候,难以形成规模化经营。加上苏北农村基础设施落后,人口大量外流,村庄内部缺少相对充足的生产资源,导致第一产业难以发展起来,二三产业的发展难上加难,集体经济更是几乎处于一片空白的状态。苏北地区的农村大都地理位置偏僻,交通不便,农村集体经济的"壳"已成为常态,每年连几万元的村干部工资都难以得到保证,更别谈改善村内的公益设施和民生需求了。由于大量的农村主干劳动力向城市转移,农村的青壮年人口大量流失,农村缺乏劳动力,加上新建住宅大量聚集在村庄的外围,内村宅基地大量闲置,造成土地资源的严重浪费。兴办农村集体经济需要人力以及土地资源,而农村青壮年人口流失、内村宅基地荒废导致农村集体经济发展滞后,村内集体产业少、集体经营收益少,则进一步降低了"空心村"对村民的吸引力。调查结果显示,愿意集中居住的村民占96.5%,不愿意集中居住的村民占3.5%。在搬迁意向方面,希望有安置费,保留农田,就近迁入中心村的村民占61%;希望有安置费,流转农田,给予补偿金,就近迁入小城镇的村民占22%;希望有安置费,流转农田,给予补偿金,迁入县城的村民占17%(见图3)。在用地补偿方式方面,选择房子、安置费、社保、投资企业的股份、技术培训、就业岗位的分别占比52%、15%、13%、10%、3%、7%(见图4)。以上数据说明,农民倾向于就近集中居住,但需要考虑多方面的因素和相关优惠政策。综合分析来看,由于苏北地区乡村工业发展相对不发达,对农业人口的吸纳有限,农民失去了土地就失去了生活的主要来源,征地搬迁和集中居住对农民生活影响较大。因此,农民集中居住区建设不能违背经济社会发展规律,要考虑农民的实际生活水平和收入情况,因地制宜、统筹兼顾。

目前苏北"空心村"中为数不多的几家企业大都是私营企业,规模都不大,而且技术含量都不高,比如辣条厂、泡沫厂、饼干厂、纸箱厂、鸡腿厂、水泥预制板厂等,工厂的效益也都不怎么好,在里面上班的大都是留在村里的妇女或者是一些年龄比较大的男性。这些企业一定程度上也增加了就业机会,促进了当

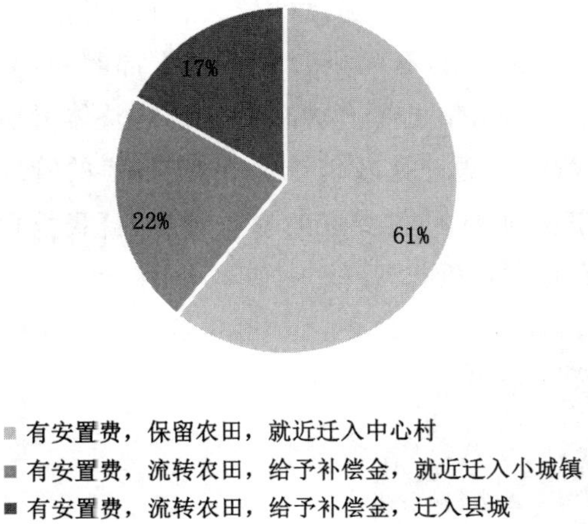

图 3　受调查农户搬迁意向分布情况

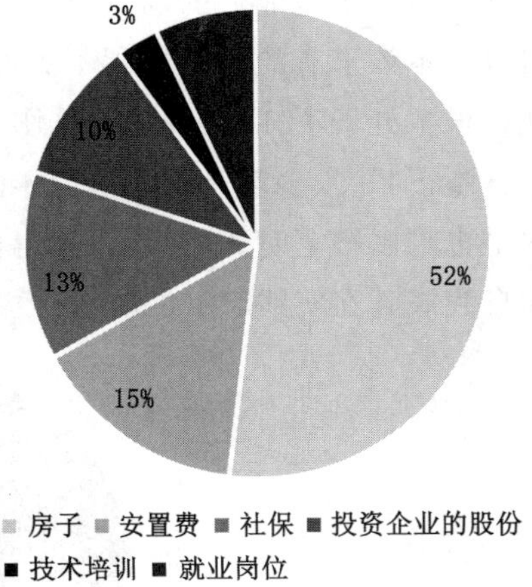

图 4　受调查农户用地补偿方式意向分布情况

地经济的发展。村庄财政都是由乡镇政府统一管理，少数村庄还有村庄集体土地的承包收入，该部分土地主要分布在村庄外围，大都承包给了开发商或者养殖户，整体上还是缺乏支柱性的产业。产业的空心化导致村庄整体的经济收入非常低，尤其是像苏北这种位于欠发达地区的落后农村，地理位置比较偏僻，交通不便利，甚至连村干部每年的工资都难以保证，他们对于村内集体经济的发展自然也没有太多的关注和投入。再加上村庄“精英”的大量流失导致劳动力资源不足，因此经济发展所需要的人力资源和土地资源都处于紧缺状态。村委会在办事的时候往往力不从心，村庄集体经济的发展和产业结构的调整都缺乏足够的支撑。

四、政治空心化

受苏北农村基础设施匮乏、经济社会发展水平滞后等因素的影响，年轻人纷纷外出另谋出路，村里只剩下一些妇女儿童和孤寡老人居住，村民自治组织中的权力主体不断萎缩，已处于严重缺位的状态，且村民享有的政治权利也逐渐减少，即使是作为村民自治核心的民主选举权利，也难以真正落到实处，处于一种虚置的状态。通过与调查的“空心村”村民的交流了解到，针对每三年一次的村干部换届选举，村民的参与意识非常薄弱，大都认为这和个人利益并无太大关系，因此大都是由家里留守下来的老人或者妇女代选，而他们投票所依据的标准主要不是能力的高低,而是血缘关系的远近,随意性较大。村民们有的对自己本该享有的政治权利不关心甚至不知道,有的则直接被村干部剥夺,而他们根本处于不知情的状态(见图 5)。这就使得选举出来的村干部的整体素质在不断下降,很多都是村庄里面年龄大的人,思想比较传统保守,对村庄的管理水平也难以跟上时代的步伐,使得村庄规划失调,村委会的自我管理、自我教育和自我服务在实践起来的时候,效果也是大打折扣。

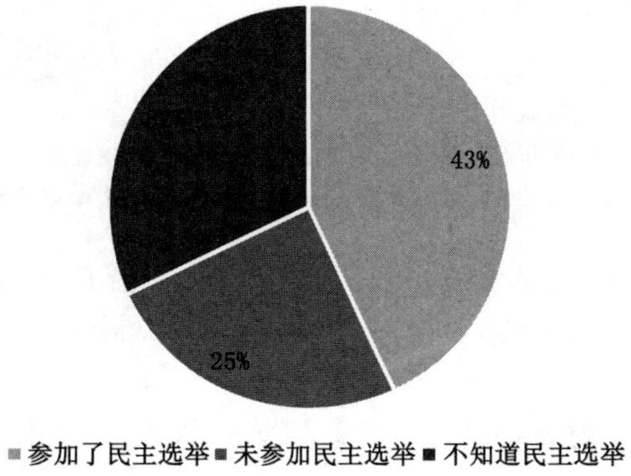

图 5　受调查村民参与民主选举情况

据了解,苏北农村的组织架构主要是由村党支部、村民委员会、村务监督委员会、村经济合作组织等组成,"空心村"中的村干部年龄主要分布在 40 岁到 60 岁之间,大都是中老年人,因而对村庄的管理也难以跟上时代的步伐。村庄里面受教育程度高的年轻人才大量外流,导致村庄的基层管理组织中缺乏年轻有干劲、有头脑的人才,使得民主监督只能流于一种形式。村庄里面剩下的大都是一些老弱妇孺,他们对于村庄的政治大都不关心,甚至无心参与,这就使得村庄在建设过程中缺乏群众基础,很多时候都是村干部直接代替村民决定村庄里面的公共事务,从而形成政治上的空心化。

五、文化空心化

随着农村青壮年人口的减少,农村地区精神文明建设没有了主力军和动力源,乡村文化精英在经济利益的驱动下纷纷出走,导致传承与保护乡土文化缺乏有效载体,延续几千年的乡土文化有逐渐消失的危险。又由于农村集体经济发展滞后、经济压力十分巨大,村干部思想保守僵化、文化程度不高,导致看问题目光短浅,对村民精神文化生活根本不重视,认为农村组织文化娱乐活动务虚不务实，出现了村民精神文化空虚化的现象。加上村民在村庄外围随意建房，村庄内部的宅基地仍然放在那里，土地资源无法得到有效利用，村庄想建设精神文化设施比如体育场、图书室也根本没有合适的场地。在多种因素的共同影响下，农民精神文化生活严重空虚，聚众赌博等不良习气丛生，缺乏积极向上的精神风貌（见图 6）。

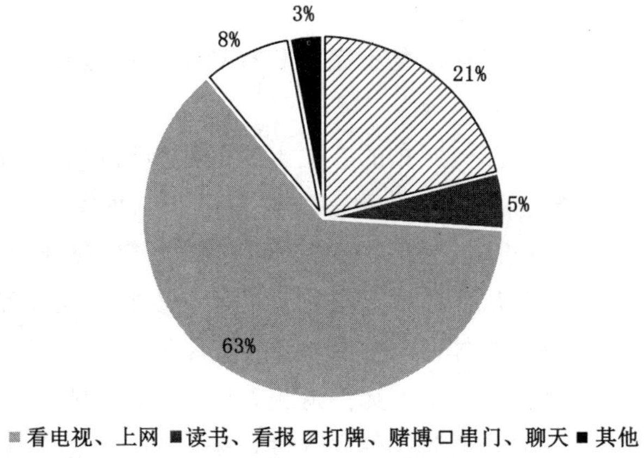

图 6　受调查村民闲暇时间的主要活动

苏北地区的民间风俗深受地域文化的影响，产生了独特的民俗现象，在传承文明的过程中起着重要作用。然而，随着时间的推移，这些优秀传统文化的传承人都已经垂垂老矣，年轻人对此又大都没有兴趣，导致这些传统技艺很有可能随着老艺人的逝去而就此失传。此外，在市场经济催生的实用主义和消费主义等思想的侵蚀之下，村民一切向钱看，精神文化生活非常虚浮，具有现代性和先进性的文化也难以输入，村民们在思想和精神层面的需求得不到满足，因而对村庄的归属意识和文化认同感迅速降低，公共性日渐衰竭，村民之间的社会关系趋于原子化。加上农村的经济发展水平比较低，村干部思想比较保守，文化水平也比较有限，缺乏创新意识，对文化建设不重视、不关心，没有认识到村庄的文化建设所具有的重要意义。平时村民们在闲暇时间大都是聚众打牌或是闲聊，缺少文化自觉和文化发展的积极性，呈现出了文化方面的空心化。

第四节　苏北“空心村”的形成机理

“空心村”不是一种偶然现象，其形成不是一朝一夕的事情，它也不是一种因素作用的结果,而是多种结构性因素综合作用之下的一种必然情况。在对苏北“空心村”进行参与观察和深入访谈的基础上,全面而深入地探究“空心村”的形成原因,有助于采取更加有针对性的措施来解决“空心村”问题,助力乡村振兴的实现。

一、土地监管不严

土地监管不严主要体现在制度不完善和规划不到位这两个方面,也是导致村庄地理空心化的两个主要原因。

地方政府和土地管理部门颁布的有关土地的法律法规和实施制度不完善,导致在实际的土地管理过程中存在很多法律盲区和制度漏洞。张正河通过对河南、湖北和安徽三个省份的抽样调查发现,因为村庄在规划和制度上的不完善,大量劳动力开始外流,从而导致了空心。尤其是农村的宅基地,相关法律条文只是规定了其所有权归集体,但宅基地上的房屋属于农民私人所有,房地不可分的特点决定了农村宅基地基本无法退出,从而使得农村宅基地不能有效地参与到市场调控中。从宅基地制度的实践过程来看,农村宅基地呈现出集体所有权虚化、使用权固化的基本特点。对农村闲置宅基地缺乏制度管理,再加上缺乏有效的市场调控机制,促成了占更多的土地、过度建房等行为。一些新房建好后,老房则长期闲置,年复一年,内村当中无人居住的旧房子越来越多。因此,村庄有大量的宅基地和耕地被闲置,其中可以复垦为耕地的宅基地,很多都处于一种既不能耕又不能用的不良状态,土地资源浪费现象严重。

目前很多农村缺乏统一科学的土地规划。刘彦随等人认为,地理空心化主要是因为政府和村委会在村庄规划和管理方面的缺位。目前,基层政府领导在村庄规划方面思想上不够重视、能力上存在欠缺,对有建房需求的人宅基地审批很随意不严谨,导致农民建房想建哪就建哪,出现盲目建房现象。几个组合并人口集中居住后,原来的旧宅基地未能及时推倒整治,因而被长期闲置下来。村干部对《土地法》根本不了解,造成丧失原则、滥用职权、随意审批的行为,而申请者沿公路或在承包的耕地上建新房却仍然霸占着旧房宅基地,导致村庄规模不断向外扩展,一方面土地资源被占用,另一方面旧宅基地的闲置造成大量土地资源的浪费,无法得到有效利用。尤其是那些在村庄有钱有权的家庭,大量占用土地,甚至还有一些开发商利用自己的资源圈地建房,从而导致村庄的住宅建设严重失控。这一点在苏北地区的一些农村表现得非常明显。在村庄外围那些交通便利的地方,门店也非常值钱,所以就会有人暗地里进行交易,私下买卖土地，这种现象多，并且很难进行管制。与此同时，农村的劳动力向城市转移，经济收入水平不断提高，但是因为根深蒂固的小农思想，他们所赚的钱并没有转化成资本，而是迅速转化为新住宅。由于之前的老房子在村庄内部，环境比较差，交通也不便利，所以他们通常都会沿着村庄外围交通便利的地方建造新房，而且他们宁愿让原有的内村宅基地荒废，也不愿意将它们转让出去，这就导致村庄不断向外围拓展，浪费了村庄内部大量的土地资源，未能加以有效利用。即使有些村民想要将自己的旧宅基地转让出去，实施起来也是非常困难。因为村庄处于比较偏僻的地方，没有明显的市场退出机制，在交易的过程中会受到很多因素的阻滞，比如邻里关系、房屋的开发潜力等都是影响交易成功的重要因素。

二、人口流动加剧

人往高处走是一种很自然的经济和社会现象。钟震颖认为，空心化现象主要是由于村庄劳动力的转移和制度不完善这两方面的原因造成的。具体而言，因为城乡之间的发展水平相差甚远，很多年轻人在经济因素的驱使下开始向城市转移，造成了人口的空心化，而城乡二元户籍制度的存在则形塑了人口流而不迁的特殊样态，进一步加剧了地理的空心化。

现在很多农村地区的基础设施建设还不完善，并且对村民生活的保障水平也不高，加剧了人口的外流。首先，农村的基础设施建设不完善。其中最明显的就是村庄的道路建设，有的地方还是土路，加上没有排水设施，在下雨天的时候就会给村民的出行造成很大的困难。其次，村庄内部还有很多人家饲养家禽家畜，由此产生的粪堆随意处置，村庄内部的环境不断恶化，一到热天便会臭气熏天。再次，村庄邻里之间的关系也都错综复杂，甚至矛盾丛生。调研发现，苏北农村的医疗、教育、就业、住房、公共基础设施和服务等方面的社会保障水平远远落后于城市和发达地区农村。很多农村只有一个小诊所，医生年龄老化，医疗水平低下。村里的小学在“撤点并校”的政策影响之下被裁撤了，孩子都是六七岁就送到镇上读书，而孩子自理能力差、离家又比较远，很多孩子的家长就会跟随孩子到镇上租房甚至买房陪读。看病难、上学难、就业难，交通不便、环境脏乱差，这些问题使得欠发达地区农村人口不断外流，进入城镇去寻求更好的生存环境和发展空间、更优质的公共服务、更高的生活水平。所有这一系列的因素都导致了现在越来越多的农村青壮年人向城市转移。他们进入城市，一方面弥补了城市就业岗位的空缺状态，另一方面还能够提高自己的收入。这样的人口转移方式在城市化进程中是非常普遍的一种现象，也是一种必然的趋势。

我国长期存在的城乡二元户籍制度导致绝大多数进城务工经商的农民虽然能够居住在城市，但无法获得城市户口。在中国，户口不仅代表着一个人的身份信息，而且背后附带着特定的社会福利。在城乡二元户籍制度的规制之下，进城农民工因为没有城市户口，无法享受城市居民所拥有的种种完善的社会保障，因此城市对于他们而言只是一个暂时的居所，挣钱之后还是要回到老家新建或购买住房。为了炫耀、宽敞和方便，他们更喜欢把房子建在交通便利、地界比较开阔的村庄外围，内村宅基地逐渐被废弃。而且很多进城务工经商的农民在城市就业也存在很大的不稳定性，面临着随时失业的危险，这样一来，人口的乡城转移就会具有明显的不彻底性，他们只是暂时居住在城市，农村老家的房屋就会处于闲置状态。

三、招商引资困难

我国城乡之间的差距越来越大，新一代农民在各种市场经济理念的刺激下，逐渐滋生了日趋强烈的"厌农"情绪，越来越多的农村劳动力开始转向二三产业，加上农村本身资源匮乏，导致农村招商引资非常困难，进一步导致了产业的空心化。

一方面，"厌农"思想盛行，农村青壮年劳动力有着强烈的"厌农"情绪。这种现象形成的深层次原因就是农村本身的经济发展水平滞后，农业收入难以提高，不仅影响到农民的生产积极性和农村社会的稳定性，还对整个国民经济的发展造成了比较大的阻碍。随着工业经济的发展，城市和乡村的经济结构差异化逐渐明显，农业在付出和回报方面不成正比，利润也低，而城镇的企业生产效率高，投资少的同时见效也比较快，再加上有政府的政策扶持，造成很多农村的青壮年劳动力开始向城市转移。村民们大都以自己的利益为重，选择外出务工经商，即使村子里有好的项目，他们也不愿意回到家乡，认为其没有发展前景。就调查情况来看，苏北农村只有很少的几家民营企业，而且都是技术含量非常低的制造型企业，其生产效益并不高，对于村庄经济的拉动能力有限，村庄的产业呈现出空心化的态势。

另一方面，村庄发展所需要的人力资源和文化资源在苏北农村都非常欠缺，尤其是随着经济体制改革力度加大，其第一产业仍然没有明显进步，二三产业难以获得发展，招商引资非常困难。由于历史和现实的一些原因，苏北农村大都位置偏远、资源短缺，经济发展水平滞后于城市。随着工业经济的快速发展，城市和农村的经济结构差异更加明显，农业生产效率较低，付出和回报不成正比，而工业生产效率较高，投入的资金见效更为明显，因此工业生产的发展速度远快于农业生产。除此之外，优先发展工业和城市的发展战略也使得国家投入到工业和城市当中的财政资金要远远多于农业和农村，企业也大都选择在城市里的工业园区落地生根，偏远落后的农村招商引资非常困难。由于地处偏远，年轻人纷纷外流，导致招商引资所需要的物质资源和人力资源都十分短缺。加上村干部都是村里的一些年龄比较大的中老年人，市场意识和经济眼光都非常有限，既缺乏招商引资的韬略又缺乏招商引资的门路，对于村庄的未来发展和集体事业要么有心无力，要么并不关心。因此，苏北农村的主导产业一直是传统农业，没有任何现代企业的入驻，第一产业一直未能取得明显进步，二三产业发展所需要的资源严重短缺导致无法起步，依靠村庄自身的力量来发展经济尤其是集体经济困难重重，集体经济几乎一片空白。因此，农村畸形的产业结构不仅没有得到改善，甚至还有进一步加剧的风险，村庄的集体经济事业也变得异常严峻。

四、村庄治理能力低下

村民自治自创立以来就是我们国家对于农村这个基层组织进行管理的创新之处，想要以此来推动当地的民主意识和现代化建设的积极性，但是现在村庄不管是自治方面还是管理方面都很不完善，尤其是在城乡二元制度的影响下，农村地区的发展长期落后于城市，处于比较混乱的状态，村民的参与意识不强和村委会的治理能力低下两方面综合作用，导致了农村政治的空心化。

一方面，在村民思想方面，存在认识不足的问题。苏北农村村民的文化水平普遍比较低，出生于20世纪80年代之前的村民很多都只有初中及以下文化程度，政治参与意识不强烈，对于村庄的集体观念和共同体意识十分淡薄。

另一方面，在村庄治理方面，村委会甚至整个村庄的整体素质都在下降。村庄自治过程中没有足够的人才支撑，村委会干部的年龄也都比较大，思想保守，没有活力和闯劲，在一定程度上降低了村民的向心力和凝聚力。

第五节　苏北“空心村”的治理对策

整治“空心村”是一项需要万众一心共同完成的系统工程，也是一项牵涉到千千万万农村家庭幸福的民生工程，而乡村振兴战略为其指明了方向和重点，因此“产业兴旺、生态宜居、乡风文明、治理有效、生活富裕”的二十字方针就成为“空心村”治理的主要目标。苏北“空心村”的治理也要围绕这五个方面进行，并且要综合实施，尽快将“空心村”转变为“实心村”，助力乡村振兴战略的早日实现。

刘老庄村位于淮安市西北 28 公里处，地貌形态为黄泛冲积平原，地形平坦，2008 年之前一直是经济薄弱村，村民的主要生计模式为外出务工，村里只剩下一些老人、妇女和儿童，土地利用效率极低，是一个典型的“空心村”。2009 年以来，刘老庄村在村党总支书记 ZL 的带领下，开始对村庄进行综合整治。通过土地流转发展高效农业，并对外招商引资，引导农民集中居住，重建文明村风，带领村民逐渐走上了一条致富道路，先后获得全国创先争优先进基层党组织、全国文明村、全国民主法制示范村、全国人口和计划生育示范村居、江苏省最美乡村等荣誉称号。2018 年，刘老庄村入选江苏省庆祝改革开放 40 周年“十县十镇十村十企”调研中的“十村”之一，成为乡村振兴战略背景下“空心村”治理的一个样板村。因此，本部分在理论探索的基础上，将进一步介绍刘老庄村“空心村”整治的具体举措，从而为苏北地区其他“空心村”的整治提供参考和借鉴。

一、以规划完善促生态宜居

地理层面的空心化就是村庄内部的宅基地荒废，但村庄外围却新房林立的一种现象，之所以会形成这种局面，主要是因为村庄在规划上不够完善导致的。因此，想要从根本上解决这个问题，就要积极加强村庄的规划和管理。一方面要在土地规划方面进行有效的管理，另一方面要从村内和村外两个方面进行综合整治。在土地规划方面，政府首先要做好相关的宣传，提高村民对于“空心村”问题的重视程度，通过各种途径广泛宣传其重要性。可以开展专门的培训，让农民了解土地是属于集体所有，不是私人的财产，让他们对于土地的所有权有明确的认识，了解到土地资源浪费的危害性，并且在土地管理的过程中可以制定一些奖励和惩罚措施，增强村民的自觉性和持久性。在此基础上，做好科学规划，分步骤实施，切勿过于着急。首先，要在尊重民意的基础上制定科学完善的土地规划，并在实施的过程中严格执行；其次，在规划的时候，各个部门要相互协调配合，并且发挥各自的职能作用，严禁在实施的过程中出现各自为政、相互推诿扯皮的现象。在对村内和村外的综合整治方面，要加以区别对待。对于村内的治理，主要目的就是将这些废弃的宅基地进行再次利用。因此，一方面要加大对村庄内部的资金投入，完善公共基础设施建设，加强村内的环境污染整治力度，尤其是垃圾处理，可以专门派人进行回收，完善村庄内的道路和排水设施，方便村民出行；另一方面，可以利用各种奖惩措施收回村内废弃的宅基地，或者对于那些已经有宅基地但是还要申请在村外建房的村民不予批准，将这些土地集中起来进行统一管理，可以复垦为耕地或者建设一些公共基础建筑，方便内村村民的生活和出行，从而实现村庄内部土地资源的充分利用。对于村外的治理，要根据实际情况，对土地功能进行明确界定，不能随意改变，对于那些用来耕种的土地坚决不能允许建设新房或者擅自改做其他用途。与此同时，还要加大对那些非法占用土地或者改变土地用途行为的整治，严格按照相关法律规定来执行。对于村民们在村庄外围建设新房的需求，相关部门要进行统一规划，可以让村民们在一起集中居住，这样不仅能够大量地节省土地资源，还能保证建设土地的持续利用。

2009 年，经刘老庄村两委和议事会全体成员充分讨论，决定通过城乡建设用地增减挂钩项目争取资金，采取市场化运作方式，以整村推进的方式建设红色家园小区。拆除了所有“一宅一院”的老庄台，填平了所有废沟废塘，共新增耕地 1 200 亩，以此为基础争取土地增减城乡挂钩项目资金，按城市商住楼标准规划建设红色家园小区。至 2011 年底，红色家园小区 20 栋 5 层标准化住宅楼全部交付使用，全村 588 户一次性全部上楼居住，人均居住面积超过 30 平方米，让村民像城里人一样过上了公寓式的生活。红色家园小区的建设和住房分配始终坚持公平、公正和公开的基本原则，因而得到了全体村民的拥护和支持。在 36 个老庄台拆迁和 3 000 亩土地流转中，没有一句怨言；在 588 户搬迁分房中，没有一点杂音；在 200 多万元的集体资金使用中，没有一句闲话。通过红色家园建设，村容村貌发生了根本性变化，村民的居住条件得到根本改善。为了让村里的年轻人能够留得下，集中居住后的刘老庄村又相继建成了社区服务中心、卫生室、幼儿园等公共基础设施，社区服务中心建成了一站式服务大厅，简化了服务流程、提高了服务效率，公共服务水平不断提高。在此基础上，刘老庄村又建起了污水处理厂及管网、垃圾中转站等环卫设施，道路两侧安装了路灯并进行了绿化，在全区的农村中率先开通了公交，让村民像城里人一样拥有便捷、卫生、优美的生活环境。

二、以政策扶持促生活富裕

“空心村”出现的主要原因就是人口的外流，这也是它的重要表现形式之一，所以激励农民工返乡创业和人才的回流将会有助于改善“空心村”的人口结构。这需要当地政府和村民一起努力,尤其是政府要出台一些优惠政策,并且加大宣传力度,吸引人才回流,促使留在村庄里面的人积极行动起来,转变传统和被动的思维,通过全体村民的共同努力,重新谋划村庄未来的美好发展蓝图。一方面,地方政府要出台优惠政策,吸引外出的农村青壮年劳动力返乡创业或就业,改善村庄人口结构,带动村民共同富裕。农村绝大多数青壮年劳动力都有在大城市务工经商的经历,通过在城市里多年的实践锻炼,已经形成了先进的生产理念并掌握了相关的生产技术,所以在农村经济发展中他们将会有着不可替代的作用。地方政府要想方设法利用相关的优惠政策来吸引他们返乡创业,比如提供创业贷款,给予创业补贴,并且对他们进行专业的技能培训,提高他们的知识水平和创业能力,从而改善村庄的整体素质和人口结构,推进村庄经济社会不断趋向良性发展。在他们返回家乡之后,地方政府还要做好宣传教育工作,加强他们对于推动村庄发展和实现村民富裕的主人翁意识,让他们看到在农村就业或者创业的美好前景,从而能够留得住他们并且促使他们做出成效,形成示范效应和带头作用,从而吸引更多的人才返乡创业或就业,在充实村庄青壮年人口的同时充分发挥其在农村经济社会发展中的主力军作用。另一方面,地方政府也要通过扶持政策让那些尚未外出的农村青壮年劳动力能够留得下来,帮助他们在家乡进行创业或就业,不进城务工经商同样可以过上富裕的生活,减少农村青壮年劳动力的流失,抑制农村人口继续空心化。农村青壮年劳动力作为家乡土生土长的一份子,深谙农村社会的人情世故和运行法则,因而留乡创业或就业比外出务工经商更有优势,可以更加积极地施展自己的才能,为家乡带来更多的发展活力。通过对苏北"空心村"村民的访谈得知,村庄之所以留不住青壮年劳动力,和当地政府和村委会的不作为有很大的关系。只要干部积极起来,加大政策扶持力度,致力于村庄经济发展,将村民生活富裕放在首位,吸引人才回流,将会在很大程度上改善村庄人口空心化现状。

刘老庄村充分借助八十二烈士纪念园的带动效应,积极与省委帮扶工作队及市、区帮扶单位对接,定期汇报工作,主动争取支持。刘老庄村所在的刘老庄乡作为全省六个重点扶贫开发区域之一,一直以来都受到省委省政府的高度重视,从区域协作、项目建设、资金支持等多方面进行帮扶。省政府办公厅牵头对刘老庄乡进行重点帮扶,创新实施"处村挂钩"工作机制,与其建立了结对帮扶关系,省直有关部门也给予了大力支持和帮助,有力地推动了刘老庄村的发展,许多农村贫困户从中得到了实惠。例如,由省政府办公厅筹集500万元帮建的红色家园屋顶光伏项目,项目收益的60%以上通过设置公益岗位、直接发放救助款等形式反馈给低收入农户，解决了弱劳动力或没有劳动力农户的实际困难。从2010年起，淮安市市委市政府制定了每年为刘老庄乡办一批事，推进刘老庄乡三年大变样的工作目标。市委市政府分别安排了二十多个市直部门，帮助刘老庄乡实施了数十个帮扶项目。市直各部门坚持规划引领，集聚有限资源，打造融资平台，发展村级经济，促进刘老庄乡科学、可持续、高质量发展。市直各帮扶部门累计为刘老庄村争取到位各类帮扶资金14 390万元，刘老庄村的经济实力和群众收入等方面均迈上新台阶。俗话说要想富，先修路。相关研究也发现，交通便利程度与村庄空心化程度呈现一定的负相关性，即交通条件越好，村庄的空心化程度越低。为改变落后的交通状况，刘老庄村又积极争取到省交通厅等部门的支持，修建了红色大道。红色大道总投资6 100万元，按一级路标准建设，全长4.8公里，路基宽24.5米，双向四车道沥青混凝土路面。同时，村庄内部的道路也全部实现了硬化，交通条件得到了极大的改善，吸引了更多的客商前来投资，进一步提高了农民的收入水平。目前，刘老庄村村民的生计非常稳定，共有“四金”来保障收入，即土地拿租金、上班拿薪金、国家有补金、合作社里有股金。2017年村民人均纯收入达到19 800元，比2008年的3 000元增加了5倍多。

三、以土地流转促产业兴旺

在乡村振兴的战略背景之下，农村的经济发展是一个亟待解决的难题，而针对这个问题的首要办法就是大力发展农村的传统产业——农业，同时加快二三产业的发展步伐，协调好三大产业之间的关系。一方面，要转变发展理念，努力构建现代农业生产经营体系。现代农业的发展离不开人才的支撑，因此，要加强对农民的培训力度，培育掌握先进的生产理念和生产技术的职业化农民，同时通过政策的倾斜和鼓励，引导越来越多的大学生投身于农业生产，为农村输送高素质人才，充分发挥现代科技的力量，比如互联网＋农业，已经成为一种生产生活方式和产业模式的创新。以此为驱动力，将会有助于提高农业的质量效益和竞争力，实现由传统农业向现代农业的转型。地方各级政府要不断推进并深度实施新型农业发展模式，让现代技术成为推动农业发展的新引擎，不断为农村经济发展增添新动力。目前我国绝大多数农村的支柱产业还是种植业，所以需要优化农业生产技术，提高农业生产效益，缓解农民的“厌农”情绪。另一方面，要推进土地的流转，稳步实现农业的规模化经营。以家庭为单位的小农经济已经越来越无法适应社会化大生产的需求，导致其生产效率低下、生产收益不足。因此,要加快推进土地向种粮大户、家庭农场和农民合作社等新型农业经营主体集中,提高农业生产效率和农民收入水平。也可以根据当地的地形地貌,发展具有地方特色的休闲观光农业,提高农业的附加值。土地流转之后,原来闲置的土地将会被盘活,从而拥有更多的土地资源去发展经济,实现农业的规模化经营,推动集体经济发展,培育更多的新兴产业,优化三大产业结构,还能创造更多的就业机会,吸引人才的回流。对于村庄现有的制造型企业,可以进行一些技术上的提升,或者是在新兴行业比如互联网行业积极引进一些先进的项目,如建设“淘宝村”。这样不仅可以解决农民的就业问题,减少村中精英人才的流失,还能促使村庄的发展进入一种良性循环状态,同时实现公共资源在城乡之间的均衡配置,建立适应现代社会需求的城乡社会共同体,以新型城镇化带动“空心村”建设,促进城乡之间的协调发展。

为促进产业兴旺,自 2010 年开始,刘老庄村的村干部和群众代表多次去山东、福建招引客商,逐步将全村的 3 400 余亩土地流转出去,将农民的土地承包权折成股份分给农民。刘老庄村的土地流转带来了全村高效农业的迅速发展,农民就地就业成为上班族,使刘老庄村真正从低效的分散经营走上了高效的规模化经营之路,土地经营效益大幅提高。农村工业化是加快农村发展的重要突破口,因此要矢志不渝地强力扩大农村经济总量,吸纳外出农民工返乡创业和就业。目前刘老庄村已经注册成立了 6 个合作社,1 个合作联社,利用流转之后的土地建成了果蔬采摘园、食用菌产业园和精品苗木园等项目,让老百姓不出远门就能有打工挣钱的机会,实现了农民变工人、村民变市民。到 2014 年年底,刘老庄村外出打工的 150 名村民有 115 人返乡就业,其中 52 名自主创业。果蔬采摘园以水果蔬菜采摘为主,配套建设餐饮以及休闲娱乐项目,功能齐全、环境优美,园区内各类水果蔬菜远销广东、山西、河北等地,实现年产值 5 000 万元,解决本村和周边乡镇 300 余人就业,人均增加月收入约 1 000 元。食用菌产业园占地约 200 亩,产品销往上海、南京等大城市,产品年产值超亿元,解决了当地 300 多名低收入群众的就业问题,并每年为刘老庄村增加集体经济收入 30 万元。精品苗木园占地约 1 000 多亩,解决了当地 100 余名村民的就业问题,目前部分苗木已经上市,效益初显。同时,刘老庄村还依托红色旅游资源,利用流转之后的土地建设红色影视基地,占地约 300 亩,是集观光体验、影视拍摄、餐饮住宿、休闲娱乐等功能于一体的旅游区,带动了当地旅游业的发展,也为村集体经济增收提供了后续动力。

四、以合作共治促治理有效

在对“空心村”进行治理的过程中，应该加强各个主体之间的合作，只有在政府和村民的共同努力下，才能实现最大的治理成效。一方面，加强对村民自治的宣传，真正做到民主选举、民主决策、民主管理、民主监督，尤其是要高度重视民主选举这一环节，选出真正能够为村民谋利益、求发展并且能力突出的村干部。这样不仅有利于提高村庄治理的成效，还能得到村民的信任、拥护和支持，有效地发挥村民参政议政的积极性和主动性，增强他们的民主意识。对于那些不积极参与的村民，更要加强宣传力度，改变他们对村庄集体事务的冷漠态度，提高他们对村庄治理的积极性，发挥其主人翁作用，提高参与意识和能力，扭转政治空心化的困境。另一方面，加快政府职能的转变，放权于民，赋予村民更多的政治权利和参与乡村治理的机会。在乡村振兴的大背景下，必须要建设一个以人为本的基层村组织，转变自上而下的管理思维和模式，形成上下共治、多主体参与的治理理念，构建一个共建、共治、共享的乡村社会治理新格局。同时，还要鼓励更多的社会组织参与到农村政治建设的过程当中来，不断提高乡村治理成效。

2009 年，刘老庄村在上级党委、政府的指导下，组建了一个坚强有力的领导班子。近年来，村两委班子成员不断优化，村里一批讲政治、有公心、能力强的村民被充实到班子队伍中，在村庄治理中发挥了重要作用。刘老庄村在选举村干部时，选择的标准就是“一有两能三满意”。“一有”，即手中有项目；“两能”，即干部本人能充分发挥表率作用，干部的项目能直接富民壮村；“三满意”，即党员群众满意、上级组织满意、村级领导班子满意。目前，刘老庄村领导班子成员全是本村的能人，不仅自己致富能力强，而且能够带领全村群众共同致富，受到了群众的肯定和支持。在 2012 年 4 月份的全区村党组织书记大考察中，刘老庄村领导班子以 99.9%的满意率高居全区之首。此外，刘老庄村的村务管理制度也不断得到健全。村内的大小事务，均按照《村委会组织法》等规定，召开村民会议和村民代表会议商议决定。比如，在土地流转、住房分配等重大事宜上，严格按照村民自治的要求按程序征集村民意见，使土地流转及住房分配等重大事项上没有出现一例纠纷。在财务管理上，形成了“民主理财、民主管财”模式，组织选举了德高望重的老党员和群众代表，成立了村民主理财小组、议事小组等五个专门小组，并授权他们参与监管村中一切事务。村里的财务支出，须经民主理财小组审批，所有账务发票由五个党小组组长共同签字方能报销。村干部的精明能干和村民的积极参与使得刘老庄村的政治由空心化变成了实心化,提高了村庄的治理水平。

五、以文化重建促乡风文明

公共文化作为乡村和谐发展的主要驱动力,体现村民们对于村庄的认同感,他们在公共文化的指引下,有着共同的利益诉求,从而形成一个利益共同体。因此,要努力推动优秀传统文化的复兴,建设积极向上的乡村新文化,克服农村文化的空心化。一方面,要通过多种形式的宣传教育,转变村民的文化观念,逐渐将传统乡土文化意识和现代乡村文化认同有机地结合起来,提高他们对于本土文化和传统文化的自信心,重拾共同体精神,重建温情脉脉的乡村社会。一些农村地区的干群关系非常紧张,村民之间也经常出现矛盾和纠纷,这与村庄传统文化的没落和村民集体意识的淡薄有关系。因此,应该努力挖掘优秀的传统文化,复兴那些有积极意义、可以教化乡里、团结民心的传统习俗,让村民重建对村庄的归属感和共同体意识,以温情脉脉的方式化解干群之间和村民之间的紧张与矛盾,重树淳朴无邪的民风,从而改善村民的冷漠和自私态度,为村庄发展注入不竭的内生动力和文化源泉,最重要的是能够形成一种文化复兴的基本理念,这也是解决农村文化空心化的重要举措。另一方面,积极宣传社会主义先进文化,以此对抗低俗文化和糟粕文化对村民的侵蚀,改善村民之间的关系。其实文化认同的背后,就是村民们对于彼此之间的信任和关心。政府要加大村庄文化基础设施建设和公共服务的投入,比如建设篮球场、图书馆等,或者定期举办一些健康有趣的集体活动,吸引村民们的参与,营造一种积极向上的文化氛围。

刘老庄村制定了关于改善村内文明风尚的村规民约,促进了家庭邻里和谐,形成了健康文明的生活方式。例如,2012 年开始设立了“好婆婆”“好媳妇”“最美家庭”等评选活动,规定 65 周岁以上老人的子女每月给付的赡养费不少于 200 元(含实物),促进了家庭邻里和谐;通过成立村文化活动中心和举办草根春晚,普及和传承地方戏曲和舞蹈等非物质文化遗产,延续共同的村庄记忆;为了保护环境及公共安全,禁止随意燃放鞭炮,每年春节由村里集中燃放烟花爆竹庆祝;倡导勤俭节约,简化婚丧嫁娶仪式,礼金不得超过 200 元,酒席不超过 10 桌。通过一系列的乡风文明塑造举措,全村形成了遵纪守法、孝老爱亲、崇尚文明的良好风气,近年来保持了零治安案件。通过全村干部和群众的共同努力,形成了守望相助、邻里和谐的优良民风,把刘老庄村塑造成为了一个充满温情的生活共同体。近年来，刘老庄村在全村范围内掀起了一股“六学”热潮：一是村干部学习焦裕禄，把老百姓装在心中；二是全村人人学创新，改革创业闯新路，争做发展的排头兵、领头雁；三是农家书屋学文化，每星期两天开放，让农民学知识；四是电教室里学科技，全村有 50 台联网电脑，供村民网上查询材料，寻找致富信息；五是视频广场学健身，投资 15 万元购买视频设备，供村民健身娱乐；六是文化长廊学法制，村集体投入 37 万元建成了一个 56 米长的文化长廊，内设 8 个方面的法律知识和典型案例，供村民观看学习，增强村民学法、懂法意识。这些举措营造了一种积极向上的文化氛围，实现了乡村文化的重建，塑造了文明的乡风，让刘老庄村从文化空心化变成了文化实心化。

参考文献

[1] 程连生，冯文勇，蒋立宏. 太原盆地东南部农村聚落空心化机理分析[J]. 地理学报，2001(4)：437-446.

[2] 杜园园. 空心村的形成及其改造——从宅基地制度及其实践说起[J]. 云南行政学院学报，2016(5)：11-16.

[3] 冯健，赵楠. 空心村背景下乡村公共空间发展特征与重构策略——以邓州市桑庄镇为例[J]. 人文地理，2016(6)：19-28.

[4] 冯文勇. 农村聚落空心化问题探讨——以太原盆地东南部为例[J]. 农业现代化研究，2002(4)：267-269.

[5] 付坚强，陈利根. 我国农村宅基地使用权制度论略——现行立法的缺陷及其克服[J]. 江淮论坛，2008(1)：98-102.

[6] 关博. 我国空心村整治面临的挑战及对策[J]. 宏观经济管理，2014(2)：46-48.

[7] 郭国仕. 城镇化过程中的农村空心化问题研究[J]. 龙岩学院学报，2013(3)：94-102.

[8] 郭丽英，刘玉，李裕瑞，等. 空心村综合整治与低碳乡村发展战略探讨[J]. 地域研究与开发，2012(1)：116-120.

[9] 李秀美. 基于产业化发展的农业人才“回流”问题研究[J]. 中国人口. 资源与环境，2012(6)：91-97.

[10] 李祖佩. 村庄空心化背景下的农村文化建设：困境与出路——以湖北省空心村为分析对象[J]. 中州学刊，2013(6)：72-78.

[11] 刘洪彪，甘辉. 新农村建设中“空心村”的整治[J]. 农业现代化研究，

2007(5):76-78.

[12] 刘孟山.推进农村宅基地制度改革稳步治理空心村问题[J].管理现代化,2007(2):4-6.

[13] 刘彦随.科学推进中国农村土地整治战略[J].中国土地科学,2011(4):3-8.

[14] 刘彦随,刘玉,翟荣新.中国农村空心化的地理学研究与整治实践[J].地理学报,2009(10):193-196.

[15] 刘彦随,刘玉.中国农村空心化问题研究的进展与展望[J].地理研究,2010(1):37-44.

[16] 刘彦随,龙华楼,陈玉福,等.中国乡村发展研究报告:农村空心化及其整治策略[M].北京:科学出版社,2011.

[17] 刘永飞,徐孝昶,许佳君.断裂与重构:农村的"空心化"到"产业化"[J].南京农业大学学报(社会科学版),2014(3):21-27.

[18] 刘玉,刘彦随,郭丽英.环渤海地区农村居民点用地整理分区及其整治策略[J].农业工程学报,2011(6):306-312.

[19] 龙花楼,李裕瑞,刘彦随.中国空心化村庄演化特征及其动力机制[J].地理学报,2009(10):53-63.

[20] 陆益龙.后乡土中国的基本问题及其出路[J].社会科学研究,2015(1):121-128.

[21] 马小红,段成荣,郭静.四类流动人口的比较研究[J].中国人口科学,2014(5):38-48.

[22] 乔家君,祝英丽.基于农户调查的村域住房投资区位及变化分析[J].资源科学,2008(2):206-212.

[23] 宋伟,陈百明,张英.中国村庄宅基地空心化评价及其影响因素[J].地理研究,2013(1):20-28.

[24] 王成新,姚士谋,陈彩虹.中国农村聚落空心化问题实证研究[J].地理科学,200(3):257-262.

[25] 王德,刘律.基于农户视角的农村居民点整理政策效果研究[J].城市规划,2012(6):48-55.

[26] 王介勇,刘彦随,陈玉福.黄淮海平原农区农户空心村整治意愿及影响因素实证研究[J].地理科学,2012(12):152-158.

[27] 王文龙.警惕农村的另类"空心"问题[J].南方农村,2010(2):95-98.

[28] 魏程琳,史明萍.“空心村”治理与宅基地制度变革——基于广西富县实地调研[J].城市规划,2017(1):63-69.
[29] 薛力.城市化背景下的“空心村”现象及其对策探讨——以江苏省为例[J].城市规划,2001(6):7-12.
[30] 薛泽林,郑扬.农民工回乡创业是解决空心村问题的重要途径——以北京郊区新农村为分析对象[J].中国劳动关系学院学报,2012(1):119-122.
[31] 杨永芳,刘玉振,艾少伟.“空心村”问题成因分析及解决对策[J].安徽农业科学,2007(26):33-36.
[32] 张杰,李可立.中国城市化背景下村落“空心化”形成机制及调控研究[J].开发研究,2010(6):101-103.
[33] 张茜,张俊.农村“空心化”现象的经济学解释[J].生产力研究,2008(8):40-41.
[34] 张泉,王晖,陈浩东,等.城乡统筹下的乡村重构[M].北京:中国建筑工业出版社,2006.
[35] 张卫华,韩霁昌,马增辉,等.交通因素对黄土丘陵沟壑区空心村变迁的影响分析[J].中国农业资源与区划,2017(8):163-168.
[36] 张昭.关于河北省空心村治理的理论探讨[J].河北师范大学学报,1998(4):144-147.
[37] 张正河.城乡人口流动下的村庄建设[J].人民论坛,2013(11):24-25.
[38] 张正河.城镇化背景下“空心村”何去何从.中国纪检监察报,2013(4):13.
[39] 张正河.准城市化下“空心村”解决思路[J].中国土地,2009(8):31-33.
[40] 张志胜.土地流转视域下的“空心村”治理[J].新视野,2009(2):32-34.
[41] 钟震颖.空心村问题的形成机制及其治理对策——基于农村劳动力转移的视角[J].武汉理工大学学报(社会科学版),2015(4):112-115.
[42] 周祝平.中国农村人口空心化及其挑战[J].人口研究,2008(2):47-54.

苏北经济高质量发展与环境保护高水平协同路径研究

主持人:赵成柏(淮阴工学院)
课题组:刘长平　李　敏　夏春莲

内容提要:当前苏北经济发展速度变缓,开始从追求数量的增加转变为质量的提升。同时,经济发展与生态环境的矛盾也日益突出。课题分析了苏北高质量发展基础条件和苏北高质量发展存在的问题,在此基础上对苏北经济发展质量与生态环境质量耦合度进行评价,并对苏北经济—环境协调发展的地区差异进行分析,最后提出如下对策建议:第一,加快绿色产业发展,重点发展生态农业,加速传统产业绿色化改造,做大做强生态养生产业;第二,培育绿色发展新动能,做好绿色发展统筹引导,突出绿色产业项目支撑,加快国家可持续发展议程创新示范区申报步伐,深化供给侧结构性改革;第三,支持城镇化绿色发展,贯彻落实绿色发展理念,建立健全区域生态补偿机制,加强环境保护公共服务平台建设,设立苏北环境治理专项基金;第四,加快集聚科技创新要素,大力扶持苏北教育发展,加速科技资源向苏北集聚,加快创新创业载体建设,提高苏北科技园区建设发展水平,实施协同创新战略,优化创新政策环境。第五,加大体制机制创新,建立健全区域环境污染联防联控机制,引入第三方环境污染治理机制,创新绿色政绩考评体系。

苏北地处黄海之滨,海岸线 744 千米,与日本、韩国隔海相望,位于以上海为龙头的长江三角洲地区,处在南下北上、东出西进的重要位置,是中国沿海经济带重要组成部分。苏北处于黄淮平原与江淮平原的过渡地带,地势平坦,区内河网密布,物产丰富,是中国东部沿海地区重要的制造业基地。徐州的煤炭、硅、石膏和石灰石，淮安的岩盐、芒硝和凹凸棒土，以及连云港的水晶、金红石和蛇纹石等都具有良好的开发条件与利用价值，丰富的矿产资源为本区大力发展重化工业提供了重要条件。苏北还拥有海岛动植物资源、海洋生物资源、海水化学资源、海涂资源和海港资源等丰富的海洋资源，是发展海洋产业的物质基础。总之，这些丰富的矿产、海洋资源为苏北的农业、制造业、旅游业、海洋业、交通运输业的发展提供了有力的物质基础。

第一节　苏北高质量发展的基础条件

一、经济实力明显增强

苏北经济社会发展取得较大成绩，在经济总量、综合实力、发展动能转换、城乡面貌和生态环境等方面都取得了较好的改革发展成效。2000—2007 年苏北人均 GDP 一直保持较高的速度增长。2008 年后受国际经济危机、国内外经济形势的影响，增长幅度出现下降，但仍以大于 8.4%的速度保持增长（参见图 1）。2017 年，苏北总体规模呈现持续上升的态势，苏北地区生产总值达 20 268.77 亿元，同比上一年增长 8.4%，人均 GDP 达到 66 934 元，增长 10%。2016 年，在全国 283 个设区市 GDP 排名中，苏北五市全部进入前 100 名；有 7 个县（市）进入全国县域经济与县域基本竞争力百强县（市）。

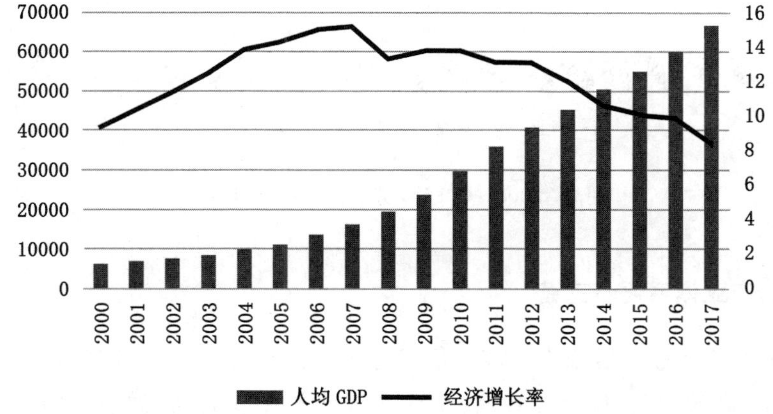

图 1　2000—2017 年苏北人均 GDP 及 GDP 增长率变化

二、产业结构日益合理化

近年来,苏北的产业结构发生了巨大改变。苏北第一、二、三产业所占比例从2000年的26.4∶41.4∶32.2变为10.4∶44.3∶45.3。在2000年到2008年,苏北的第一产业和第三产业的占比波动速度较大,第一产业从2000年的26.4%下降到2008年14.9%,下降11.5个百分点,第二产业从2000年的41.4%上升到2008年的49.8%,上升了8.4个百分点。2008年后第三产业的占比增加速度加快,同时第二产业的占比开始下降,并且下降速度逐步加快,到2016年开始,第三产业超过第二产业,占据主导地位。以服务业和信息科技为代表的第三产业发展迅速,超越了第二产业,苏北的产业结构经历了由"二三一"到"三二一"的转变,产业结构逐步优化。同时农业现代化持续推进,工业经济加快发展,服务业比重不断提高,新能源、新材料、新医药、电子商务等新经济、新产业、新业态发展势头良好。(参见图2所示。)

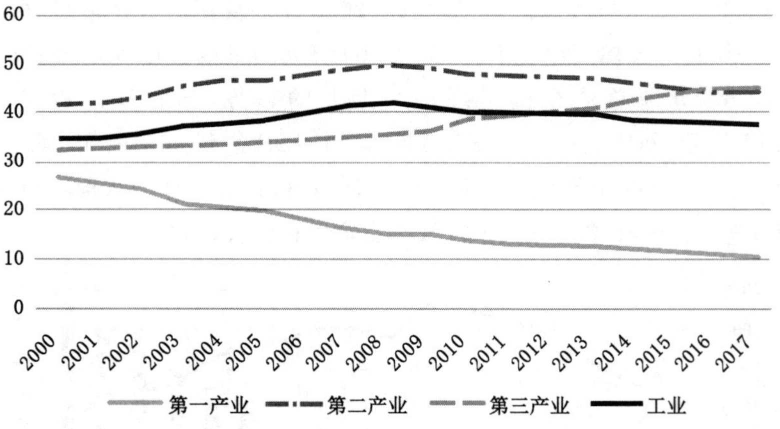

图2 2000—2017年苏北产业结构变化图

三、产业体系逐步完善

(1) 农业产业发展稳定。苏北依托好水、好土、好气候资源禀赋,着力推进优质稻米、高效园艺、规模畜禽、特色水产现代产业发展,并创建全国首个国家级稻米产业融合发展示范区,盱眙龙虾、洪泽湖螃蟹、淮安大米、淮安红椒、黄瓜、黑猪、高邮双黄蛋等蜚声海内外,产业特色日益凸显。农业和农村经济中的薄弱环节得到加强,综合生产能力不断提高,成为江苏越来越重要的优质农产品生产基地。2016 年，苏北农业增加值占江苏省第一次增加值的 45.35%，粮食、棉花、水果、蔬菜等主要农产品产量均有不同程度的增长。农业结构调整进一步优化，并在此基础上，形成了一批各具特色、具有品牌效应和产业集聚力的优势农业产业群。

(2) 工业主导型的产业结构已经初现端倪。2016 年，苏北第二产业增加值占比达到 37.4%，稳步上升。建设苏北，既是建设“绿水青山”，也是造“金山银山”，更应该强调以生态为前提和底色，更好地优化工业发展路径和模式。比如近几年淮安的半导体产业已具有一定规模，未来则要“集聚”“提升”新能源产业。

(3) 第三产业发展迅速。在国民经济增长中，第三产业的增长速度是快速的。其中发展速度较快的是交通运输仓储及邮电通讯业、批发零售贸易及餐饮业和房地产业。同时，商业和生活服务业等传统第三产业繁荣活跃，金融、保险、旅游、信息服务等现代第三产业蓬勃发展。2016 年苏北第三产业占全省第三产业增加值的 26.36%，显现出强劲的增长态势。交通运输、仓储及邮电通讯业，批发和零售贸易、餐饮业等传统行业也快速发展。随着第三产业的快速发展，社会劳动力向第三产业转移也随之加快。

四、工业向产业园区集中

随着苏北发展战略的实施，各类经济开发区（产业园区）蓬勃发展，以产业基础和资源优势为核心，优质资源逐步向优势企业集中。近年来，苏北产业园区紧紧围绕装备制造、新能源汽车及零部件、电子信息、生物医药、特色化工、绿色食品、新能源、新材料等产业发展为主攻方向，充分依托比较优势，产业发展逐步从“捡到篮子都是菜”的粗放型向注重成长性、集约型转变，由小而散向大而强转变，多元化、特色化、集约化的新型产业发展格局初步显现，初步形成了以淮安经济开发区、宿迁经济开发区等国家级开发区为核心的 22 家省级以上工业园区。各县区都根据各自的区位资源优势，大力推动工业园区建设，形成了各有特色、相对集中、较为合理的工业布局。在 22 家省级开发园区中，有 6 家国家级开发区园区、16 家省级开发园区。重点产业的空间布局得到合理的调整，形成不同类型的产业集聚。经济开发园区的建设加速了产业集聚的发展进程。通过开发园区的专业化分工、规模化集聚、社会化服务和规范化管理，促进产业集聚由分散、初级的工业结构向高加工度化、高附加值化和高技术化演进，以实现跨越化发展，提高国内、国际竞争力。苏北产业园区紧紧围绕园区的重点项目、重点企业和优势产业,组织开展工业园区产业对接和产业招商活动,加强产业协作配套,积极引进主导产业的上下游配套项目。重点是对一些产业链条不完善的环节加强引进关键企业、关键项目,促成产业链条式延伸、企业集聚式组合。一是加强园区与园区之间的协作配套。根据园区产业发展层次以及地理位置情况,进行产业资源优化组合,加强相互之间的协作配套,实行错位发展战略。如淮安经济开发区可以加强与淮安工业园区以及清河经济开发区、洪泽经济技术开发区的配套协作,充分利用国家级开发区已有的产业优势,进行产业协作配套。二是加强产业与产业之间的协作配套。根据行业特点以及产业延伸发展的自身需求,加强大产业链条各个环节之间的协作配套,促进相关产业共同发展。如淮安经济技术开发区与淮安高新经济开发区有关盐化工新材料产业之间的协作配套。三是加强企业与企业之间的协作配套。引导布局分散的配套型中小企业加速集中到统一规划的产业带内,鼓励企业分别向产业链上下游的方向延伸,通过产品结构的调整形成前后关联,形成竞争、合作与互动的联结模式,使企业共享基础设施和公共服务,加快生产要素的集聚和资源的优化配置,加强企业之间的生产协作,不断扩大产业规模。表 1 列出了苏北重点开发区的情况。

表 1 苏北重点开发区情况

开发区名称	地区	级别	面积	产业定位
淮安经济技术开发区	淮安	国家级	166 平方千米	IT、盐化工新材料、特钢和机械
宿迁经济技术开发区	宿迁	国家级	48.51 平方千米	智能家电、食品饮料、光电产业、纺织服装、装备制造、机械电子
沭阳经济技术开发区	宿迁	国家级	24.5 平方千米	智能机械、装备制造、高新电池、纺织服装、电子信息产业
淮安高新技术产业开发区	淮安	国家级	33.4 平方千米	电子信息、中高端机械装备制造、新能源汽车及零部件、食品加工、机电科技、盐硝加工
徐州经济技术开发区	徐州	国家级	293.6 平方千米	工程机械、清洁技术、新能源汽车、健康产业
连云港经济技术开发区	连云港	国家级	126 平方千米	新能源、新材料、新医药

表 1(续)

开发区名称	地区	级别	面积	产业定位
盐城经济技术开发区	盐城	国家级	200 平方千米	汽车、物联网、云计算、智能制造、光伏光电
徐州高新技术产业开发区	徐州	国家级	180 平方千米	车辆制造、工程机械、电子电器、现代服务业
连云港高新技术产业开发区	连云港	国家级	80 平方千米	智能制造装备、大健康、软件与信息服务
盐城高新技术产业开发区	盐城	国家级	116 平方千米	智能终端、高端装备、新能源
宿迁高新技术产业开发区	宿迁	国家级	50 平方千米	新材料、装备制造、食品饮料
淮安综合保税区	淮安	国家级	492 公顷	电子信息、高档色纺、商贸物流
江苏淮安经济开发区	淮安	省级	53 平方千米	精密机械、IT、盐化工、精细化工、针纺服装、建材
江苏淮安工业园区	淮安	省级	58 平方千米	智能制造、科技环保、高端木制品
江苏淮安清河经济开发区	淮安	省级	201.93 公顷	软件、光伏、光电、食品
江苏洪泽经济开发区	淮安	省级	250.01 公顷	机械电子、纺织、新能源、新材料
江苏涟水经济开发区	淮安	省级	250 公顷	纺织服装、医药医疗、机械装备
江苏盱眙经济开发区	淮安	省级	250 公顷	新能源、新材料、装备制造
江苏金湖经济开发区	淮安	省级	250.44 公顷	装备制造、自动控制系统、新能源
江苏建湖高新技术产业开发区	盐城	省级	23 平方千米	石油机械、汽车及零部件、通用航空
江苏徐州泉山经济开发区	徐州	省级	32 平方千米	新技术产业和工程机械装备制造业
江苏徐州工业园区	徐州	省级	13.8 平方千米	机械电子、精细化工、新型建材
江苏铜山经济开发区	徐州	省级	6.25 平方千米	冶金、工程机械配件、建材、物流
江苏徐州云龙经济开发区	徐州	省级	5.62 平方千米	医药、软件与信息服务业
江苏邳州经济开发区	徐州	省级	80.08 平方千米	煤化工产业、电子化学品产业、高端装备制造

表1(续)

开发区名称	地区	级别	面积	产业定位
江苏新沂经济开发区	徐州	省级	60平方千米	先进制造业、精细化工、绿色食品、资源深加工、纺织服装生产、节能环保产业、生物医药产业
江苏睢宁经济开发区	徐州	省级	31.2平方千米	白色家电、皮革皮具、纺织服装、电子机械
江苏徐州空港经济开发区	徐州	省级	1.8平方千米	航天航空、新能源新材料、高端装备制造
江苏丰县经济开发区	徐州	省级	11.7平方千米	盐化工、机械铸造、电动车、食品和农副产品加工
江苏沛县经济开发区	徐州	省级	52.6平方千米	煤化工、盐化工、铝加工、农副产品加工、纺织服装
江苏沛北经济开发区	徐州	省级	1.23平方千米	盐化工、铝加工、农副产品加工
江苏赣榆经济开发区	连云港	省级	73.8平方千米	钢铁制品、生物医药、汽车零配件、新材料、服装玩具
江苏赣榆海洋经济开发区	连云港	省级	16.8平方千米	水产品深加工、机械电子制造
江苏连云经济开发区	连云港	省级	42.7平方千米	食品加工、塑料包装、矿产品加工、机械制造、服装加工
江苏海州经济开发区	连云港	省级	28平方千米	高端装备制造、新能源、新医药
江苏东海经济开发区	连云港	省级	30平方千米	硅资源加工、机械制造、新材料、新能源
江苏灌云经济开发区	连云港	省级	40平方千米	机电加工、医药加工、纺织服装加工、轻工食品
江苏连云港化学工业园区	连云港	省级	9.72平方千米	染料、农药、医药、钢铁
江苏灌南经济开发区	连云港	省级	30平方米	金属精加工、电子汽配、机械制造
江苏大丰经济开发区	盐城	省级	51平方千米	风电产业、电子信息、生命科学
江苏大丰港经济开发区	盐城	省级	200平方千米	新能源、石化与新材料、新型医药、冶金及机械制造、木材及农产品加工

表 1(续)

开发区名称	地区	级别	面积	产业定位
江苏亭湖经济开发区	盐城	省级	40 平方千米	LED 及新光伏能源、汽车配件及先进制造装备、电子技术及 IT 产业、轻工食品
江苏阜宁经济开发区	盐城	省级	48.87 平方千米	风电装备、光电光伏、机械电气、轻工食品
江苏响水经济开发区	盐城	省级	16 平方千米	纺织、服装、机械、电子、医药
江苏滨海经济开发区	盐城	省级	27.6 平方千米	流体装备、医药、电子、纺织服装和新能源、新材料
江苏建湖经济开发区	盐城	省级	30.7 平方千米	绿色照明、机械制造、新材料、光机电一体化、节能与环境保护、生物医药
江苏东台经济开发区	盐城	省级	76 平方千米	不锈钢、浮法玻璃、电工钢
江苏射阳经济开发区	盐城	省级	23.8 平方千米	纺织、机械、食品、电子
江苏射阳港经济开发区	盐城	省级	300 平方千米	健康产业、新型建材、新能源及其装备、物流
江苏宿城经济开发区	宿迁	省级	41.69 平方千米	纺织服装、绿色建材、智能电网、激光产业
江苏泗洪经济开发区	宿迁	省级	35 平方千米	电子信息、机械制造、塑膜新材料、食品加工和纺织服装
江苏泗阳经济开发区	宿迁	省级	22 平方千米	纺织服装、木材加工、电光源、电子科技、新能源、机械制造、纸业包装

三、社会发展不断进步

2000 年至 2017 年苏北城镇居民、农村人均可支配收入明显提高。城镇居民家庭人均可支配收入从 2000 年的 6 611 元增加至 2017 年的 31 007 元，是原来的 4.7 倍；农民人均纯收入从 2000 年的 3 132 元增加至 2017 年的 16 501 元，是原来的 5.3 倍。无论是城镇居民还是农民的收入水平都出现了大幅度的增长。2015 年底，农村低收入人口整体实现 4 000 元脱贫目标。基础教育均等化水平、医疗卫生服务能力不断提高，社会救助体系日趋健全，社会保障水平稳步提升。(参见图 3 所示。)

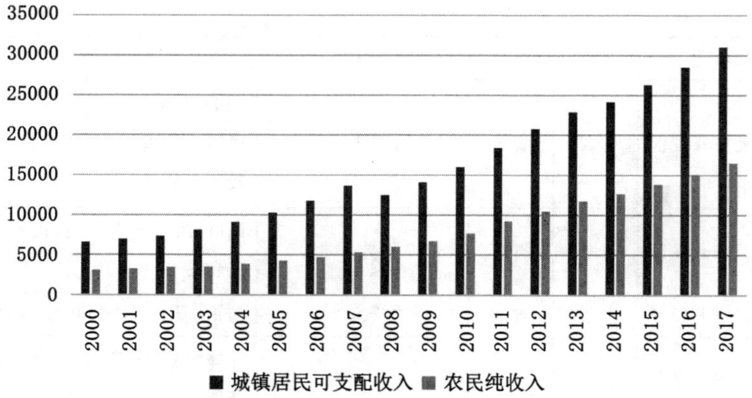

图 3　2000—2017 年苏北城镇居民与农民收入变化图

六、环境保护初见成效

盐城市、盐城市大丰区、东海县、沭阳县等 4 个国家可持续发展实验区建设扎实推进,东台市国家级海洋生态文明示范区建设成效明显。徐州市荣获国家生态园林城市、环保模范城市、中国人居环境奖。连云港市成功创建国家园林城市、绿化模范城市。淮安市获批国家低碳试点城市、生态文明先行示范区。盐城市获批全国绿色发展优秀市、绿色化示范城市、绿色模范城市。宿迁市荣获中国最具生态竞争力城市、中国人居环境奖、绿色模范城市。

自然资源为人类社会的生存和发展提供了物质基础,人类的经济发展离不开自然资源。随着经济的不断发展,人类社会对自然资源的需求越来越大,然而自然资源的储量是有限的,人类不能无节制地向自然索取资源。同时传统经济增长方式主要依靠消耗传统能源和矿产资源,走的是高能耗、高污染的发展路径,这种发展路径给生态环境带来了严重的负反馈效应。高能耗高污染行业的发展带来了能源承载力的下降和环境污染。当前,苏北资源总量已经面临枯竭,存在严重的环境污染问题,其中主要集中在工业三废等污染问题上。

水污染状况。苏北水污染主要有两大方面——工业废水以及生活污水。工业废水方面,如图 4 所示,从 2008 年到 2017 年苏北五市工业废水排放量总体呈现先升后降趋势,2008 年到 2011 年呈现上升趋势,2011 年到 2017 年呈现下降趋势。从地区来讲,苏北五市地区无论是排放规模还是波动程度地区间差异比较大。排放规模最大的是盐城市,从 2008 年的 8 652 万吨上升到 2011 年的 20 449 万吨,到 2017 年下降到 1 103 万吨,无论是规模还是波动程度,均居苏北五市之首。徐州市工业废水排放量规模和波动程度也比较大，从 2008 年的 9 100 万吨上升到 2012 年的 16 050 万吨，到 2017 年下降到 3 347 万吨。淮安从 2008 年到 2017 年工业废水排放量开始有波动，但总体呈现下降趋势，从 2008 年的 9 513 万吨下降到 2017 年的 3 690 万吨。连云港和宿迁两市工业废水排放量从 2008 年到 2017 年波动比较小，略有上升。

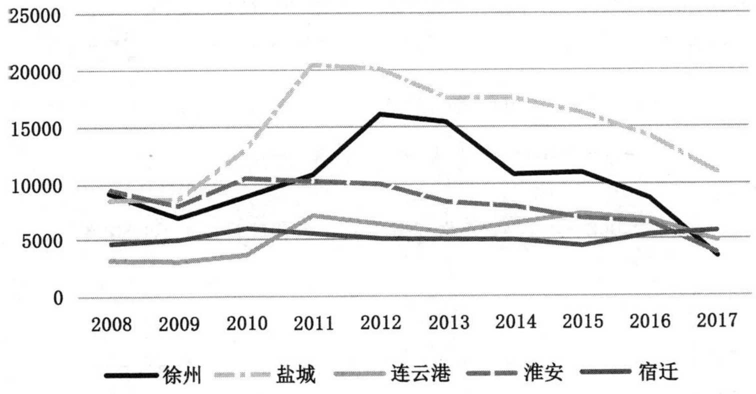

图 4　2008—2017 年苏北五市工业废水排放总量变化图

二氧化硫排放状况。二氧化硫是大气污染的主要成分，苏北二氧化硫排放主要有两大方面——工业二氧化硫和生活二氧化硫。如图 5 所示，2008 年到 2017 年苏北五市工业二氧化硫排放量除徐州市外，其他四市呈现小幅波动，呈现先升后降趋势，徐州市工业二氧化硫排放规模比较大，而且呈现先降后升再降波动状态。2008 年徐州、盐城、连云港、淮安、宿迁五市分别为 125 875 吨、29 279 吨、33 565 吨、44 790 吨、19 296 吨，到 2017 年分别下降到 60 172 吨、19 180 吨、18 160 吨、18 258 吨、13 634 吨，其中徐州市下降幅度最大，下降了 65 703 吨。

工业粉尘也是大气污染的主要成分，如图 6 所示，苏北工业粉尘 2008 年到 2017 总体呈现先升后降趋势，但地区间也有较大差异。徐州无论从规模上还是在波动程度上，均有较大的变化。2008 年徐州粉尘排放量为 22 262 吨，居苏北 5 市之首，是规模最小的宿迁 2.8 倍，到 2017 年粉尘排放量为 44 761 吨，尽管比 2016 年有所下降，但仍然是 2008 年 2 倍。盐城、连云港、宿迁三市工业粉尘排放量同样经历了先升后降，但到 2017 年工业粉尘排放量仍然高于 2008 年水平。淮安在 2008 年工业粉尘排放量仅次于徐州，排放量为 20 562 吨，但到 2017 年排放量仅为 7 225 吨，远低于 2008 年水平，在苏北处于最低水平。

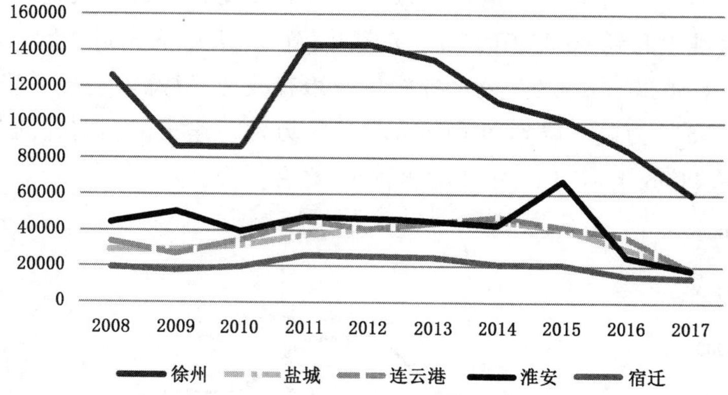

图 5 2008—2017 年苏北五市工业二氧化硫排放总量变化图

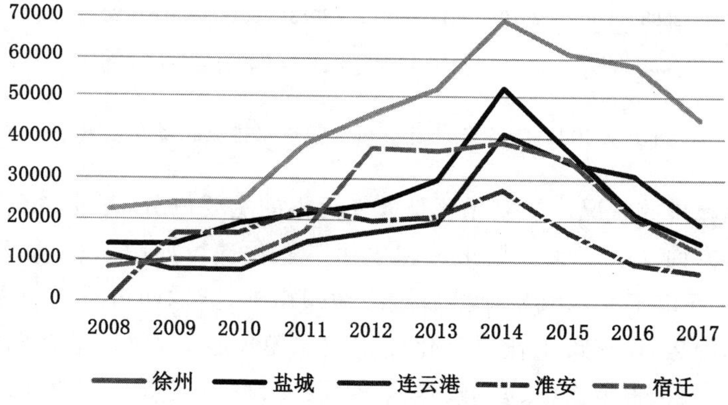

图 6 2008—2017 年苏北五市工业粉尘排放总量变化量

综上所述,苏北工业三废的排放趋势分别呈现出三种不同趋势,但总体呈现倒“U”形,工业废水排放量倒“U”形比较明显,呈现先升后降趋势。工业废气排放则是缓慢的波动增加,后降趋势不是很明显,说明当前环境污染的严峻性很大程度上与工业废气排放的增加有关。主要原因可能是苏北的工业发展很大程度上依赖煤炭、石油等燃料,产生的二氧化硫以及工业烟尘等污染物,不仅造成空气污染,同时形成酸雨、雾霾等二次间接污染。随着工业固体废弃物利用率的提高,工业固体废弃物排放量则是逐年递减。

第二节 苏北高质量发展存在的问题

一、发展方式呈“粗放型”

苏北正处于经济快速发展时期，资源生态环境保护的形势日趋严峻，之前粗放式发展之路已不适应当前的形势。如何处理好经济发展与自然资源合理利用、经济发展与自然环境保护之间的矛盾，改变粗放落后的发展方式，解决布局分散现状，促进产业集群化发展，实现产业发展的规模效应，将是破解制约苏北社会经济发展的重要问题。由于缺乏区域功能定位和布局的科学统筹规划，导致苏北的产业布局分散零乱，优势产业区域性集中程度有待提高。从集群的整体水平上来看，苏北的高端装备制造、新材料、轻纺业、高效绿色农业、现代服务业的产业集群程度仍不高，重点产业有“点”缺“面”，集群发展特色不明显。产业布局分散将进一步影响苏北的资源高效利用，导致苏北的土地资源得不到集约利用、浪费严重，且同类企业分布于不同工业园区，使得企业之间难以实现信息与技术资源的同享，环境污染得不到集中治理，严重破坏生态环境，不利于实现产业的规模效应和可持续发展。

苏北经济增长仍然靠要素投入和投资拉动，传统的经济增长方式没有得到根本改变，高能耗、高污染、高排放、低附加值的“三高一低”现象比较明显。工业废水排放量、固定废弃物排放量、二氧化硫和氮氧化物排放强度明显高于全省平均水平。工业园区布局相对分散，产业技术层次普遍较低，“短、平、快、小”工业项目偏多，“村村点火、户户冒烟”在一些市县还不同程度地存在，低水平铺摊子的传统发展思维没有根本改变。

二、产业结构呈“黑色型”

目前，苏北以传统产业为主的结构仍然未发生根本性改变。传统产业比重大，服务业尤其生产性服务业比重低，高新技术产业和战略性新兴产业发展不足。主导产业优势不显现，特别是具有广阔市场前景和增长潜力的高新技术产业总值规模小，比重低，缺乏对经济增长的整体带动作用。现有产业结构水平比较低，产业结构基本上仍属于劳动密集型、资源消耗型，不符合苏北生态优先，绿色发展的产业发展定位。一是三次产业发展不协调与产业内部失衡并存。2016 年苏北五市中除淮安外其余市产业结构呈现“二三一型”，表明苏北经济发展主要依赖工业，现代服务业发展滞后，产业结构具有较大的优化空间。二是传统产业所占比重较大，高技术产业发展缓慢，产业层次低。苏北以低端的劳动密集型低附加值的产业为主，原料加工型、劳动密集型产业为主，原料加工型、劳动密集型行业所占比重过大，生产出的中间产品、一般产品和低附加值产品过多，高端、高质、高效的高新技术产品相对短缺。现代装备制造业、现代服务业、新一代信息技术等战略性新兴产业尚未形成规模，产业集群规模化效益远未实现。装备制造业成套产品少，加工精度、可靠性、自动化程度和国际先进水平相比差距大。三是产业竞争力低，市场份额少。面对国内外经济形势的新变化，苏北产品竞争力明显缺乏，市场份额少，高附加值、高技术含量的比重偏低。企业生产的产品多处于产业链低端，产品附加值较低，产品结构不合理，不符合未来产业绿色转型发展的方向。

苏北传统的高污染行业仍占主导地位，造纸、化工、印染、酿造、食品、冶炼等6类重污染行业产值约占工业总产值的三分之一，其污染物排放量却占到工业总排放量的55%以上。2017年苏北第三产业产值仅占全省20.87%。高端生产性服务业与战略性新兴产业发育程度不高，高新技术产业实现产值仅占全省19.64%。传统农业粗放式增长特征明显，部分行业产能过剩严重的结构性矛盾突出，现代服务业占比小。

三、生态环境呈“污染型”

苏北地处长江北部，在工业化之初，都以牺牲环境为代价来提高经济效益，集中了许多资源依赖型产业，如化工、建材等。这些产业布局不仅增加了水污染的风险，同时还造成大气污染和土壤污染，而环境治理未能跟上，导致苏北的环境污染日益恶化。一方面，苏北产业多依靠自然资源的粗加工，矿产、植物、生物资源的过度开采给流域生态带来极大的破坏。另一方面，出于发展经济的需求，承接了经济发达地区大量高污染、高耗能的低端产业，致使原有生态机制被打破，可能进一步引发生态危机。加之地方政府仅以经济增长为政绩考核指标的短视行为，使苏北生态保护工作推进缓慢。目前，苏北应重点突出绿色发展、低碳发展和循环发展，加强生态屏障功能建设，人为改善以上几类产业布局，严控高污染产业，淘汰落后产能，促进苏北生态保护和苏北可持续发展。

目前，苏北水质总体质量不高，部分地区地表水有恶化趋势，洪泽湖、骆马湖等主要湖体存在富营养化现象，南水北调东线水质全面稳定达标形势严峻。

大气环境质量不容乐观，工业粉尘、烟气和有毒有害废弃治理水平有待提升。工业园区尤其是化工园区有机废气污染较重。部分排污口邻近海域环境污染严重，沿海浅滩水体呈富营养化，滩涂植被总体处于亚健康状态。农村人居环境还有待于进一步改善，农业面临的污染问题突出。

苏北地区能源结构仍以煤为主，清洁能源的供求在增长，但增长缓慢，距离国家、省目标还有较大差距。能源强度有所下降，但仍偏高，养殖总量和种植强度较大，生产方式较为粗放。产业布局分散，土地资源浪费严重，煤炭利用方式粗放、污染重、资源利用效率偏低，单位国土面积 COD 和氨氮排放强度等指标均处于较高区间。

四、体制机制呈"僵化型"

以 GDP 为核心的政绩观和考评体制尚未转变，创新、民生、人文、环境等指标还没有成为引领发展的方向标。环境管理不灵活、方法单一、手段粗暴，缺乏公众参与。生态环境质量监督评估机制与政府的环境质量责任主体不匹配的矛盾突出，对环境问责机制未建立，生态环保建设未占主导作用。政府环境保护和公共服务职能亟待加强，社会中介组织发育不够充分，行政管理体制改革相对滞后。

第三节　苏北经济发展质量与生态环境质量耦合模型的构建

以高质量发展为最终目标，分析苏北经济发展与生态环境质量之间的耦合协调发展关系，构建一套符合现实、容易操作的综合评价指标至关重要。本课题根据经济发展与生态环境两大系统之间的相互作用关系以及现相关指标的基础上，制定了较为完善的经济发展与生态环境质量评价体系。同时，进一步运用综合评价模型、耦合度模型和耦合协调度模型等研究当前苏北经济发展与生态环境的综合评价指数及二者协调发展状况，希望能为促进二者耦合协调发展，为实现苏北经济社会可持续发展起到一定的借鉴和指导作用。

一、指标的选择依据

课题在构建经济发展与生态环境综合评价时，考虑到经济发展与生态环境系统的复杂性以及系统内部各个要素之间的相互作用和相互影响，把经济发展与生态环境系统各看作一个整体。在此基础上,以最大程度能够反映两者系统之间的耦合协调关系为目标选取子系统评价指标。同时,在指标的选取过程中遵循以下原则:

1. 整体性和一致性原则

综合评价指标要有系统性思维,尽量综合全面,充分考虑系统各个要素对整体的影响。同时为了能够更好地反映经济发展与生态环境的发展状况,需要保证指标的选择与对应的系统保持一致性,充分体现生态环境与经济发展的实质。

2. 科学性和客观性原则

从科学性和客观性出发,以经济一环境系统的协调发展、高质量发展为目标,综合指标的构建需要能够客观、准确、真实地反映经济发展与生态环境的现实状况。同时在数据的处理过程中,需要保证科学可靠性,数据来源确切。

3. 数据可获得性和可操作性原则

在指标的选取过程中需要考虑数据可获得性以及数据的可操作性,需要考虑指标在不同年份统计过程中的口径问题,以及各地区之间的统计的侧重点。由于涉及不同地区的数据,在指标的选取上需要考虑数据的缺失性,尽量选择各地区共同拥有的指标进行分析。

4. 代表性和动态性原则

经济与环境始终是动态发展变化着的,因此指标的选择需要具有代表性,充分考虑两者之间的动态变化过程。不仅需要把握现有的变化规律,而且对未来具有一定的导向作用。

二、指标综合评价体系构建

目前,对于经济发展与生态环境耦合关系的评价体系研究成果丰富,但仍没有形成比较统一的标准。因此,基于前人的研究成果,同时结合苏北的实际情况,以数据可获取为基本选取依据,分别构建苏北经济发展质量、生态环境质量的综合评价指标体系。经济发展质量系统评价指标体系从经济活力、生活水平、产业结构和技术进步四方面选取。(参见表 2 所列。)

(1) 经济活力方面,主要包括以下指标:经济增长率、人均 GDP、固定资产投资额、地方财政收入、城镇化水平。

(2) 生活水平方面,主要包括以下指标:社会消费品零售总额、城镇居民可支配收入、农村居民可支配收入、地方财政支出、居民消费价格指数。

(3) 产业结构方面,包括以下指标:第一产业所占比重、第三产业所占比重、轻工业所占比重、重工业所占比重。

(4) 技术进步方面,包括以下指标:专利授权量、科技费用、教育支出。

表 2 高质量发展综合评价体系

一级指标	二级指标	指标性质
经济活力	经济增长速度	正指标
	人均 GDP	正指标
	固定资产投资额(亿元)	正指标
	地方财政收入(亿元)	正指标
	城镇化水平(%)	正指标
生活水平	社会消费品零售总额(亿万)	正指标
	城镇居民可支配收入(元)	正指标
	农村居民纯收入(元)	正指标
	地方财政支出(亿元)	正指标
	居民消费价格指数(%)	负指标
产业结构	第一产业所占比重(%)	负指标
	第三产业所占比重(%)	正指标
	轻工业所占比重(%)	负指标
	重工业所占比重(%)	正指标
科技进步	专利授权量(项)	正指标
	科技费用(亿元)	正指标
	教育支出(亿元)	正指标

生态环境质量评价指标体系从生态环境水平、生态环境压力、生态环境保护三个方面选取。

(1) 生态环境水平。生态环境水平要反映该地区现阶段的环境状态,主要包括以下指标:人均公共绿地面积、建成区绿色覆盖率。

(2) 生态环境压力。生态环境压力反映自然环境在受到来自社会各方面的外部性压力,在社会发展过程中环境承受的来自各方面的压力。主要包括以下指标:人口密度、单位 GDP 工业废水排放量、单位 GDP 工业二氧化硫排放量、单位 GDP 工业烟尘排放量。

(3) 生态环境保护。生态环境保护应能够反映政府对环境保护的重视程度，以及全社会在节能减排上的积极性，它对生态环境质量改善具有重要意义。这里主要选取政府环保资金投入各项指标：环境污染治理投资占 GDP 比重、工业固体废物综合利用率、生活垃圾无害化处理率以及二氧化硫去除量。

表 3　生态环境综合评价体系

一级指标	二级指标	指标性质
生态环境水平	建成区绿化覆盖率(%)	正指标
	人均公共绿地面积(公顷/万人)	正指标
生态环境污染	单位 GDP 工业废水排放量(吨/万元)	负指标
	单位 GDP 工业二氧化硫排放量(吨/万元)	负指标
	单位 GDP 工业烟尘排放量(吨/万元)	负指标
生态环境保护	二氧化硫去除量(吨)	正指标
	环境污染治理投资额占 GDP 比重(%)	正指标
	工业固体废物综合利用率(%)	正指标
	生活垃圾无害化处理率(%)	正指标

第四节　苏北经济发展质量与生态环境质量耦合度评价

一、评价方法

数据的标准化。数据的标准化是指将数据按照一定的比例缩放，把它放在一个比较小的特定空间内。通过数据的标准化可以去除不同单位或量纲的限制，在此基础上方便对不同类型的数据进行处理单位限制，这里采用归一化处理，把数据指标映射到[0,1]的区间之中。

这里采用极差法对指标进行标准化去量纲。

(1) 对评价指标进行标准化，以处理消除各个指标间不同单位和不同度量的影响，得到各指标的标准化数据矩阵。原始矩阵由 2000—2017 年 $n(n=18)$ 个研究单元 D 和 m 个评价指标构成。运用极差标准化方法，分别进行处理正向指标和负向指标，把初始数据归一到[0－1]之间。

一般用 d_{ij} 表示第 i 个评价对象第 j 个指标的功效系数，并以 $M_j=\max\limits_i\{x_{ij}\}$ 作为 j 个指标的满意值，$m_j=\min\limits_i\{x_{ij}\}$ 作为 j 个指标的不允许值，对正指标而言，则 $d_j=\dfrac{x_{ij}-m_j}{M_j-m_j}$。$0\leqslant d_{ij}\leqslant 1$，$x_{ij}$ 离最佳值 M_j 越近，d_{ij} 越接近于 1，反之，越接近于零。

(2) 分别计算 n 个被评价对象在第 j 项指标下取值的比重 $p_{ij}=x_{ij}/\sum\limits_{i=1}^{n}x_{ij}$。

(3) 计算第 j 项指标的熵值。$e_j=-k\sum\limits_{i=1}^{n}p_{ij}\ln p_{ij}$（取 $k=1/\ln n$，为常数），当所有被评价对象在 j 项指标上的取值 $x_{ij}(i=1,2,\cdots n)$ 完全相等，没有差异时，各评价对象在 j 项指标下取值的比重相等，即 $p_{ij}=1/n$，此时，第 j 项指标的熵值取到最大值，即 $e_j=k\ln n=1$；当被评价对象在指标 j 下的取值差异越大，即 $p_{ij}(i=1,2,\cdots n)$ 的差别越大，则相应的熵值越小。

(4) 计算指标 x_j 的差异性系数。对于第 j 项指标，各评价对象的指标值 x_{ij} 的差异越大，熵值 e_j 就越小，该指标对综合评价的作用就越大。因此定义差异性系数 $g_j=1-e_j$。

(5) 确定指标权重。对各评价指标的差异性系数进行归一化处理，即得各指标的权重系数：$w_j=\dfrac{g_j}{\sum\limits_{j-1}^{m}g_j}$。

二、数据来源说明

本文先从苏北作为整体的角度出发，分别计算其经济发展质量与生态环境质量系统的综合指数。同时，分别以苏北五市作为研究对象，从时间和区域两个维度来分析各自的差异性。本文选取 2008—2018 年的数据进行分析，数据出自各年份的《中国城市统计年鉴》《江苏统计年鉴》以及各个城市的《统计年鉴》。

三、指标评价权重确定

在对数据进行标准化后，根据熵值法的计算方法，得到各个指标的权重（见表 4）。

表 4　各指标权重计算结果

变量	指标名称	权重
X1	经济增长速度	0.045
X2	人均 GDP	0.042
X3	固定资产投资额(亿元)	0.056
X4	地方财政收入(亿元)	0.078
X5	城镇化水平(%)	0.026
X6	社会消费品零售总额(亿万)	0.078
X7	城镇居民可支配收入(元)	0.038
X8	农村居民纯收入(元)	0.037
X9	地方财政支出(亿元)	0.083
X10	居民消费价格指数(%)	0.028
X11	第一产业所占比重(%)	0.014
X12	第三产业所占比重(%)	0.042
X13	轻工业所占比重(%)	0.029
X14	重工业所占比重(%)	0.027
X15	专利授权量(项)	0.103
X16	科技费用(亿元)	0.099
X17	教育支出(亿元)	0.085
X18	建成区绿化覆盖率(%)	0.108
X19	人均公共绿地面积(公顷/万人)	0.109
X20	单位 GDP 工业废水排放量(吨/万元)	0.099
X21	单位 GDP 工业二氧化硫排放量(吨/万元)	0.128
X22	单位 GDP 工业烟尘排放量(吨/万元)	0.117
X23	二氧化硫去除量(吨)	0.124
X24	环境污染治理投资额占 GDP 比重(%)	0.112
X25	工业固体废物综合利用率(%)	0.108
X26	生活垃圾无害化处理率(%)	0.093

四、构建苏北经济发展与生态环境质量耦合协调模型

1. 耦合度模型及判断标准

耦合度模型:

$$C=\left\{\frac{U_1U_2U_3\cdots U_m}{\prod(U_i+U_j)}\right\}^{\frac{1}{m}}$$

这里，U_i 是子系统的综合评价指数值，本文中分别表示经济发展质量和生态环境质量。根据上面的耦合度的定义，可以得到经济发展和生态环境质量的耦合度：

$$C=2\sqrt{\frac{U_1U_2}{(U_1+U_2)^2}}$$

其中 C 为耦合度，耦合度处于[0,1]之间。耦合度越大，表示两个系统之间的发展越协调；耦合度越小，表示两个系统之间的发展越不协调，关联性越小；当 U_1 和 U_2 同时为 1 的时候，两个系统之间达到最佳耦合状态。考虑到耦合度的两个极值，可将耦合度 C 分为以下几种类型：当 $C=0$ 时，系统耦合度极小，系统之间处于无关状态且向无序方向发展；当 $C\in(0,0.3)$ 时，"经济－环境"系统处于较低水平的耦合阶段，当 $C\in(0.3,0.5)$ 时，"经济－环境"系统处于耦合拮抗阶段；当 $C\in(0.5,0.8)$ 时，"经济－环境"系统的耦合进入磨合阶段，两者开始良性耦合；当 $C\in(0.8,1.0)$ 时，"经济－环境"系统处于高水平的耦合阶段；当 $C=1$ 时，"经济－环境"系统的耦合度达到最大，各系统之间处于有序互相关联状态。当然可能由于政策原因，系统之间的耦合度可能会退化到以前的耦合阶段。

2. 耦合协调模型及判断标准

耦合度可以表示经济发展与生态环境质量系统之间的耦合协调程度，当两者发展不一致的时候，可能会出现虽然整个系统的耦合度比较高，但两者子系统各自的发展水平都处于较低的水平，计算出来的耦合度只能代表两者之间的相互作用，无法反映两者之间的相对发展水平。本研究中，引入生态环境与经济发展耦合协调度模型：

$$D=(C\times T)^{0.5}$$

其中，D 为耦合协调度，C 为耦合度，$T=0.5(U_1+U_2)$ 为经济发展与生态环境质量的综合评价指数，本文认为在社会发展过程中经济与环境起着一样的作用，生态环境为发展经济提供物质基础及保障，反过来，经济发展的作用是为改善环境提供了更多的支持。耦合协调度模型可以评价经济发展过程中与环境的耦合协调发展水平，但却不能反映两者之间的相对发展状况。因此，加入两者之间的相对发展系数：

$$E=\frac{U_1}{U_2}$$

其中,$C\in(0,1)$协调度可以分为以下四个类型:$C\in(0,0.3)$时系统为极度失调的耦合;$C\in(0.3,0.5)$时系统为低度协调的耦合;$C\in(0.5,0.8)$时系统为中度协调的耦合;$C\in(0.8,1)$时系统为高度协调的耦合。

第五节　苏北经济发展与生态环境质量的耦合协调关系

一、苏北经济环境协调发展的时序分析

根据表5计算的各个指标的权重,分别计算出苏北经济发展质量与生态环境质量两个子系统2008—2017年的综合评价指数。并根据耦合度模型与耦合协调度模型计算得到苏北经济－环境系统的耦合度和耦合协调度(参见表5所列)。

表5　2008—2017年苏北经济－环境综合评价指数及耦合度、耦合协调度

时间	经济发展质量综合指数	生态环境质量综合指数	耦合度	耦合协调度
2008	0.078	0.114	0.799	0.396
2009	0.154	0.127	0.956	0.459
2010	0.232	0.138	0.999	0.496
2011	0.266	0.149	0.999	0.499
2012	0.346	0.176	0.980	0.534
2013	0.445	0.206	0.929	0.549
2014	0.525	0.208	0.911	0.584
2015	0.638	0.213	0.867	0.607
2016	0.717	0.215	0.841	0.627
2017	0.787	0.221	0.827	0.648

二、经济发展质量与生态环境质量综合水平分析

1. 经济发展

从表5可以看出,2008年到2017年,苏北经济发展质量的动态演变规律大致呈现平稳上升的趋势。从2008年的0.078到2017年的0.767,发展速度快。

其中，大致可以分为两个阶段。(1) 2008—2010 年，经济发展质量从 2008 年的 0.078 到 2010 年 0.232，在该阶段，地区的整体经济基础处于较低水平，发展不平衡，因此整体发展速度一般。(2) 2011—2017 年。2008 年由于受到全球金融危机的冲击，2008—2009 年整体经济质量综合指数与 2007 年没有发生明显的增长，其中 2008 年为 0.078，2009 年为 0.154。由于江苏对苏北政策的扶持及苏北地区积极推动工业化、基础设施建设、城市化建设，在 2010 年以后，苏北经济较第一阶段以更快的速度发展。在该阶段苏北积极响应产业结构的要求，通过产业结构的调整、技术水平的提高，使经济焕发新的活力，发展更具有持续性。

2. 生态环境质量

从表 5 可以看出，苏北的生态环境演变大致呈“U”形，呈现先下降后上升的趋势，其中大致可以分为两个阶段。(1) 在 2013 年以前，苏北的生态环境质量呈现下降的趋势，由于过度追求工业经济，忽略了对环境的保护才导致环境质量出现下降的趋势。(2) 在 2013 年苏北的生态环境质量降到最低点 0.206，之后开始逐渐改善。这与“十二五”“十三五”期间，树立绿色发展理念，加强生态环境建设，重视生态环境的保护与建设有重大关系。从 2013 年开始，环境质量进入良好的发展阶段。在这期间，“十八大”明确提出要“大力推进生态文明建设”，苏北深入实施环境保护“十二五”和“十三五”规划和“263”生态环境治理行动，使得环境质量稳定提升。同时，苏北积极响应产业转型的号召，开始逐渐放弃原来的高能耗、高污染工业，大力发展现代服务业。但由于环境修复过程比较复杂缓慢，因此，未来苏北环境保护任重而道远。

三、苏北经济环境耦合协调时序分析

1. 耦合协调时序分析

根据经济一环境耦合协调模型计算得到 2008—2017 年苏北地区 10 年的耦合度和协调度，根据表 5、图 7 可进一步分析两者的时序变化。

可以看出，除个别年份外苏北地区经济发展与生态环境质量的耦合度一直处在大于 0.8 的高水平耦合阶段，整个系统处于有序的阶段，两者之间关系紧密。2008—2011 年耦合度呈现出稳定上升的趋势，到 2012 年开始出现了回落。从 2012 年的 0.980 到 2017 年的 0.827，说明这六年苏北经济发展迅速，对生态环境产生了一定的冲击，进而导致两者之间的耦合关系出现了些许的松动。尽管苏北经济发展与生态环境的耦合度一直处于 0.8 以上的水平，但由于经济发

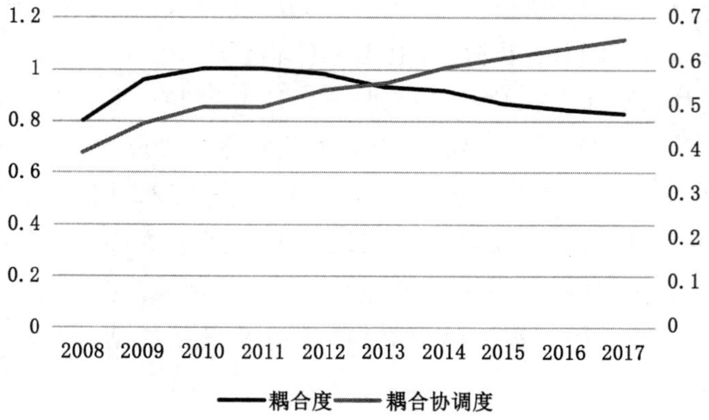

图 7 2008—2017 年苏北经济－环境综合评价指数

展和生态环境的发展状态是不一致的，可能会出现两个子系统单独分开发展水平不高、但整体耦合度较高的情况。因此，耦合度不能有效反映两者之间的发展协调程度，这里引入耦合协调度以便更好地分析两者之间的互动协调关系。

从协调度来看，苏北地区经济发展与生态环境从 2008 年的低度协调(0.396)过渡到 2017 年的中度协调(0.648)。整体来看，可以分为两个阶段：第一阶段，2008—2011 年的低度协调期。该阶段苏北地区经济发展与生态环境的耦合协调度处于 0.5 水平以下，经济基础薄弱，并受到 2008 年的金融危机的考验，经济发展与生态环境两者的协调性处于低度协调阶段，但也在缓慢稳步提升。第二阶段，2012—2017 年的中度协调期。由图 7 可以看出 2012 年以后两者之间的耦合协调度快速提升，2012 年耦合协同度越过 0.5，步入中度耦合协同阶段。说明两者之间的关系越来越紧密，互相之间的作用也越来越明显。总体来讲，耦合协调度的演变方向和经济发展的方向大体一致，在 2011 年之前耦合协调度的提升速度较慢，主要由于在该阶段苏北地区的生态环境出现了大幅度的退化。之后，全社会对生态环境的重视度逐渐提升，在大力发展经济的同时，更加注重经济与环境两者之间的协调发展。

耦合协调类型划分。根据计算得到的经济－环境综合评价指数、耦合度以及耦合协调度，对 2008—2017 年苏北地区的耦合协调阶段和耦合协调类型进行了判断，具体见表 6 所列。

表 6 2008—2017 年苏北耦合协调类型划分

时间	耦合协调阶段	U_1与U_2的关系	耦合协调类型
2008	低度协调	U_1小于U_2	经济发展滞后的低度协调
2009	低度协调	U_1小于U_2	经济发展滞后的低度协调
2010	低度协调	U_1小于U_2	经济发展滞后的低度协调
2011	低度协调	U_1小于U_2	经济发展滞后的低度协调
2012	中度协调	U_1小于U_2	生态环境滞后的中度协调
2013	中度协调	U_1小于U_2	生态环境滞后的中度协调
2014	中度协调	U_1小于U_2	生态环境滞后的中度协调
2015	中度协调	U_1小于U_2	生态环境滞后的中度协调
2016	中度协调	U_1小于U_2	生态环境滞后的中度协调
2017	中度协调	U_1小于U_2	生态环境滞后的中度协调

从表 6 可以看出，苏北经济发展与生态环境质量的耦合协调类型大致分为两个阶段。2008—2011 年苏北经济一环境系统处于低度协调的阶段，在该阶段经济质量的综合评价指数小于生态环境综合评价指数，经济发展滞后于生态环境，说明早期经济基础比较薄弱，生态环境条件和承载力较强，为经济发展提供了一定的基础。随着工业化进程加快，经济发展水平整体得到了提升，但由于之前几年刻意追求经济的发展，忽视了对环境的保护，生态环境质量呈现出下降的趋势，与经济的发展形成相反的趋势，生态环境质量低于经济发展质量，苏北地区步入生态环境滞后的低度协调期。2012 年后苏北地区步入生态环境滞后的中度协调阶段。在该阶段，苏北地区对环境保护开始予以重视，逐渐加强生态文明建设，经济发展与生态环境两者之间的关系越来越协调。

第六节 苏北经济一环境协调发展的地区差异分析

根据综合评价模型和耦合协调模型，分别得出 2008—2017 年江苏经济发展质量与生态环境之间耦合度及耦合协同度的测算结果，再对其求平均，可以得到 2008—2017 年江苏各设区市的经济发展质量综合指数、生态环境质量综合指数、耦合度、耦合协调度平均值。详情参见表 7 所列。

表 7 2008—2017 年江苏各市经济—环境综合评价指数及耦合度、耦合协调度一览表

地区	经济发展质量综合指数	生态环境质量综合指数	耦合度	耦合协调度
苏州	0.563	0.312	0.96	0.65
无锡	0.521	0.293	0.96	0.63
常州	0.435	0.223	0.95	0.56
南京	0.487	0.268	0.96	0.60
镇江	0.407	0.214	0.95	0.54
扬州	0.270	0.326	0.93	0.43
南通	0.286	0.315	0.99	0.55
泰州	0.278	0.313	0.99	0.54
徐州	0.221	0.154	0.98	0.43
盐城	0.216	0.253	0.91	0.43
连云港	0.167	0.319	0.87	0.43
淮安	0.115	0.323	0.88	0.44
宿迁	0.115	0.229	0.86	0.43

一、苏北地区经济发展质量与生态环境质量综合水平分析

1. 经济发展质量

江苏的经济发展质量在空间分布上呈现明显的差异性,具有以下特征:第一,苏州、无锡、常州和南京处于第一梯度,其经济发展质量明显高于其他设区市;第二,苏南地区城市的经济发展质量高于苏北地区城市;第三,相比于苏南、苏北等城市,位于苏北的徐州、盐城、连云港、淮安、宿迁这五个城市的经济发展质量处于较低水平。综上,苏州、无锡、常州和南京处于第一梯队;扬州、南通、泰州、徐州处于第二梯队;盐城、连云港、淮安、宿迁处于第三梯队。

2. 生态环境质量

由表 7 可以看出,2008—2017 年江苏各地区的生态环境质量平均水平具有以下特征:第一,苏州、扬州、南京、苏北的盐城、淮安的平均生态环境质量高于省内其他城市,属于第一阶梯;第二,无锡、常州、南通、泰州、镇江、苏北的徐州、连云港、宿迁处于第二阶梯。综上可以看出,江苏的经济发展质量和生态环境质量空间分布上存在很大差异。

二、江苏经济环境耦合协调区域分析

如表 7 所列，从地区来看，除连云港、淮安、宿迁以外，其他城市的耦合度均大于 0.9。在市级尺度上，经济一环境系统的耦合度呈现出由南向北的递减。从区域尺度上看，江苏经济一环境系统的耦合度呈现苏南、苏中大于苏北的分布格局。结合经济与环境两个子系统可以看出，经济发展质量的差异性对耦合度影响更大一些，其中表现最明显是连云港、淮安、宿迁，由于经济基础较差，他们的耦合度都处于 0.9 水平以下。

从区域角度上分析，江苏南部地区协调度水平远高于江苏北部地区，呈现“南高北低”的分布格局。这与江苏经济发展质量南部地区高于北部地区的区域分布格局类似。江苏南部地区城市经济发展较快，经济增长所带来的收益可以把更多的资金投入环境治理中，区域经济增长与环境质量的改善出现协调发展。而江苏北部地区城市环境相对经济的快速发展比较敏感，快速发展的工业化给环境带来了很大的压力。

三、江苏地区工业结构与环境质量关系分析

1. 江苏重污染行业结构调整的环境效应

重污染行业对环境的影响主要表现在工业三废的排放方面，而废水是工业“三废”污染中最重要的方面，因此，这里首先计算出各部门工业废水排放量占年度总排放的比例，再取出排放比例前六大部门进行分析，并进一步计算了这些工业部门的工业废水排放强度，借此来解释江苏内部工业结构变化对环境的影响效应，以及对江苏经济一环境耦合协调关系的影响。

表 8 主要年份重污染行业工业废水排放比例及排放强度

年份	指标	纺织业	造纸及纸制品业	化学原料及化学制品制造业	金属制品业	医药制造业	电力、热力的生产和供应业
2008	排放比例	31.91	24.32	15.67	3.58	6.95	3.51
	排放强度(吨/万元)	16.41	41.52	11.43	3.85	7.10	2.43
2010	排放比例	29.85	21.31	14.46	4.15	7.88	3.54
	排放强度(吨/万元)	13.36	35.83	10.57	3.67	6.58	2.24
2013	排放比例	27.35	19.87	12.18	4.23	9.87	4.15
	排放强度(吨/万元)	12.18	32.71	9.67	3.48	8.49	2.18

表 8(续)

年份	指标	纺织业	造纸及纸制品业	化学原料及化学制品制造业	金属制品业	医药制造业	电力、热力的生产和供应业
2017	排放比例	25.63	16.21	11.04	4.78	10.12	4.32
	排放强度(吨/万元)	11.78	30.25	7.23	3.24	8.09	2.16

表 9 主要年份重污染行业工业占比

年份	纺织业	造纸及纸制品业	化学原料及化学制品制造业	金属制品业	医药制造业	电力、热力的生产和供应业
2008	10.78	2.05	6.74	4.12	1.89	6.38
2010	9.29	2.03	7.35	3.95	1.78.	6.41
2013	9.02	1.93	9.15	3.87	1.71	6.79
2017	8.15	1.82	8.78	3.81	2.15	6.56

表 8 列出了江苏工业废水排放中主要部门的排放结构及其对应的排放强度,表 9 列出了这些部门对应的产值结构,由于几年来数据变化波动不大,为简化表格,这里只列出了 2008、2010、2013、2017 年的数据。这里主要选取纺织业、造纸及纸制品业、化学原料及化学制品制造业、金属制品业、医药制造业以及电力热力的生产和供应业等 6 个部门的情况。由表可以看出,纺织业、造纸及纸制品业、化学原料及化学制品制造业这三个部门的工业废水排放占据总排放的 70%左右,其中纺织业的工业废水排放比重最大,一直在 30%左右。纺织业的单位产值排放强度排在第二,仅次于排在第一的造纸业。而且纺织业产值比例一直保持在 10%左右,形成高排放强度和高产值的"强强联合",使得工业废水排放总量一直维持在 30%左右。造纸业属于高排放强度和低产值的类型,电力生产、化学、金属、医药这些行业的单位产值废水排放强度都处于比较低的水平。从表 8 的纵向对比可以发现,6 个主要污染部门的单位产值废水排放量都出现了不同幅度的下降,其中纺织业、造纸及纸制品业、化学原料及化学制品制造业这三个部门下降最为明显,化学制造业的排放强度从 2008 年的 11.43 吨/万元下降到 7.23 吨/万元,直接从高排放强度转变为低强度;纺织业从 2008 年的 16.41 吨/万元下降到 2017 年的 11.78 吨/万元,造纸业从 41.52 吨/万元下降到 30.25 吨/万元,虽然两者排放强度都出现了大幅度的下降,但仍属于高污染排放强度的行业。单从表

9来分析行业之间的产值结构变动，并不能明显看出其结构变化，但是结合表8从工业排放角度分析，其产值比重的变化尤其是一些单位产值废水排放量比较大的行业有一些变化。单位产值废水排放量比较大的纺织业和造纸业的比重从2008年到2017年分别下降了2.63%和11.27%，表现最为明显的是化学制造业，其单位产值废水排放量下降3.34%，同时产值占比增加了2.04%，医药制药业和电力生产这些低废水排放强度的行业产值占比也出现了小幅度上升。随着环境日益严峻，工业发展与环境保护的矛盾日益突出，江苏通过污染行业的产业结构调整，合理解决了经济发展与环境污染两者之间的矛盾。具体表现在降低高污染排放强度行业的产业比重，增加低污染排放强度行业的产业比重，以及依靠行业内部技术创新，通过技术效应降低单位产值污染排放量。

四、苏北五市工业化进程的环境效应

在工业化初期，依靠大量物质资本投入带动经济发展尤其是重工业的发展，环境不断恶化。在经济发展的中后期，随着产业结构的调整，转向信息密集型产业和服务业，环境质量不断改善。该部分通过主要分析苏北五市的工业化进程与环境的关系，用工业所占比重来表示工业化进程。

根据前文苏北工业化阶段的划分以及生态环境"U"形演变，作图分析苏北重工业比重变化与生态环境演变的关系，发现两者在时间点的阶段上划分上几乎重合(参见图8)。在2011年以前，由于苏北工业基础薄弱，大力推进工业化的进程，粗放型的经济发展方式导致大量的资源消耗与污染排放，导致生态环境的大幅度恶化，经济与环境两者之间的协调度遭到破坏，环境滞后于经济发展。2011年后重工业比重开始下降，苏北由工业化初中期过渡到工业化中后期，重工业比重不再下降，产业结构开始由资源密集型产业逐渐向以低能耗、低污染排放、高技术的产业转变，环境质量开始逐渐改善，经济与环境两者之间的协调关系区域稳固，经济的发展开始兼顾生态环境质量的提高。

综上，可以发现处于经济－环境耦合协同度较高的苏北地区，在工业化进程的初期，通过大量资源投入来推动重工业发展，造成环境恶化，尽管近年来重工业比重开始下降，由工业化初期过渡到工业化后期，工业结构逐渐从资源密集型高、排放的重工业逐渐转向以技术密集型和绿色化为特点的产业，在保持经济高速增长的同时也兼顾了环境承受的压力，但经济与环境两者协调水平还不及苏南、苏中地区。这些地区工业化还没有完全完成，尤其是重工业的发展，

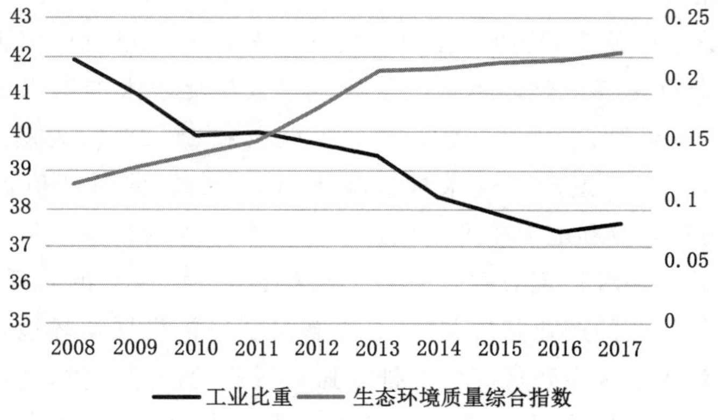

图 8　苏北工业比重与生态环境质量关系图

对环境造成了巨大的危害。苏北重工业已发展到一定规模,步入了工业化后期,但由于产业结构不合理,仍不能合理解决经济与环境的矛盾。

第七节　苏北地区经济发展质量与生态环境政策建议

一、打造绿色产业体系,实现绿色发展

1. 推动农业绿色转型

第一,树立绿色化理念,推动现代化生态农业发展。以绿色化理念为本,将第一产业结构调整与现代化生态农业建设结合起来,即进行产业结构调整时要以生态环境为主轴,积极发展现代化生态农业。利用传统农业的精华和现代科技成果,结合苏北的区域优势,缓解资源利用与生态环境的矛盾,促进经济与生态环境协调发展,实现经济、社会、生态效益的统一。如积极发展节水型农业,推广秸秆再利用等循环经济农业模式,出台专项资金政策扶持,探索引进土地改良先进技术等。另外,政府应积极培育新型职业农民,通过邀请农技专家授课、组织当地农民到现代农业高效示范园参观学习和参与实训等,开阔农民眼界,传授先进技术和农业管理模式,为发展现代化生态农业发展提供人力和技术保障。

第二,大力发展生态农业,推进苏北农业绿色化。做好畜禽排泄物监测、饲

料添加剂使用监测、生长激素监测、渔业养殖密度监测等工作，严控养殖业对环境的负面影响。推进产业链接循环化，推广种养结合的农业生产模式，推广"以地定畜、种养结合"循环模式，推进循环农业生产，坚持"种养结合、畜地平衡"的原则，推进畜禽养殖布局优化调整。配合禁养区关停搬迁，引导畜禽养殖向非禁养区养殖密度较低区域转移。通过"改、扩、转、退"等多措并举，扩大规模养殖比重。开展畜牧业绿色发展示范区、畜牧生态健康养殖示范基地创建，支持建设畜禽标准化规模养殖场，完善动物防疫和废弃物综合利用设施。

第三，大力发展高效设施农业，推进苏北农业现代化进程。围绕农民增收这个中心环节，不折不扣地把中央和省扶持农业、促进农民增收的各项政策落实到位，确保粮食安全、农业增效和加工增值目标。要用抓工业的思维抓农业，用办企业的理念发展农业，用工农互促、城乡互动的政策引导支持农业，大力提高农业产业化经营水平。加快农业结构调整，依靠科技进步，大力发展高效农业、创汇农业、特色农业和生态农业，建设与城市超市和国际市场接轨的农产品质量标准体系，健全农产品现代营销体系和农业科技服务体系，推动传统农业向现代农业转变。大力扶持农业产业化龙头企业，提高其技术创新能力、市场开拓能力和辐射带动能力。大力发展农村专业合作经济组织和中介组织，不断提高农民进入市场的组织化程度。建立新的机制，积极鼓励引导城市工商资本、民间资本、外商资本从事农业领域的开发，提高农业整体竞争力，真正在农产品进入城市超市、农民工进入工商企业、城里人下乡设厂开店、城市资金等生产要素投向农业开发上，扎实工作，创造江苏统筹城乡发展的新局面。

第四，推动三产融合，打造生态农业产业集群化。推进种植、养殖、农产品加工、生物质能、旅游等循环链接。大力发展农村集体经济，培育新型职业农民和农村实用人才。依托生态环境优势以及农业生产过程的体验价值，推进农业与旅游、教育、文化、健康养老等服务产业横向链接，形成种、养、加、游等深度融合的农村一二三产业融合发展循环经济产业链。推进农副产品精深加工，建设一批带动能力强的龙头企业和农产品加工集聚区，培育发展绿色食品产业加工基地，延伸产业链条，提高增值效益。积极培育农业新型经营主体，帮助符合条件的龙头企业、合作社创建国家级龙头企业、国家示范社。按照"县域有特色、乡村有特品"的发展原则，推进高效水产、生态畜禽、绿色果蔬、精品花木四大特色现代农业产业发展。深入推进全民创业工程，重点实施大学生创业引领计划、农村创业富民计划、引进人才和留学回国人员创新创业计划，引导推动广大城乡民众因人因地制宜走宜农则农、宜工则工、宜商则商的增收致富之路。

2. 加快工业绿色转型

第一，以全产业链的"绿色"转型为抓手，引导产业绿色转型。一件产品对环境的影响，包括"生产→消费→废弃→处理"的全过程，传统产业绿色化是从最初原材料生产到最终产品到达消费者手中的产业绿色化过程。全产业链绿色化应从全产业链视角重塑整个产业链结构，着重剖析产业链每个环节生态足迹，了解产业链绿色化重点环节，探索节能减排的有效路径；嫁接新兴产业，促进产业融合，延伸产业链条，推进传统产业向高端、绿色方向发展，充分利用并发挥新兴领域技术溢出效应，提供逆向传导机制为传统产业注入活力，推进产业绿色化；进一步完善产业发展政策，寻找逐步削减甚至最终转移高能耗环节的产业政策提升传统产业生态链整合与重构能力，提高产业承载力，促进产业转型升级；创造新价值环节，通过产业融合或嵌入拓展全新的低能耗环节，包括绿色能源替代、制造业服务化等；通过加强研发和技术进步实现高能耗环节向低能耗的转变；构建绿色闭环产业链，强调资源、材料的回收和再利用，通过循环利用实现低能耗。引导绿色消费行为，建立绿色产品认证体系建设，完善绿色产品销售渠道，对绿色产品上市流通给予政策支持。政府通过积极财政政策，政府消费等政策手段支持绿色产品销售，增强绿色产品竞争力。

第二，以绿色产业园建设为重点，推进产业绿色转型。产业园区是绿色产业发展的载体。从目前苏北各工业园区的发展现状来看，传统产业在园区经济总量中占有较大比重，因此，推进传统产业绿色转型必须要对产业园区进行绿色化改造。对苏北现有各类产业园区进行绿色化改造，一方面，产业园区从规划到建设，从产业布局到运行管理，严把产业准入关，注重生态化、绿色化发展，培育绿色园区、发展绿色能源，创新载体，突出重点，培育标杆，以园区骨干企业为主体，构建绿色企业联盟，引进和开发关键绿色技术，着力建设一批重点绿色产业园区示范产业基地，借助产业融合，延伸和拓展产业链，构筑园区产业"微笑曲线"，提升园区产业链的竞争力。另一方面，推进产业园区循环化，减少污染排放，促进企业间废物交换利用、能量梯级利用、水资源循环利用，推进土地节约集约利用，形成低消耗、低排放、高效率、能循环的绿色产业体系。加强产业园区绿色化监控，建立苏北绿色在线综合监测评估平台，建立绿色在线监测评估平台，逐步实现产业园区重点耗能设备、耗能企业的能效及环保在线监测和评估能力，形成在线咨询、运行优化指导等网络化服务能力，对用能企业污染排放关键节点进行实时监测和排污分析，帮助企业改善污染排放现状，提升苏北园区绿色化水平。

第三，培育绿色新兴产业。绿色新兴产业的发展不仅能提高苏北资源环境绩效，改善生态环境质量，而且能够培育新的经济和就业增长点。积极利用创新资源和创新成果，培育发展新一代信息技术、高端装备制造、新能源、新材料、节能环保、生物医药等战略性新兴产业。加强前瞻性谋划布局，围绕物联网、生物技术药物、智能装备、动力电池、纳米新材料等前沿性领域，推进科技研发、产业化和应用示范，组织实施一批重大科技专项，突破一批核心技术和关键共性技术，抢占产业发展制高点。高水平规划、高标准建设，加快建设一批战略性新兴产业集聚发展基地，形成具有较强竞争力的战略性新兴产业高地。

3. 推进服务业绿色转型

第一，加快发展生产性服务业，推动服务业绿色转型。生产性服务业是现代服务业的核心，涉及农业、工业等多个产业环节，由于产业的专业性强、融合度高，且创新比较活跃，生产性服务产业的发展程度和水平，在很大程度上影响了一个国家的经济增长速度和方式以及国家经济结构的调整。目前苏北生产性服务业的增长速度明显慢于传统服务业的增长速度，造成苏北第三产业结构失衡、生态环境压力大等问题。因此生产性服务业的发展对苏北产业结构调整升级和产业绿色转型具有重要意义。生产性服务业作为与制造业直接相关的配套产业，全方面地支撑制造业的各个环节，围绕全产业链的整合优化，以实现生产性服务业对苏北传统工业的整合，深化产业分工，加强产业融合，推动产业集聚，改善产业结构，促进产业高级化。此外，在促进产业间融合的同时，积极发展金融、旅游、教育、商业服务以及医疗等多元化现代服务业，促进产业多元化发展。总之，通过生产性服务业的发展，促进产业间融合和产业多元化发展的转型，最终实现苏北由传统服务业向现代服务业的高级化产业绿色转型。

第二，培养生态养生产业，发展绿色服务业。紧紧围绕“打造苏北生态品牌、构建江苏养生胜地”的总体目标，牢牢把握“生态优先、特色崛起、医养结合”的工作主线，牢固实施苏北生态保护红线不动摇的发展战略。坚持“点线带面，循序渐进；突出特色，展现精品”的原则，大力推进重大精品生态养生项目，开发以骆马湖、洪泽湖、白马湖旅游度假区、生态旅游度假区为代表的包括滨水旅游、森林旅游、野营旅游等休闲度假旅游产品。依托洪泽湖、高邮湖、宝应湖、白马湖、骆马湖周边优美的自然环境与丰富的旅游产品业态，重点开发水上运动健身、山地户外运动、森林氧吧康复、温泉康体疗养、田园自然静养、医疗保健休闲等康体养生服务项目。强化医疗卫生产业和旅游资源整合、融合发展，以养生包装旅游，以生态建设激活全域，打响苏北养生品牌，努力实现“绿色、特色、人文”的发展目标。

第三,推动新兴服务业发展,加快服务业绿色转型。利用网络平台,积极发展信息服务业,促进现代技术与传统服务业的有机融合,推动新兴服务业的发展。目前,世界信息产业高速发展,在无形中改变着人们的生活方式,这为第三产业发展缓慢的苏北提供了契机,依靠信息化的推动发展新兴服务业,加快绿色转型步伐。例如,运用微信、淘宝等互联网平台,构建公共信息服务体系,推广电子商务模式,实现服务业的技术创新与模式创新。

二、大力实施创新驱动战略,加快集聚科技创新要素

要扩大开放,更好地利用国内外优质教育资源,鼓励高校结对共建,推动苏北高校办出特色提升水平。推动建立富有活力的技术创新体系,完善和落实各项支持苏北企业创新发展和协同创新的政策措施。支持苏北引进海内外高层次人才和紧缺人才、急需人才,进一步优化苏北人才发展环境。

1. 大力扶持苏北教育发展

第一,提高高等教育人才培养质量。根据苏北地区工业化、城镇化和农业现代化总体布局,优化苏北地区高等学校布局,鼓励学校向应用技术类型高校转型发展。引导高等学校进一步明确服务当地经济社会发展的办学定位,加快调整优化学科专业结构,重点培育和支持建设一批服务、支撑当地优势传统产业发展的特色学科、专业。全面推进高等学校基础能力建设工程和教学质量工程,突出加强内涵建设,深化教育教学改革,大力培养在本地留得住、用得上的优秀创新人才和高素质应用型人才。

第二,实施苏北高校扶贫攻坚计划。每年单列一批苏北发展专项课题,支持高等学校围绕苏北地区产业发展重大课题开展科学研究。支持高等学校与苏北地区骨干企业深化合作,建设一批切实服务苏北地区优势特色产业发展的省级高校协同创新中心。加大高等学校科技成果向苏北地区企业转化应用支持力度,促进高校创新能力转化为现实生产力,带动当地经济发展。鼓励高校与苏北地区开展深度合作,组织专家学者、科技人员进行技术攻关和项目咨询,携带科技成果到苏北地区创办企业,努力提高苏北地区产业发展水平和市场竞争力,增加就业岗位。

第三,实施面向苏北地区招生倾斜政策。实施“面向苏北地区定向招生专项计划”,按照免费师范生模式,对苏北实施专项招生计划,认真落实定向招生、定向培养、定向就业要求,支持苏北地区更多优秀学生报考“苏北专项”硕士、博

士研究生。采取措施支持苏北地区高校多接收本地区生源，努力培养留得住、能干事的适用人才。

第四，做好教育帮扶工作。继续支持和深化省内综合实力较强的大学与淮海工学院、淮阴工学院、盐城工学院、徐州工程学院等高校建立对口支援关系，大力实施以人才培养工作为中心，以学科专业建设、学位点建设、师资队伍建设、学校管理制度与运行机制建设为重点的对口支援计划。遴选一批国家和省级示范性高职学院对口支援苏北地区中职学校，共同开展中高职衔接教育试点。通过"名师课堂""网络课堂"量身定做一批优质网络在线课程资源，进一步促进苏北地区职业院校共享全省优质职业教育资源，推动苏北地区职业教育整体水平提升。

2. 加速科技资源向苏北集聚

第一，加快创新创业载体建设。着力构建一批共性和关键技术的研发平台、检验检测平台、信息共享平台、技术公共服务、技术成果交易、创新创业融资服务平台等。根据战略性新兴产业和重点产业发展需要，重点加大省级财政对苏北科技投入规模，增加苏北省级实验室、工程技术中心和研究院等研发机构名额，支持苏北创建国家重点实验室和国家工程实验室，加快苏北特色产业基地的培育。加快科技企业孵化器、大学科技园、创业园等科技创业园建设，着力完善配套服务，强化孵化功能，探索科技企业孵化器运行管理的新模式。结合苏北需求实际，依托科技园区、高等学校、科研院所等，加快发展"互联网＋"创业网络体系，建设一批低成本、便利化、全要素、开放式的众创空间、"星创天地"，降低创业门槛，促进创业与创新、创业与就业、线上与线下相结合。鼓励国家（重点）实验室、国家工程（技术）研究中心、高等学校新农村发展研究院等各类创新平台在苏北开展应用示范，实现开放共享，为大众创业、万众创新提供有力支撑。推动苏北生产力促进中心建设，提升知识产权代理、交易、咨询、评估等服务水平。

第二，提高苏北科技园区建设发展水平。引导苏北地区完善高新园区产业规划，按照"一区一战略性产业"要求，有针对性地加大扶持力度，形成各具特色、错位发展的产业格局。支持符合条件的省级高新区申报建设国家级高新区，支持建设一批省级高新区，支持苏南、苏北共建高新区。提高大学科技园、特色产业基地、留学人员创业园、科技产业园和科技创业园建设水平，加快提升中国矿业大学科技园、淮海工学院大学科技园、盐城工学院大学科技园、淮安市大学科技园等大学科技园的内生发展能力。集聚农业科技创新平台，完善创新创业服务体系，培育壮大农业科技型企业，大力推进邳州现代高效农业科技园、连云区海水养殖与海产品深加工科技园、白马湖农场种业科技园、大丰盐土高效农业科技园、沭阳苗木花卉科技园等省级现代农业科技园建设，加快淮安市、盐城市建设国家级农业科技园区建设。加快推进沿海海洋生物产业发展，在滩涂种养殖、海洋资源开发利用等领域布局建设一批以蓝色经济为主题的特色科技园区。

第三，构建协同创新格局。充分利用苏北城市创新资源，探索人才、技术、成果、资本等创新要素统筹配置的新模式，提高苏北创新体系整体效能。积极引导创新要素集聚、培育特色产业，形成创新发展新优势。深入实施科技与人才支撑工程，大力引进技术和人才，加强科技成果转化和产业化，切实以科技创新支撑跨越发展。以创新园区、高新技术产业开发区为主体，以产业园区的网络建设为主线，形成创新核心区、开发区、产业集聚区等层次分明、各具特色、优势叠加、分工协作、互动增效的创新产业园区网络，形成苏北在产业链合作、创新链构建、资源共享、平台开放等层面合作。推动创新要素合理流动和高效组合，搞好精准对接、深度对接，建设好集中承载地和战略合作平台，有效吸引经济发达地区的创新成果到苏北孵化转化，打造产业技术创新高地。

第四，优化创新政策环境。完善鼓励创新政策的环境，着力消除制约企业创新的体制、机制性障碍，加大政府对研发活动的支持力度，落实国家支持创新的各项财税政策，发挥政策的促进引导作用，实施新一轮落实企业研发投入鼓励政策专项行动，形成以政府投入为引导、企业投入为主体、社会资本广泛参与的多元化科技创新投入体系。用好创业投资引导基金，鼓励扩大天使投资规模，引导放大创投基金作用，发展私人股权投资，积极拓展债权融资，加快形成多元化、多层次、多渠道的科技投融资体系。完善知识产权制度，健全信息服务网络和法律咨询、资产评估、投融资等服务体系，建设知识产权展示交易与服务平台。强化对中小微科技企业技术创新的支持。扩大苏北科技专项资金规模，继续实施省科技基础设施建设计划、科技支撑计划、科技成果转化专项资金、产学研联合创新专项资金等，对苏北科技创新和企业发展给予倾斜。

三、打好“生态牌”，培育绿色发展新动能

1. 做好绿色发展统筹引导

研究编制《绿色发展指导目录》，结合苏北实际，遵循服务高质量发展、突出相关产业先进性、助力全面绿色转型等三个原则，梳理绿色产业边界，明确绿色

产业发展重点领域、细分行业和主要方向。同时,引导财税、金融、投资等资源投向绿色产业,为建立系统有效的绿色产业扶持政策和服务体系提供依据,促进绿色产业规范有序发展。

2. 突出绿色产业项目支撑

对照绿色产业指导目录的导向,组织各地策划生成一批节能环保、清洁生产、清洁能源等领域重点项目,建立苏北绿色产业项目滚动库,努力把绿色发展转化为高质量发展的普遍形态。

3. 加快《国家可持续发展议程创新示范区》申报步伐

苏北土地肥沃,发展现代农业具有很大的潜力和空间。加快《国家可持续发展议程创新示范区》申报和建设步伐,在政策上对苏北现代农业发展给予支持,一方面可以充分调动苏北发展农业的积极性,挖掘苏北绿色发展潜力;另一方面,苏北农业发展的优质水土资源可以得到有效的保护,进而有利于为国人提供安全、优质的农产品。

4. 深化供给侧结构性改革

深化要素市场化配置改革,着力在"破""立""降"上下功夫,不断提高供给质量和效益。大力破除无效供给,推动冶金、化工、纺织、机械、轻工、建材等领域过剩产能的退出和落后产能的淘汰,着力处置"僵尸企业"。大力发展新兴产业,重点培育发展新一代信息技术、高端装备制造、新能源、新材料、节能环保、生物医药等战略性新兴产业。大力降低实体经济成本,落实已出台的各项减税降费措施,进一步降低制度性交易成本、税费成本和融资、用电、人力、物流等成本。

四、践行绿色发展理念,推进新型城镇化建设

1. 贯彻落实绿色发展理念

随着苏北的快速发展,产业资源消耗问题越来越突出,环境污染问题也越来越严重。这时,就需要传统产业在发展的过程中融入绿色理念。绿色理念贯穿产业发展全过程,从产品原材料选择、产品设计到产品加工和产品销售。坚持环保材料的选用。传统产业发展中将经济效益的获取放在了首位,因此在对材料方面进行选择的时候,显得目光短浅。这些材料大部分都是为了迎合市场需求,对这些材料会不会危害到环境这个问题并没有进行考虑,有些材料虽然价格比较低廉,但是却含有危害物质。材料的质量一定要过关,善于利用材料,尤其是一些材料可以进行回收再利用,使材料得到节约,将绿色理念落实到具

体的工作之中。坚持绿色理念设计产品。在现阶段，绿色理念在产品设计中的应用并没有得到充分的重视，相关人员在产品设计的过程中还依然遵循着传统的设计理念和方法，导致产品并不具备环保节能的特性。设计人员在产品设计的时候，需要对绿色理念给予高度的重视。促进绿色制造的实现。在产品制造的阶段，除了会污染环境以外，还会增加一些不必要资源消耗。产品制造所应该坚持的理念是“环保经济、节约经济、绿色经济”，促进绿色生产工艺的引进，将绿色制造落实到具体的生产实践中。坚持绿色营销理念。强化对绿色销售理念的宣传和教育，灌输绿色销售意识，传递绿色信息，实施绿色广告、绿色促销行动，指导绿色消费，启发引导消费者的绿色需求，最终促成购买行为。

2. 建立健全区域生态补偿机制

苏北拥有较大面积的生态红线区域和限制开发区域、禁止开发区域，但现行的省级财政生态补偿转移支付办法还不能完全反映客观实际需要。加快完善生态保护补偿制度，对各级各类生态功能区域给予合理的省级财政奖补，视其空气质量、水质达标率、污染减排、限制或禁止开发区域面积、森林覆盖率等给予引导性补助，对湿地生态效益补偿等给予补偿性补助，根据生态功能区域的重要性征，按照生态环境综合整治成本等给予成本性补助。

3. 加强环境保护公共服务平台建设

目前，苏北产业层次较低，污染型企业比重高，企业环保压力大，需要政府加大环保科技创新平台建设，加强环保技术研发推广，推动环保技术研发、科技成果转移转化和推广应用，加快环保公共技术服务平台、污染治理服务平台建设，推动建立环保装备与服务需求信息平台、技术创新转化交易平台。

4. 加强绿色技术研发和推广应用

要以节能、降耗、减排、治污以及资源的集约利用和保护为方向，充分利用苏北的人、财、物、时间、技术、信息等多种资源，结合苏北实际，研发出适用的、适时的绿色技术。要在各地建立试验、示范基地，加强试验推广，不断改进和完善绿色技术，构建适应高效、生态发展要求的技术体系和服务体系。加强政策的支持和引导。政府出台技术补贴、资助、教育科技培训等相关政策，构建全面、合理、有效的政策体系，培养一批高效率科技成果转化队伍，为绿色技术推广提供人才保障和政策支持。设立绿色发展专项资金和绿色技术投资基金，加大资金投入，从财力上扶持绿色技术的研究与创新。健全完备的企业绿色技术创新的内、外部激励机制。由于没有完备的激励机制，加之绿色技术开发周期长、费用风险大、利润低，绿色技术开发单位普遍缺乏技术创新的动力和能力。

对此，政府部门应建立健全完善的企业绿色技术创新的外部激励机制，加大相关法律制度建设，加大产业政策、技术政策的宏观调控力度。积极采用排污收费、排污权交易和税收等环境管理经济手段，使企业外部费用内部化。限制、禁止有害于环保的技术及产品的使用，迫使污染型企业改进工艺，调整结构，促进传统产业的调整，增强企业可持续发展力和核心竞争力。要大力加强绿色技术推广体系建设，稳定和强化基层公益性绿色技术推广机构，探索建立一种面向广大中小企业的培训机制，提高地区依靠科技自我发展的能力。要培育多元化的绿色技术社会化服务组织，提供多种形式的低碳技术服务。加快建立以市场为导向、产学研相结合的技术创新体系，引导企业通过战略合作、校企合作、技术转让、技术参股等方式，加大科技创新力度。

5. 设立苏北环境治理专项基金

加大对苏北环境治理扶持的力度，在苏北设立环境治理专项基金。对苏北水环境治理、大气污染防治、生态修复、重点区域污染防治及环境综合整治以及对环境保护工作具有重要影响的环境治理新技术、新方法、新工艺等加大推广应用的力度。

五、加大体制机制创新，提高发展质量

1. 建立健全区域环境污染联防联控机制

建立区域性和流域性的污染联防联控体系，统筹大气和水环境污染防治规划；制定联合监测、联合预警、联合执法、联合应急响应和信息共享等具体措施；建立跨区域生态双向补偿制度、排污权交易制度。

2. 引入第三方环境污染治理机制

按照“治污付费，责任共担，集中治理，政策推动”的原则，引入第三方环境污染治理机制，建立排污者负责、第三方治理、政府监管、社会监督的创新机制，构建和完善环境污染第三方治理制度体系。

3. 创新绿色政绩考评体系

加大干部年度、任期内资源消耗、环境损害、生态效益等方面考核，设置绿色政绩指标评价体系，合理确定权重和标准；加强干部绿色发展统计监测，将领导干部绿色政绩考核的内容、方式和标准法律化、制度化；坚决执行绿色 GDP 指标“一票否决”和终身追责制度；委托第三方机构每年对干部绿色政绩进行监测评估，建立民众参与考核干部绿色政绩的平台，完善社会监督机制。

参考文献

[1] 陈诗一，陈登科．雾霾污染、政府治理与经济高质量发展[J]．经济研究，2018，53(2)：20-34．

[2] 金碚．关于“高质量发展”的经济学研究[J]．中国工业经济，2018(4)：5-18．

[3] 孔伟，任亮，王淑佳，等．河北省生态环境与经济协调发展的时空演变[J]．应用生态学报，2016，27(9)：241-249．

[4] 李琳，王搏，徐洁．我国经济与生态环境协调发展的地区差异研究——基于综合评价方法[J]．科技管理研究，2014，34(10)：38-41．

[5] 罗来军，文丰安．长江经济带高质量发展的战略选择[J]．改革，2018(6)：13-25．

关于加强和完善淮安市支持高校人才引进政策的建议

孙爱武
(淮阴工学院、苏北发展研究院)

内容提要：淮安是苏北重要中心城市之一，建设区域重要中心城市需要大量高级人才。为此，要创新人才政策，吸引各类高层次人才扎根淮安，服务淮安。建议从三个方面完善人才引进政策：(1) 把淮安高校纳入淮安人才政策支持体系；(2) 创新校地人才共享政策；(3) 拓宽校地共引人才渠道。

党的十九大报告指出，人才是实现民族振兴、赢得国际竞争主动的战略资源。习近平总书记强调，发展是第一要务，人才是第一资源，创新是第一动力。创新发展，关键在人。近年来，很多地方都出台了吸引高级人才的相关政策，以人才集聚引领创新驱动。

一、部分地区出台支持高校引进人才政策

近年来，部分地区除了出台支持当地企业引进人才政策外，还出台了专门支持当地高校引进人才的相关政策。

苏州市于 2017 年出台了《关于支持高等院校、科研院所引进高层次人才的实施办法》，该办法对苏州高校、科研院所引进人才，自首次合同履行之日起算，连续 3 年按用人单位实际支付年薪总额的 50%给予引才补贴；用人单位对引进人才给予安家(购房)补贴的，自首次合同履行之日起算，3 年内按用人单位实际支付安家(购房)补贴总额的 50%给予引才补贴等财政支持。

宁波市于 2018 年出台了《宁波市人民政府关于支持宁波大学加快建设“双一流”高校的若干意见》，意见明确了自 2018 年起，参照浙江省财政投入标准，

宁波市财政连续 5 年每年支持宁波大学高峰学科建设新增专项经费 7 500 万元、一流学科建设新增专项经费 1 亿元,用于学科建设以及人才招引;对于宁波大学引进、培养的顶尖人才、“千人计划”入选专家、“3315 人才”和“泛 3315 人才”,按市人才政策给予相应支持。

厦门市在 2017 年之前出台了《厦门市人民政府关于进一步支持高校加快发展的实施意见》,意见提出将高校高层次人才纳入市“海纳百川”人才政策体系,加大对高层次人才培养、紧缺人才引进、杰出人才奖励和重大人才开发项目的资助。南京市在 2018 年出台相关政策,对于符合条件的外地的本科以上的毕业生,只要来南京参加应聘面试的就给予 1 000 元的补贴。

二、淮安市目前的人才引进相关政策

淮安市非常重视高层次人才引进,2017 年市委出台了“淮上英才计划”,从人才引进、培养、评价、流动、激励、管理六个方面提出 22 条人才新政。该政策对人才设置了分类标准,例如,“淮上英才”要求创新创业团队拥有与创业领域产品、技术相应的自主知识产权或关键技术;创新创业领军人才要求具有 5 年以上在国内外知名企业、高校、科研机构及相关单位关键岗位从事技术研发或管理工作经历,取得突出业绩。此项政策对淮安人才引进起到了重要促进作用,但没有适用于高校单位。

目前,淮阴工学院实施了一系列优惠政策引进高层次人才,学校第三次党代会旗帜鲜明地提出要立足淮安办大学,全力助推淮安发展,崛起江淮。学校在引进人才方面每年投入达 6 000 万元,两年来,引进博士 255 人,全职引进长江学者、千人计划各 1 人,高层次人才引进工作取得重大突破。双聘国家杰青等高端人才 85 人,新增省级科技创新团队等高级团队 4 个,学校的人才层次、结构得到明显优化与提升,在很大程度上提升了淮安人才整体层次布局,充分体现了淮工姓淮、扎根淮安办大学、服务淮安谋发展、淮工高层次发展就是淮安高层次发展的理念。

据了解,省内外不少地市均出台了相关政策,由地方财政对当地高校引进的高层次人才给予专项补贴。江苏是我国的经济强省,但区域发展极不平衡。与苏南相比,苏北地区经济社会发展短板明显,对各高层次人才的吸引力明显弱于苏南,这在客观上要求我市出台更具针对性的人才政策,能够引得来、留得住各类高层次人才。

三、建议淮安出台相关政策支持高校人才引进

把高校纳入淮安人才政策支持体系。完善高层次人才引留政策体系，优化、细化与高层次人才引进相关的住房保障、家属就业、子女就学等各类政策，充分体现“一流人才一流地位，优秀人才优厚待遇”的人才价值导向。建议市财政设立专项经费，制定具体实施办法，对淮安高校引进的博士研究生等各类高层次人才与市级人才引进适用统一政策。

创新支持高校引进人才的相关政策。完善淮安市高层次人才引进工作的具体细则，在引进待遇、配偶安置、社会保障等方面制定专门化的政策。对各类高端人才或应用型人才实行灵活的劳动管理制度，尝试推行“编制在学校，用人在企业”等互利共赢的用人方式。

拓宽校地共引人才渠道。一是共建网上引才平台。充分利用国际互联网快速、便捷等诸多优点，大力宣传引进人才各项优惠政策，及时发布急需人才的职位、专业等信息，进行在线交流。同时，主动链接、访问国内各大人才网站，广泛网罗人才。二是以才引才。真正的高层次人才在圈内大都具有较高的知名度，通过业内同行好友介绍是高层次人才流通的重要渠道。三是委托引才。加强与部分国家级和区域性人才市场建立长期的互惠互利合作关系，委托他们引进高层次急需人才。

苏北应用型人才培养与需求研究
——以淮阴工学院为例

主持人:李继林(淮阴工学院)
课题组:何艳婷　韩锦标　杨满仁

内容提要:十九大报告指出:我国经济已由高速增长阶段转向高质量发展阶段。随着苏北经济发展由过去劳动密集型向科技密集型转型,经济社会对应用型高素质人才需求逐步提高,这同时也对苏北应用型高校的人才培养提出更高要求。应用型高校作为人才培养的重要阵地,应当把应用型人才培养纳入教育教学实践中,坚持产、学、研相结合的方法,深化产教融合、科教融合,协同育人,为国家和社会源源不断提供应用型人才。同时,通过具体案例分析,得出应用型人才培养的经验,供有关教育主管部门和同类高校参考借鉴。

第一节　应用型高校人才培养的特征

新时代建设教育强国是中华民族伟大复兴的基础工程。而对地方高校而言,需要完善职业教育和培训体系,深化产教融合、校企合作,加快一流大学和一流学科建设,实现高等教育内涵式发展。即从高校发展追求规模扩张向质量提升转变,从高校自我发展向与社会融合发展转变。这要求地方高校的人才培养必须紧随国家结构调整,适应政府、社会以及市场需求,紧密结合地方的经济社会发展趋势,重点培养具有社会责任感、创新精神和实践能力的应用型高级专门人才,尤其是培养具有创新创业特质的一流人才。

培养应用型人才必须大力发展应用型高校,这既符合我国经济发展和社会进步的要求,也是建设高等教育强国的需要。随着国家从过去劳动密集型产业向科技密集型产业转型,对应用型人才的需求迅速增加,这就要求教育不仅培养学术型人才,而且要培养顺应时代发展的应用型人才。应用型高校作为人才培养的重要阵地,应当把应用型人才培养纳入教育教学实践中,采取针对性的措施,为国家和社会提供应用型人才。应用型高校人才培养具备以下特征。

1. 培养目标:应用为本

应用型人才的培养目标包括两个要点:第一,本科是其基本要求。作为本文定义的“本科型”应用型人才,首先需要满足我国本科教育的基本要求。无论是学术型还是应用型人才,都应掌握该学科的基本知识以及基本技能,这是应用型本科人才的最基本要求。第二,“应用”是其核心体现。应用型本科人才与学术型本科人才的本质区别在于,应用型本科人才具有较强的专业应用能力,可以直接适应相应职业和社会地位的需求。应用型本科人才培养目标的确定应着眼于“基础”,强调“应用”。

2. 学科专业:需求导向

地方型应用型高校的定位应该与地方经济、政治文化密切结合服务地方,所谓面向行业、服务地方。应用型人才培养模式以需求为导向来建设学科专业,“需求导向”包括三层含义:第一,着眼于应用型学科方向的发展,应用型学科更多的是指应用型学科方向,即理论应用于实践的学术分支领域。第二,根据社会需要设置专业。一般来说,专业设置的依据有两个,一是学科分类,二是社会需求。第三,根据社会需求调整专业方向。为了跟上社会需求的变化,可以调整专业方向来实现这一目标。

3. 课程体系:依托学科、面向应用

“依托学科、面向应用”课程体系的开发,要求学生具备足够的学科基础知识,强调培养学生运用专业知识服务实际需要的能力。“依托学科”是应用型课程体系与高职院校课程体系的根本区别,“面向应用”是应用型课程体系与学术型课程体系的根本区别。所谓“依托学科”是指以学科为支撑,构建应用型课程体系。由于应用型人才对工作性质的要求,应具有广泛的理论知识基础、较强的工作能力和一定的可持续发展能力,能够适应生产技术快速发展和产业升级的要求,在不断变化的环境中完成任务。这就要求应用教育课程具有一定的系统性、完整性。所谓“应用型”就是在给予学生足够的学科知识的基础上,应以专业应用能力为专业课程设计的出发点,将专业应用能力的特征指标转化为课程体系和课程内容。

4. 培养途径:产学研结合

应用型人才强调利用专业能力来达到社会适应能力,这就要求他们突破传统以传授校内课堂知识为主的单一人才培养模式,产学研合作是一种学习与工作的结合。产学研合作和双证书教育已成为培养应用型人才的重要途径。学生毕业时不仅要取得正规高等教育学历的相关证书,还要取得劳动和社会保障部门或其他权威机构的技能职业资格证书。

5. 教学方法:行动导向

人才培养目标和课程目标的改革必然导致教学方法的改革,改革教学方法是实现课程目标和激发学生学习积极性的重要举措。行动导向教学,实质上是指在学校整个教学过程中,创造一种学与教、学生与教师互动的社会交往情境,致力于通过学生的学习活动构建知识,形成能力,使受教育者既能适应相应职业岗位的要求,又能将这种构建知识的能力运用于其他职业,进而达到学用一致目的的教学方法。行动导向教学一般采用跨学科的综合课程模式,不强调知识的学科系统性,重视的是“案例”和“解决实际问题”以及学生的自我管理式学习。

6. 教学评价:能力取向

确立能力取向的教学评价理念,实现从单纯的知识评价向以能力评价为主的多元化评价的转变。这不仅是高等教育大众化形势下多元化教学的客观需要,更是应用型人才教学目标的应有内涵。

7. 教师队伍:双师素质

人才培养的关键是教师,应用型人才的培养需要一批适合应用型教育的“双师型”教师。“双师型”教师是指不仅具有扎实的基础理论知识、较高的教学水平和一定的科研能力,同时也具有较强的专业实践能力和丰富的实践经验,不仅具备了解行业基本理论的能力,而且具备将专业知识和实践能力融入教学过程的能力。“双师型”教师除具备教师的基本能力和素质外,还需具备以下能力素质:(1)“双师型”教师除了熟悉和遵守行业职业道德外,还要了解自己的工作过程、具体内容及其在行业中的地位、作用等,通过教育培养学生良好的行业职业道德,自觉遵守行业职业道德。(2)“双师型”教师必须了解用人部门对其专业能力的要求,重视学生专业知识的传授,注重学生实践技能和综合应用能力的培养。(3)“双师型”教师应了解企业行业管理的规律,有能力引导学生参与管理。(4)“双师型”教师应善于接受新信息、新知识、新思想,不断提高自身素质,主动适应新形势的变化。(5)“双师型”教师要树立市场观、质量观、效益观和行业观，自觉按照竞争规律和价值规律办事，具有一定的沟通协调能力。

第二节 应用型高校人才培养目标

学界认为应用型人才培养目标是由不同层次的培养目标组成的人才培养体系。教育培养可分为国家层次、学校层次和专业层次三个层次。本研究侧重从国家层面、学校层面与专业层面三个角度来构建和解析应用型人才培养目标体系。

1. 国家层面培养目标

国家层面的人才培养目标，顾名思义就是从宏观的国家层面对高等学校人才培养目标的基本规定。“高级专门人才”是我国高等教育人才培养目标的基本定位，其核心是“高”和“专”。“高”是指高等教育在整个教育体系中的高等性以及学生所学知识与技术的高深性；“专”是指所学知识与能力结构的专业性。《高等教育法》将不同层次的高等教育人才培养目标分为专科教育、本科教育和研究生教育。但是，高等教育法并未明确规定不同类型的教育的培训目标。因此，从这一点出发，应用型人才应该是具有创新精神和实践能力，能够系统地掌握各学科和专业所必需的基本理论的高级专业人才。

2. 学校层面培养目标

学校层面的人才培养目标是各校基于国家层面的人才培养目标，结合各自办学水平、办学方向和实际情况制定的相对明确的规定。随着办学自主权的扩大，学校层面的人才培养目标可以由大学本身来确定，从高校培养人才的角度来看，可以大致分为三类：学术型人才，应用型人才和技术型人才。学校应根据自身特点，进一步完善人才培养目标。

研究型大学以培养学术型人才和精英领袖型人才为主要目标。应用型高校以培养应用型人才为主要目标。现在很多地方应用型院校将人才培养目标定位于“高素质应用型人才”。

3. 学科专业层面培养目标

专业人才培养目标是高校人才培养目标在专业层面的具体落实。在学校确定了具体的人才培养目标之后，需落实到每个具体专业上。专业是目前高校人才培养的基本载体，专业培养目标首先要符合所在院校的整体人才培养目标定位，同一个专业在研究型大学、应用型院校中的人才培养目标是不同的。专业人才培养目标不仅要符合所在院校的整体人才培养目标定位，更要体现学校的发展特色与专业特色。

第三节 应用型高校人才培养规格

应用性是应用型本科高校的本质特点。人才培养规格的设计不但要求“基础扎实、知识面宽”,而且更加强调动手能力、实践能力和创新精神。应用型本科高校要服务地方经济社会发展,围绕地方经济发展的需求设置学科专业,人才培养要在培养学生的应用能力上下功夫,要重点解决学生的知识更新能力、创新创业能力和服务社会能力。不同高校、不同专业都应该制定不同的人才培养目标,也应该分别制定符合实际、切实可行、特色鲜明的人才培养规格。

应用型大学应注重“专业教育”,这不同于研究型大学培养学术研究和理论创新人才的“学术教育”,也不同于高职院校以培养职业技能型人才为目标的“职业教育”。应用型本科教育人才的培养目标包括三大类:知识水平目标、专业能力目标和社会能力目标。知识水平目标是指学生在学习过程中必须掌握的要点,专业能力的目标是学生通过学习知识和实践解决专业问题的能力,社会能力的目标是指为社会服务的综合素质,如适应社会的基本能力、判断社会的价值、良好的心理素质和行为习惯。其中,知识水平目标和专业能力目标是具体的课程目标,而社会能力目标则需要课程与社会实践共同作用,贯穿于学习与培训的全过程,更注重应用性。

一、应用型人才的知识要求

在知识、能力和素质这三个基本要素中,知识是素质的基本要素。知识的广度和深度从根本上影响知识的结构。知识结构不同,能力结构和素质结构也就不同。应用型人才需要具备以下两种知识。

其一,工具性知识。主要包括:(1) 外语知识。具有一定的专业外语书籍和文学阅读能力,可以使用外语进行一般交流。(2) 计算机知识。掌握各种计算机技术相关知识的专业需求,可以熟练运用计算机解决专业问题。(3) 信息技术应用与文献检索知识。能够熟练掌握通过互联网收集和利用信息的各种方法,并具有一定的综合文献查找能力。(4) 方法论知识。可以更好地掌握归纳、演绎、推理、总结、研究的各个方面,并将其应用于工作实践。

其二,专业知识。专业知识是应用型人才应重点掌握的知识。对于社会科学和自然科学方面的应用型人才应熟练掌握其所属类别的专业知识,包括两个方面:(1) 专业基础知识。应用型人才必须掌握本学科的基础知识和基本理论。(2) 专业指导知识。专业知识包括理论知识和实践知识。应用型人才的培养必须同等重视理论知识和实践知识,尤其是加强对工作过程知识和工作经验知识的掌握,使学生能够了解他们将要从事的工作过程以及学习专业知识的过程。

二、应用型人才的能力要求

在知识、能力与素质三要素中,能力要素是其核心要素。从教育的角度看,能力是知识追求的目标,学习的目的就是通过学习知识来获得个人技能。能力水平是评估人才价值的重要标准,应用型人才应具备以下两方面的能力。

一是专业应用能力。专业应用能力主要包括核心专业应用能力和基本专业技能。专业基本应用能力是指完成专业工作应具备或掌握的基本技术技能。核心专业应用能力是指可以全面应用专业知识的最重要的综合能力。基本专业技能是核心专业应用能力的重要支撑,每个专业应明确培养的人才应具备的专业应月能力,然后根据每种专业的应用能力设置相应的课程。

二是关键能力。关键能力不仅仅强调具体的专业技能和职业技能,更强调适应不同职业的能力,即使职业发生变化,这种能力也会继续发挥作用。这种能力被称为跨职业能力或可转移能力,具体表现为:(1) 有效收集、分析和组织信息的能力;(2) 表达意见的能力,即有效利用一系列交流形式来交流思想和信息的能力;(3) 计划和组织活动的能力,即计划、组织和管理自己的能力,包括独立完成任务的能力;(4) 团队合作的能力;(5) 使用数学思维和技能来解决问题的能力。

三、应用型人才培养规格的具体要求

应用型人才在知识、素质和能力方面有一些共同的要求,但由于专业之间的培养目标不同,对知识、素质和能力的要求也必然不同。此外,不同类型高校同一专业不同的培养目标也会导致不同的专业培养规范。因此,对应用型人才培养规范的探讨必须依据具体专业。专业与专业之间培训规范的差异,人们比较容易理解,因为专业性质不同,要求必然不同。但在人才培养实践中,不同高校对同一专业具体培养规范的差异认识不清,容易形式化和重复。目前,教育部专业教学指导委员会也没有对专业培养规范进行分类指导。但也有一些专业教学指导委员会对专业培训规范进行分类指导。以自动化专业为例,自动化专业教学指导委员会对"研究型""工程研究型""应用型"的具体培养规范有明确而不同的要求,并且从知识、能力和素质结构三个方面细化具体要求。

第四节 应用型高校人才培养定位存在的主要问题

1. 盲目参照研究型高校的办学模式

当前,在我国高等教育发展模式分化还不够明晰的阶段,一些应用型高校忽略了地方特征、办学条件和自身特点,追求高水平、大规模、多学科的发展模式,追求综合性发展道路,致力于提升办学层次,甚至将学校发展目标定位在"一流"上。然而,在目前的教育发展形势下,应用型高校应清醒地认识到一流大学的各项条件(如教学科研投入、教学科研队伍素质等方面)是应用型高校在短期内无法达到的。传统综合性高校大而全的发展定位有其特定的时代背景,而目前我国高等教育发展早已超越这一阶段,学校的办学特色更加重要。在这种情况下,应用型高校若背离自身条件,盲目地以建设一流大学为目标,不利于学校的高质量发展。

2. 人才培养模式趋同,缺乏特色

目前,我国不少应用型高校人才培养模式趋同现象较多。从现实角度看,让每家高校都凝练出不可替代的办学特色,在数量众多、办学水平相差无几的应用型高校之中脱颖而出,的确也非易事。但是,应用型高校办学目标之一就是能够培养出差异化的人才并能得到用人单位及学生、家长的认可。所以,无论如何,应用型高校的核心竞争力就在于能够走错位发展道路,培养出特色人才并能为市场认可。因此,应用型高校必须以地方产业结构和社会发展的情况为基础,调整办学类型、层次和学科专业建设方针,深入了解其他同类高校,特别是本地区高校的发展状况,着力培育并发挥自身的独特优势。抓住重点,有所为,有所不为。当前,不少应用型高校忽视了对自身办学特色和优势的把握,对特色的研究重视程度不够,加之有限的教育资源以及经费筹措能力的矛盾,使学校的学科和专业建设经费、资源得不到保障,原有的特色和优势得不到发挥。在高等教育竞争日益激烈的形势下,原本就处于劣势的应用型高校就容易失去自身特色,势必会失去应有的生存空间和竞争能力。

3. 功能定位笼统,缺乏针对性

高等教育具有人才培养、科学研究、社会服务和文化传承四大功能,大多数院校在这四大功能的实现上不可能做到绝对均衡,而应有所侧重各具特色。高等教育实施的是专业教育,明确服务方向和专业方向是高校科学定位的前提。

高校举办者的责任是明确办学目的，办学者的任务是实现办学目标。由于应用型高校建设是一个较新的课题，应用型高校的定位还有很大的探索空间。也正因如此，各校的办学定位很容易陷入同质化的状态，甚至出现偏差，失去办学目的的精准性。

4. 政策导向引发应用型高校定位失衡

我国高等学校的办学主体是政府，政府的投资和激励政策对高校的价值取向起着关键作用。在教育投入普遍不足的背景下，政府的财政拨款和收费政策比较注重层次，包括学校的层次和学生的层次，这在一定程度上助长了高校的攀比风。同时，政府及教育行政部门为解决高等教育发展中的突出问题，提高高等教育的产出效应，实施了985工程、211工程，特别是近几年出台的“双一流”建设政策，对发展水平高、特色突出的院校采取“重点投入”的倾斜政策加以扶持。应该说，充分发挥高校的职能，这种举措是有效的，但由于“重点投入”的对象主要是根据学校的办学层次和产出成果来确定的，加之这又是项非制度性的措施，因此，把追求重点建设经费与“高层次”联系在一起，以获取政府资源成为学校扩大宣传的一种手段，随之其定位也容易被改变。对于升格时间短、因规模扩张而导致投入不足、经费筹措能力有限的应用型高校来说，利用政策导向获取资源导致了办学定位偏离实际。

5. 陷入僵化的高校分类标准

虽然对应用型高校如何定位还存在不同的观点，但强调应用、实践、服务地方等理念都是一些共识。然而，在寻求自身准确定位的过程中，有不少应用型高校为了凸显自身特色，容易陷入非此即彼的极端化思维之中。这主要表现在一些应用型高校对各类高校进行了僵化的分类，忽略了不同类型高校可能的共同之处，从而使应用型高校的高质量发展受到影响。实际上，在人才培养、科学研究、社会服务和文化传承四大功能上，各类高校都有一些共同的使命，只是各有侧重而已。比如，国内诸如北京大学、清华大学、南京大学等少数重点研究型大学，在科学研究领域自然占据明显优势，但这并不意味着此类高校就缺乏“应用型”的面向，相反其办学的应用性效果并不比应用型高校弱。比如，在人才培养方面，虽然研究型大学承担了培养学术型人才的任务，但在目前的就业环境下，只有少数研究型大学毕业生从事“高端”的学术工作，他们中的大部分都要从事非学术工作甚至一线工作，同样具有明显的“应用”特性。甚至可以说，在“应用”这一面向上，研究型高校可能并不比应用型高校显得弱。再比如，在社会服务方面，应用型高校引以为傲的就是能服务地方，但研究型大学同样可以服务地方,而且可能对地方更具吸引力。所以,高等学校的分类更多的是相对意义上的,一些地方本科院校和高职院校不能被已有的分类标准牵着鼻子走,而是以高质量发展为根本,扩大办学的开放性。无论是研究型高校还是应用型高校,都要积极加强互动,取长补短,以学校的长远发展为目的,对自身进行更加科学的定位。

第五节 淮阴工学院应用型高校人才培养实践探索

一、学校概况

淮阴工学院为江苏省属普通本科院校,坐落于周恩来总理故乡、全国历史文化名城——江苏省淮安市。学校始建于1958年,2000年升格为本科高校,2011年国务院学位委员会批准为服务国家特殊需求硕士专业学位研究生人才培养项目试点单位,是国家"卓越工程师教育培养计划""卓越农林人才培养计划"试点高校。2015年开始与国(境)外高校联合培养博士研究生。现已成为一所以工为主,农、理、经、法、文、管、艺多学科协调发展的应用型高校。现有国家级卓越计划试点专业8个,国家级特色专业2个,国家级"专业综合改革"试点项目2个;江苏省"十三五"重点学科5个,江苏省品牌专业3个,省级卓越计划专业10个。4个专业通过中国工程教育专业认证。拥有国家级工程研究中心1个,国家级虚拟仿真实验教学示范中心1个,国家级工程实践教育中心1个,国家级大学科技园1个;省级实验教学共享平台1个,省级人才培养模式创新实验基地1个,省级实验教学与实践教育中心11个,省级以上科研平台18个,实现学科专业全覆盖。省级研究生工作站30个,其中优秀研究生工作站3个。2016年以来,学生年均考研达线率22.7%以上,毕业生就业率保持在96%以上。

在推进学校事业高质量发展的过程中,学校始终坚持围绕"优""特""实"的发展理念,坚持以服务谋生存、以特色促发展,积极推进学科专业一体建设,学校教育教学质量不断攀升,科技创新和服务对地方经济的贡献度持续上升,办学质量和社会美誉度不断提升。

第一,"优",首先体现了一种鲜明的质量意识。这是学校生存与发展始终立于不败之地的重要保证。这个"优"并不一定是在传统意义上的绝对优势,而是在完善富有特色的学科体系、构建合理专业结构、服务地方经济社会发展上彰显优势。更为重要的是，这里的“优”，并不一定要全面地追求卓越，而是有选择地追求卓越。具体而言，就是结合校情，瞄准前沿，在一门或几门主要学科上形成自己的个性和特色，并且不断发展壮大相关专业集群，形成一流的优势学科和特色专业。

第二，“特”，主要表现的是具有独特性和不可取代性。办学特色具有多种属性，既可以体现在学校的办学理念上，也可以体现在学校的管理体制、运行机制、学科布局、课程体系、人才培养模式等各个方面。淮阴工学院要建成地方区域一流、学科专业一流、产学研一流等不同层次的“一流”高校。“一流”关键在于要体现自身的优势，形成自己的特色，在多样化的办学层次和类型中找到自身的定位和发展目标。

第三，“实”，集中展现为目标定位要精准，谋事做事要务实，学校全体师生员工发展状态要积极。按照现有大学分类划分，淮阴工学院无疑属于办学层次较低的高校，一方面要勇于承认自己的地位并要理智地看待和认真对待，另一方面也要意识到办学层次低并不等于办学水平低，在培养高素质的应用型人才和服务地方经济发展等各方面，也是能有所为，也必然是大有可为的。要坚持有所为，有所不为，立足校情，不贪大求全，不一味盲从，坚持不断拓展自身的特色和优势，就能逐步增强自己的比较优势和错位发展的竞争实力。

二、淮阴工学院应用型人才培养的实践探索

淮阴工学院在反复研讨论证的基础上，学校党委提出了“淮工振兴”的战略，出台了学校加强高水平应用型大学建设的实施方案，明确了学校的办学定位、目标任务和“十个一流”的实施途径。在 2018 年底召开的学校第三次党代会上，对建设特色鲜明的高水平应用型大学的目标、任务、举措予以进一步明确和强化。

1. 准确把握人才培养定位

第一，坚持服务面向地方。地方高校最重要的属性是“地方性”，为地方经济社会发展服务是地方高校的重要职能。“复旦共识”提出了地方高校服务面向的具体要求，指出地方高校要对区域经济发展和产业转型升级发挥支撑作用。学校主动适应地方区域经济社会发展需求，拓展办学思路，拓宽人才培养模式，实现对内、对外全方位开放办学。创新办学体制机制，深化政产学研合作和国际合作，通过拓展合作共建，实现资源共享，增强办学活力。立足学校办学实际，结合地方经济社会发展需求，明确在服务面向定位上，坚持立足地方、融

入长三角、辐射区域,在办学目标、办学类型、人才培养规格、服务面向等方面,实行开放办学,合作共建,协同发展,政产学研深度融合,积极探索特色办学之路。

第二,坚持培养应用型人才。该校结合办学实际,按照经济社会发展的要求,遵循高等教育发展规律和人才成长规律,理性确立目标定位、类型定位、人才培养规格定位、科类结构定位和服务面向定位。按照"全面发力、整体推进,突出重点、指标引领,内涵发展、质量提升,凝练特色、打造品牌"的总体思路,统筹推进以一流学科建设、一流专业建设、一流队伍建设、一流学生培养、一流科技服务、一流境外合作为重点,以一流党建工作为统领、一流文化建设为引领、一流条件保障为基础、一流治理创新为保障的"十个一流"建设实施计划。在类型定位上,坚持教学型办学定位,以教学工作为重心,积极开展科学研究,以本科教育为主,积极发展研究生教育。在人才培养规格定位上,坚持打造多元化人才培养模式,在培养高素质应用型人才的同时,适度培养拔尖创新人才。在科类结构定位上,坚持以工为主,理工经管文法农等多学科协调发展。

第三,坚持面向产业开展技术研发。绝大部分地方高校并不具备工科优势、高校科研和技术创新方面的优势,因此,在科学技术研发方面需要错位发展。学校紧密联系江苏支持苏北地区加快发展、推进苏北新型工业化的要求,结合淮安实施工业强市、科教与人才兴市、借港出海与开放带动、绿色发展、城乡统筹"五大战略",构筑大交通、培育大产业、发展大流通、繁荣大文化、开发大旅游"五大建设"的发展需求,面向淮安重点发展的特钢、IT、盐化工新材料、节能环保和食品等千亿元级主导产业培养应用型人才。学校把全面为地方经济社会发展服务作为目标,立足于地方产业结构调整、企业技术进步所需要的实用技术开发、技术创新和服务,如新产品的设计、改进,工艺、装备的设计及高新技术的推广与服务等,为政府、企业和人的发展提供服务,建立工程教育与经济社会互动发展的模式,助力产业转型升级。

2. 加强人才培养模式改革

人才培养模式是学校教育思想和办学理念的集中体现,是对人才培养目标、培养模式、培养过程和培养方式的总体设计,是确保教育教学质量和人才培养规格的基础工作。学校积极构建"资源集聚、分类多元、自主学习"的人才培养新机制,准确把握区域经济社会发展趋势和人才规格需求,坚持"面向社会需求,创新培养模式,强化专业能力,彰显应用特色"的教学工作总体思路,深化教育教学改革,创新人才培养模式,适时调整专业结构,整体优化课程体系,完善学生知识结构，强化实践教学改革，突出专业应用能力，彰显应用特色，使学校的人才培养始终保持与社会需求的较高契合度。同时，在做好普通大学生教育培养基础上，成立翔宇创新实验班，致力于选拔培养拔尖型学生，开创人人皆可成才、人人尽展其才的生动局面。主动对接区域行业产业需求，对接区域经济社会发展需要，在全面提升专业建设水平的基础上，以学科方向凝练为引导，以学科团队建设为关键，以学科平台打造为支撑，以标志性成果产出为重点，实施学科建设“246X”工程、专业建设“2612”工程，大力推进品牌专业建设，不断优化专业设置，建立健全学科建设体制机制，提升人才培养质量。

3. 打破学院壁垒，加强制度创新

学校全面实施校政企协同共建方案，进一步加强顶层设计，打破体制壁垒，挣脱机制束缚，开辟多元路径，以体制机制和方法创新引领学校的发展。如在干部管理体制上，在坚持党管干部、党管人才原则基础上，采取聘任制、双聘制、特聘制等多种形式持续优化干部管理体制，进一步激发创新思维，释放创新创业活力，为协同共建全面开展、构建新型政企多边契约关系奠定坚实基础。通过建立实体学院、虚拟学院、行业学院、区域学院、跨境学院、创新平台等多种融合方式，构建覆盖各学科专业和人才培养全过程的协同育人平台。在薪酬制度方面，优化薪资绩效分配方案，推行年薪、月薪、日薪、时薪、项目制等多元薪酬体系，保证内部公平，强化外部激励，满足多样化人才需求。

4. 优化调整师资队伍建设

学校把师资队伍建设放在学校发展全局的战略位置，把“尊重教师、服务教师、发展教师”作为师资队伍建设的主线，大力实施人才队伍建设“135”工程，即打造10名国家级人才，三年引进300名博士，三年培养50名博士，开展翔宇系列人才工程，完善高层次人才引进、教师发展激励、教师能力提升及教师分类发展和转岗退出等机制，强化二级学院人才引进、培养和使用的主体作用，优化人事管理机制，采取柔性引进、联合培养、海外招聘等形式，汇集各类高层次人才。不断推进师资队伍博士化、国际化、产业化、团队化的“四化”工程，着力建设一支数量充足、结构合理、师德高尚、业务精湛，具有创新精神和国际视野，在全省同类高校中具有影响力和竞争力的“双师双能型”师资队伍。

5. 增强学生双创能力

人才培养是高校的首要任务，也是应用型高校特色办学最为直接的体现。学校按照新工科建设理念，打破专业、学院壁垒，成立翔宇学院，加强学生应用能力培养，提升工程实践能力，为学生创新创业提供有力支撑。已先后组建了数学建模竞赛实验班、建筑结构创新模型竞赛实验班、计算机设计竞赛实验班等10余个虚拟班，激发了学生学习兴趣，提高了学生的实践创新能力。大学生在“挑战杯”“互联网＋”、中国机器人大赛、全国数学建模等各级各类学科竞赛中的获奖数量与层次位居同类高校前列。2018年，学生创新创业团队首次问鼎“创青春“国赛金奖。

6. 带动教学条件改善

通过实施校企协同育人工程，完善多主体协同育人机制，深入推进产教融合、校企合作。不断加强与地方政府、行业及企事业单位紧密合作，整合资源建设国内领先的实践教学平台，创新校企合作实践育人机制，推进产业学院建设。进一步深化校企合作培养人才，优化和丰富课程体系，改进教学运行机制，完善教学评价制度，邀请社会相关行业企业专家骨干参与课程体系设计、课程开发和教学内容改革，增强人才培养与社会需求的契合度，促进应用型人才培养质量不断提高。突出实践教学在人才培养中的重要地位，建立了多维联动的产学深度合作长效机制，将区域产业资源转化为教学科研资源，优化实践教学体系，改善实践教学条件，深化实践教学改革，重构实践教学内容，改革教学方法与手段，促进基础与提高、必修与选修、课内与课外、校内与校外、虚拟与现实的有机结合、相互协调，不断提升学生的实践创新能力。

参考文献

[1] 陈小虎，黄洋，冯年华. 应用型本科的基本问题、内涵与定义[J]. 金陵科技学院学报(社会科学版)，2018(4)：32.

[2] 孔繁敏，等. 建设应用型大学之路[M]. 北京：北京大学出版社，2006：56.

[3] 李北群. 产教融合试验区的创新与实践[J]. 中国高等教育，2017(8)：25-26.

[4] 王松德. 适应时代发展需求推进应用型高校人才与师资队伍建设[J]. 决策探索(下)，2019(2)：15-16.

[5] 夏建国，赵军. 新工科建设背景下地方高校工程教育改革发展刍议[J]. 高等工程教育研究，2017(3)：15-19.

[6] 章跃，李北群. 地方高校发展的路径思考与实践[J]. 中国领导科学，2016(10)：59-61.

基于创新设计需求的淮安设计人才培养研究

主持人：刘　平（淮阴工学院）
课题组：伍玉宙　赵艳梅　王月磊　邓邦坤

内容提要：作为以培养服务地方发展的应用型设计人才为主要任务的地方高校的设计专业，服务地方创新设计、培养适应性的设计人才具有重要的意义。不管从淮安地方的设计事业发展、产业升级、文化发展来看，还是从整个国家“中国制造2025”战略的实施来看，开展对淮安区域的设计人才需求与培养的研究有着相应的紧迫性。研究表明，提升创新设计人才质量，推进创新设计服务升级，促使设计与实体经济深度融合，是培育经济新的增长点、提升文化实力和产业竞争力的重大举措，是发展创新型经济、促进经济结构调整和发展方式转变、加快实现由“中国制造”向“中国创造”转变的内在要求，是促进产品和服务创新、催生新兴业态、带动就业、满足多样化消费需求、提高人民生活质量的重要途径。该课题研究以淮安设计人才培养问题作为研究对象，立足于淮安经济发展的背景，深入解读创新设计如何助力淮安制造业转型升级、提质增效与创新驱动。针对淮安创新设计中的设计人才问题，从产业需求、人才培养适应性、设计学科先进理念以及人才培养操作等层面进行系统解读，为推动淮安创新设计人才培养与培训提供引导，为政府、产业、企业、高校制定设计战略提供有益参考。

第一节　创新设计之于淮安经济发展的价值与意义

面对宏观调控与资源环境的约束趋紧、稳增长与调结构的双重压力，淮安制造业必将坚持特色化、规模化、高端化、智能化和绿色化的发展方向。这种高质量可持续的发展路径离不开创新设计。创新设计以制造业为主要服务对象,贯穿融合产品系统创新、工艺流程创新、商业服务模式创新,引领推动制造业从研发、生产到经营、服务全产业链的创新发展,实现淮安制造创新链、产业链向中高端拓展和提升。发展创新设计,对于促进两化融合,实现绿色低碳、智能高效的新型工业化道路,引领企业走向自主品牌之路,提升淮安制造产业的自主创新能力、可持续发展能力和市场竞争力具有重要的作用。

一、创新设计与创新设计人才

1. 创新设计

创新设计是当今社会最富有时代特征的一个名词。创新设计是指充分发挥设计者的创造力,利用人类已有的相关科技成果进行创新构思,设计出具有科学性、创造性、新颖性及实用成果性的一种实践活动。科学讲究技术创新,设计艺术专业更需要积极探索新的教育理念和教学模式,推广创造性的教学方法,培养学生的创新思维,训练学生的创新技能,激发学生的创新兴趣,提高学生的创新能力。

创新是社会进步的动力,是人类智慧的凝聚,古往今来,人类光辉灿烂的思想文化,高度发达的科学技术,都闪耀着创新的光芒。设计作为一种渗透着美学韵律的技术,自然也与创新有着密切的关系。没有创新,就没有设计巨匠和他们的力作,没有现代人类社会的丰富多彩。创新设计如此普遍,又如此重要,所以设计行业已成为现代社会不可或缺的一部分,设计专业教育也由此应运而生。创新设计通过发挥创造性的思维,将科学、技术、文化、艺术、社会、经济融汇在设计之中,设计出具有新颖性、创造性和实用性的新产品。

2. 创新设计人才

所谓创新人才是指具有扎实的理论基础、合理的能力结构和健全的创新人格,能以创新思维打破常规,创造新成果、新技术或新方法,推动社会进步发展的高素质人才。创新人才须具有创新意识、创新思维和创新能力。创新设计人才是发展自主创新能力的基础。创新设计的实现必须坚持人才资源是第一资源的战略思想。农耕时代的设计者主要靠个人的天赋、学习、训练与经验,主要依靠家庭或师徒传承,设计与制作合一;工业时代的设计师主要依靠学校的培养训练,设计专业化,出现专业的设计师、设计团队、设计公司、设计学科,以及设计学院等。在后工业的知识网络时代,设计师需要掌握更多的知识、处理更多的信息。发掘区域需求、利用网络数据、采用新技术并通过协作与合作的方式进行创新成为设计师的重要素质。创新设计是设计在知识网络时代发展的新思维方式，包涵了能够令技术有效转化为商业价值、社会价值，令企业通过新型的服务模式、商业模式取得商业成功的方法与工具。这意味着对创新设计人才的培养需要更多元的选择和解决方案。

就专业而言，创新设计人才的培养，可以是专业人士的设计实践能力的提升，也可以是非专业人士的设计意识、设计思维的培训。就层次而言，在设计专业内便有人才层次差异，如初级设计师、中级设计师、高级设计师等，也有从企业内部执行层、管理层与决策层的设计意识差异，还有设计需求层面产品造型师、交互设计师、品牌策划师等的设计方向差异。这决定了设计教育的方式和内容的差别：面向非设计专业的设计教育，注重设计意识、设计思维的培养；面向设计专业的职业设计师的设计教育，注重培养设计能力；面向企业决策者的设计教育，注重设计战略及设计思维训练等。

二、创新设计对淮安经济发展的价值和意义

创新设计对地方经济发展具有巨大推动作用，创新能力作为国家和企业竞争能力的核心，也逐渐成为衡量一个国家和地区经济发展潜力的重要标志之一。创新设计影响创意产业和企业核心竞争力，是发展创新型经济体制的重要因素，对于地方和企业发展具有十分重要的意义。中国创新设计教育正处在一个发展的关键时期，担负着为创新型国家建设培养人才的重任。应抓住经济和社会发展难得的历史机遇，跟上时代步伐，主动面向知识经济的发展，研究出现的新问题、新情况，不失时机地调整、发展和提升我国的创新设计教育，为社会发展服务，为创新型国家建设服务。

苏北地区是当前江苏省战略发展的重点区域，淮安是苏北重要的发展战略城市，随着淮安地区工业化、信息化、城镇化和农业现代化进程的加快，创新设计已贯穿在经济社会各领域各行业，初步呈现出多向交互融合态势。社会发展已经证明：提升创新设计人才质量，推进创新设计服务升级，促使设计与实体经济深度融合，是培育经济新的增长点、提升文化实力和产业竞争力的重大举措。

淮安坐落于古淮河与京杭大运河交点，是江淮流域古文化发源地之一，境内自然环境优美，文化资源丰富，如运河文化（漕运文化、水利文化、城市商业文化、榷关文化、运河宗教文化）、湿地文化、曲艺文化、淮扬菜饮食文化等。因此，淮安在发展创新设计教育、培养高素质的文化创新人才、设计服务人才方面具有较大的优势。

第二节　淮安创新设计教育现有基础及存在的问题

一、淮安创新设计教育现状

关于创新设计教育，国外研究已趋于成熟，如美国的麻省理工学院（MIT）注重学生创新教育，强调学生创新能力的培养，发挥课内和课外两方面学习的重要性，并把两者融合起来，形成一个整体最优的环境，在推进创新人才培养方面独具匠心。日本东京工业大学的教育目标及课程设计强调创新能力的培养，教学方式弹性化，强调创新意识发挥，强调整体美及整体创新能力的发挥，鼓励学生参加各项创新比赛。神户艺术工科大学则强调艺术与工学的结合，注重培养艺术与工学相融合的人才。

与国外创新设计教育相比，国内目前的设计教育中，创新意识不足，例如，本科阶段工业设计教育的重点还是基础技能的培养，忽视了与实际产品开发过程结合的工程实践教育，不少高校工业设计教学工作仍然是“重艺轻技”，即注重产品造型，注重产品设计表现，“画设计”“画图案”。学生画出来的效果图虽然很好看，但产品的实用性不高，或存在功能上、技术上的问题。多数应届本科毕业生存在实践知识不足、动手能力较低等问题，基本能力水平与职岗能力要求之间存在较大差距。这造成了工业设计专业本科毕业生就业面窄、起点低、竞争力不足、工作吃力的状况，他们往往需要通过多年的积累和企业的二次培养才能逐步掌握工业设计工程实践技能，提升职业层次。

淮阴工学院是淮安创新设计教育的主要机构，拥有工业设计、产品设计、环境设计、视觉传达设计、数字媒体艺术等本科专业，持续为淮安企事业单位输送创新设计人才。目前淮阴工学院创新设计教育已形成一定的教育规模，并取得了一定的成果。创新型高层次设计人才培养在苏北经济创新驱动战略中，具有举足轻重的作用。苏北创新设计人才的缺口制约了以工业设计为引领的创新经济发展，高层次设计人才缺乏成为苏北经济发展的瓶颈。高水平创新型设计人才的培养，可以提升地方教育水平，同时也可以辐射苏中、苏北制造企业，提升苏北制造业创新设计水平。

二、淮安创新设计人才培养存在的问题

目前淮安创新设计人才培养存在国内其他地方设计教育机构普遍存在的

问题，创新意识和创新能力的培养相对教条化，与地方经济发展结合不够紧密，创新设计不能有效落地。这就形成了地方创新需求与人才创新能力缺失之间的矛盾，解决这一矛盾是目前淮安创新设计人才培养需要重点解决的问题。剖析创新设计人才培养中的问题，主要有以下两个方面。

1. 缺少理论培养

高等学校设计专业学生缺少理论培养。在学校进行课程开设的过程中，实践课程与理论课程设置呈现严重不合理的局面，造型设计等课程占据学生课程的大部分，而设计心理学等课程在学生课程中却占有极少的比重。理论对实践具有相应的指导作用，只有学生将理论知识掌握扎实，才能更好地进行社会实践。此外，对于高校学生而言，过多的实践课程并未使学生实践能力得到相应程度的提升，只会使学生进行一定程度的模仿，而要想使学生具有创新性思维，便需掌握相应的理论知识，并将其应用于实践课程中。

2. 社会实践与理论学习之间的关系不平衡

许多学生对社会实践与理论学习之间的关系缺乏正确的认识。在学生思想意识中，认为社会实践是掌握设计知识的重要条件，理论知识并未对设计具有相应程度的指导作用，因而，在学习的过程中，多注重学习实践知识，而轻视学习相应的理论知识。一部分学生甚至逃离理论课堂去进行相应的实践，综合素质未能得到提升。因此，学生需对社会实践和理论学习之间的关系进行重新定位，对两者进行合理安排。

第三节　淮安创新产业发展中存在的矛盾以及对设计人才的需求

一、淮安地方产业发展现状调研分析

淮安地方产业发展现状调研分析的主要工作包括：对地方产业（尤其是制造业、文化产业）发展的现状进行分析，对淮安设计产业、制造业、文化产业、设计教育以及国内其他地区的创新设计相关方面进行调研，进行资料采集工作。资料采集的内容主要包括实地调研中的观察、访谈、问卷等一手资料，以及图书、影视、网络上的二手文本、图片、影像等资料。根据行业的不同或区域的不同，采用比较法对相关的资料信息进行类型化分类与整理。主要分析所搜集的资料是否符合原定的要求、是否符合逻辑性。

江苏省作为全国制造业第一大省,产业转型急需大量高层次创新设计人才。苏北地区近年主要经济指标增速已连续10年高于全国和全省平均水平,经济总量占全省比重达23%,较“十一五”末提高1.7个百分点,五年年均增速11.8%,2015年人均GDP 55 127元。在苏北经济跨越式发展的大背景下,苏北包括淮安形成了先进制造业和现代服务业为主干、农业现代化加速推进的现代产业体系,催生了大量的设计类专业人才需求。

二、淮安地方产业升级对创新设计的需求

就淮安产业发展对创新设计人才的需求状况进行分析,对照淮安产业发展目标,就当前产业中所存在的创新设计有关问题进行梳理,在此基础上剖析产生这些问题的原因以及可能带来的危害。在调研以及资料处理的基础上,剖析创新设计产业以及教育中存在的各种问题以及形成的可能原因,从人才资源建设的视角探讨创新设计人才与产业发展之间的矛盾。

随着淮安经济结构调整和产业转型升级,制造业企业开始由原先的制造型向创造型转变,这些转变对淮安工业设计从业人员的专业技能与知识结构提出了新的要求,企业需要的不仅仅是能进行方案设计和效果图制作的设计师,更需要能将效果图转换为产品,熟悉产品生产的相关工艺,能对所开发的产品进行工程设计、市场开发的高层次应用型设计师。广大工业设计从业人员也清晰地认识到,仅仅能画几张效果图是不够的,要对产品从设计制造到走向市场的全过程有足够的了解,他们急迫需要对自身原有知识结构进行更新和提升。

淮阴工学院设计学科多年来注重与地方经济发展相适应的研究方向,已逐步形成在苏北有一定声誉和影响力的特色学科,其工业设计工程硕士点建设能够为苏北提供高素质设计创新类人才,满足日益紧缺的社会人才需求。

从淮安产业发展现状来看,呈现出以创新驱动为引擎,不断实现优势特色产业转型升级以及区域创新能力提升的新趋势。在这种发展态势下,地方产业发展对于创新设计人才的需求日益增加,需要依托创新设计人才实现创新经济发展。然而创新设计教育与企业需求之间还存在着诸多矛盾。为解决这一矛盾必须从创新设计人才培养入手,结合产业发展趋势以及国际设计理念的变化,研究适应于知识网络时代,服务地方产业的设计教育的发展走向,提出切实可行的人才培养方案,并根据淮安产业发展的现状与趋势,提出服务淮安发展的设计人才资源的积聚路径。

第四节 淮安创新设计人才培养的总体设计与实施方案

一、构建知识创新体系

基于模块化的平台课群建设，打破传统的三段式（基础课、技术基础课和专业课）教学结构，探讨新的知识创新体系，按照“淡化专业、拓宽基础、加强能力培养”的原则，逐年完善分步修订创新设计专业教学计划。按“系列化和模块化”思路，构建了四大课程模块（人文艺术素质教育课程模块、基础课程模块、专业方向课程模块、实践教学模块）和重点课程建设，带动设计课程建设的全面推进。改革“技能”“方法”为导向的人才培养模式，确立以“问题”发现与解决为导向的人才培养思路，整合高校内外优势资源，邀请校内外专家参与，进行人才培养方案的修订。

立足地方经济建设，着眼于未来创新设计教育的发展趋势，研究工业设计专业课程体系，适度调整、整体优化工业设计专业课程体系，制定出相对先进的课程体系。根据人才培养目标，全面梳理课程教学内容，优化专业核心课程、打造特色课程，对核心课程、特色课程优先立项进行建设。以课程体系为基础，增加新技术、交叉性学科的教学内容，加强实践课程建设，构建实践教学体系。首先，以产业需求为导向，加强实践课程建设。其次，实践课程教学为理论联系实际搭建了有效的平台，可以有针对性地培养学生的动手能力，增强适应性、实用性。再次，实行校内外专业教师和实践教学基地兼职导师双重指导，加强实践教学基地建设，使大多数学生能够进入实践基地集中实习，有助于企业全面了解学生的学习情况和工作能力，以便毕业时优先聘用，缩短学生参加工作后的适应期。

依托淮阴工学院工科院校的技术优势，对接地方产业，推动科教产协同育人，完善新工科背景下的高层次新型设计创新人才培养机制。积聚学科资源，优化专业配置，以“大设计思维＋”为主导，构建“设计思维＋文化创意设计”“设计思维＋公共艺术”“设计思维＋工业设计”“设计思维＋品牌创造”等四板块特色学科体系，逐渐形成“设计思维＋专业服务”的学科人才培养模式。

二、深化教学改革，建立教学创新体系

深化教学改革，建构有效的教学体制，营造创新设计人才培养的环境。坚

持将教学运行体系改革作为设计人才培养模式改革的核心，在服装设计与工程设计专业人才培养模式改革中形成了一个“中心”、一个“平台”、三个“零距离”和三个“结合”的人才运行机制，即以学生成才为中心，以课程建设为平台，在人才培养环节上实施专业设置与产业经济零距离配合，教学内容与行业需求零距离贴近，实践教学与企业岗位零距离接触，在人才培养过程中实施艺术与工程相结合、理论与实践相结合、教学与研究相结合。通过多年的教学实践，总结并实施了课程建设的“七个一”，教学内容的“四审视”改革，使教学改革思路清晰，特色鲜明，有力地促进了创新设计教育，推动了创新设计人才培养模式的改革。

(1) 在课程建设中坚持学校倡导的“七个一”：即一个认真负责的教学态度；一手过硬的教学基本功；一套适应时代要求的教育思想、方法和手段；一套规范的教学文件；一套先进实用的教材；一套科学的考试方法；一套效果良好的实验。我们还注重将教师队伍建设和课程建设的“七个一”相结合，使两者相互促进，相得益彰。

(2) 教学内容改革坚持“四审视”：一是审视有没有介绍本门课程的学科发展动态、学科前沿的内容并提出有待解决的问题，体现开放式教学；二是审视有没有自己的科研体会或自己所了解的工程问题和社会问题的实例，体现教学与科研的互动；三是审视有没有对教学内容的删繁就简，吐故纳新，体现教学内容对学科与专业发展的跟踪；四是审视有没有学科教育与素质教育的结合，将素质教育融入专业教育之中。

(3) 教学方法改革坚持三个“结合”，即在人才培养过程中实施“艺术与工程相结合、理论与实践相结合、教学与研究相结合”。既提倡学生学习创新设计，同时提倡学生学好创新技术；既鼓励学生在课堂上积极参与有关教学内容的讨论，更鼓励学生在课外自主进行理论联系实际的学习、锻炼和提高；既提倡学生从教师那里学习，也鼓励教师从学生那里学习，形成师生互相学习、互相提高的局面。

三、建立创新质量保障体系

为了实现创新设计人才培养目标，确保教学秩序良好运行，需要建立“重质量目标、重组织程序、重规范标准、重质量监控”的多环节保障机制。为此，我们提出了对创新设计人才培养采取“全员性、全方位、全过程”的质量保障体系。

(1) 制定教学管理及教学质量保障相关文件，构筑本科教学管理体系和质量保障体系。将贯穿教育全过程的与本科教学质量相关的所有要素，如教学组织、运行制度、运行机制、教学资源、教学标准、教学过程等都加以规范，有力地保障了创新设计人才培养模式实验区教学质量的提高。

(2) 人才培养模式实验区的质量保障体系坚持全程监控、全面管理、全员参与的原则。全程监控就是对贯穿人才培养的全过程进行监控；全面管理就是将教学、管理与服务等影响教学质量的所有要素纳入教学保障体系进行管理与考核；全员参与就是学校全体师生都有监督和保障教学运行与教学质量的责任和权利，都是教学质量监督和保障的主体。

(3) 完善成果奖励政策，更加突出绩效导向，形成激励约束机制。对资源建设、基础建设、常续建设工作进行与科研成果等值转换认定，并落实到教师各项评审评定及奖励执行之中；进一步消除职称评审、评奖评优、绩效评定、进修交流与学科专业建设之间指标及评价的矛盾之处，建立以指标要求为基础的多元评价体系，让教师能够更加安心、实心地投身于学科专业建设。

四、建立健全产学研服务体系

促进产学研紧密结合，构建设计、研发、用户体验紧密结合的服务模式，提高设计成果转化，以提升企业基础性和原创设计能力，促进区域产业升级与品牌价值提升。

1. 为本区域产业提供设计服务

对接本地企业，整合优势资源，协助企业进行产品、品牌的设计与提升，科技创新和设计创新紧密结合，助力产业转型升级，将创新成果转为企业核心竞争力。深化产教研融合，加强设计学科、人才、科研与产业之间的联动，强化设计与经济、创新项目与生产现实、创新成果与产业之间的对接，推进科研成果的转化，促进社会经济的发展。

2. 为企业、地方发展提供智力支持

为企业竞争力提升提供智力支持，配合地方发展战略，构建综合性设计服务平台，为企业创新提供设计指导、创意方法和技术服务，引导企业提升内在创新驱动力。同时，发挥设计服务的专业特长、智库作用，以创造性转化、创新性发展精神为指导，更深入、更广泛地与地方相关单位合作，为地方发展做好智力支持。

3. 创新社会培训模式与塑造服务品牌

塑造设计服务品牌，学科团队进驻企业，企业设计团队成员受聘为“企业导师”，共同进行设计人才培养与设计研发，解决企业设计人才缺乏的同时为在校师生提供设计实践空间，形成新型的产学研合作模式，塑造设计服务品牌。

淮安创新设计人才的培养必须紧紧围绕产业发展动态和创新需求，融合国际创新设计理念的更新，立足淮安创新设计范式的转型，确定创新设计人才的素质要求、人才培养的规格和路径，全面提升创新设计人才培养质量，助力地方产业发展。

参考文献

[1] 谷彦彬. 创新性艺术设计人才培养模式的探索与实践[J]. 装饰，2005(1).
[2] 顾晶. 创客空间：创新设计人才培养的新路径[J]. 中国高校科技，2017(9).
[3] 黄君录，李春茹. 提升淮安文化产业竞争力的实现路径[J]. 中国集体经济，2018(8).
[4] 全程全方位人才培养体系研究与实践项目组. 创新体系——全程全方位人才培养体系的研究与实践[M]. 北京：北京邮电大学出版社，2016.
[5] 孙炳孝. 中国制造 2025 战略下淮安绿色智能制造产业发展策略研究[J]. 科学技术创新，2019(31).
[6] 孙惠. 产教融合创新工业设计人才培养[J]. 中国高校科技，2019(9).
[7] 孙文涛. 艺术教育创新人才需求探究——评《高等艺术教育创新人才培养体系研究》[J]. 中国教育学刊，2018(5).
[8] 赵宇，潘召南，杨邦胜. 艺术设计学科产教合作创新性人才培养模式实践[M]. 北京：中国建筑工业出版社，2018.

产教融合背景下江苏应用型人才培养研究

主持人：杨　燕（南京工业职业技术学院）
课题组：宣　慧　刘　卉　陈　琛　孙婷婷

内容提要：随着我省苏北地区经济社会的发展和创新驱动发展战略的实施，人才供给与需求关系发生了深刻的变化，面对经济结构的调整、产业升级步伐的加快，高等教育结构性矛盾也更加突出，毕业生就业难，然而生产服务一线紧缺应用型、复合型、创新型人才，人才培养结构和质量尚不够完全适应经济结构调整和产业升级的要求。校企合作产教融合是培养应用型技术技能型人才的必由之路。近年来苏北地区已有部分地方应用型院校走上了产教融合培养应用型人才的发展道路，在产教融合培养应用型人才路径方面做出有益探索，取得了一些成功的经验。但具体深入到产教融合的作用机理以及根据不同类型企业发展的状况，探索出适合地方产教融合培养应用型人才路径的相关研究比较欠缺。基于上述现状，本文在前人研究的基础上，继续深入到产教融合的教育中去，开展校企协同培养应用型人才现状分析，提出校企协同培养高质量应用型人才体制机制改革建议对策。

随着经济社会发展进入新常态，地区产业结构调整使得人才供给与需求关系发生深刻变化。地方高校在人才培养过程中的一些矛盾，如生产服务一线紧缺的应用型、复合型、创新型人才培养机制尚未完全建立，人才培养结构和质量上不适应区域经济结构调整和产业升级要求等也日益凸显。在国家各项重大战略如创新驱动发展、中国制造 2025 等对地方院校人才培养提供了前所未有的机遇与挑战。2015 年，教育部、国家发展改革委、财政部联合发布了《关于引导部分地方普通本科高校向应用型转变的指导意见》，其中明确提出了要推动转型发展高校把办学思路真正转到产教融合校企合作上来，转到培养应用型技术技能型人才上来。尤其在《关于编制“十三五”产教融合发展工程规划项目建设方案的通知》中，启动实施了包括应用型本科高校建设在内的职业教育产教融合工程规划项目。由此可见，地方高校要牢固确立人才培养的中心地位，走开放式产教融合的办学道路，是培养应用型人才，切实提高为区域经济社会发展服务能力最本质、最有效的途径。因此，针对企业实际，以产教融合、校企合作为切入点，采取有效措施破解应用型人才培养的突出问题是新时期、新阶段实现苏北地区经济社会持续健康发展提供人才支撑的核心举措。

第一节 校企协同育人的内涵

一、多主体是协同育人的基础

从国内外协同创新的实践来看，所谓协同创新，就是围绕创新的目标，多主体、多因素共同协助、互相补充、配合协作的创新行为，本质上是一种管理创新。目前，一些高校专业在校企联合培养模式层面效果较好，但是在涉及政府、各行业与学校企业多方联动协同培养职业教育人才这方面还存在一定不足。虽然协同创新思想已融入高校顶层设计中，但全校范围内多方协同创新人才培养的理念没有全面树立，校内不同学科与专业之间不能相互支撑，很多学科与专业之间有很强的联系，但没有找准交叉研究的切入点；学校与校外优质资源群体没有形成协同创新、共同育人的合力；校内理论课、实践课课程体系设置与校外培训、实习、实践内容存在着一定的脱轨现象；学校、企业在人才培养方案制定、课程体系和教学内容的确定方面有交叉，但还没有系统化；产业经济没有导入院校，行业跟进存在滞后性；师资队伍建设只停留在学校内部层面，不够科学化、规范化。

目前，我国制造业发展势头强劲，急需高素质、技能型、应用型人才，因此为适应各行业企业对人才的需求，有必要积极探索多方协同培养人才的机制。为了破解合作育人的难题，可以成立政校企合作办学理事会，组建行业、区工作委员会以及教育集团，构建校企合作二级学院、实训与培训中心以及科研与技术服务中心，形成三个层次的政校企协同体系，推动合作育人机制的改革与创新。

二、命运共同体是协同育人的目标

校企协同育人的目标是构建“共生、共存、共荣、共赢”命运共同体。在校企合作利益共同体模式下，高校和企业作为合作主体实现了各自的利益目标，政府作为主导者和保障者确保了校企合作的科学运行，在校企合作利益共同体模式下，政府、高校、企业形成了三方共赢的合作机制，大学生也实现了个人能力的提升和职业生涯的良好起步，最终形成了四方共赢的最佳效果。

第二节　校企协同中的主体要素

一、学校是协同培养的主体者

学校在整个体系中处于核心地位，起决定性作用。学校应坚持开放办学新理念，自觉对接企业资源，实现理念转型。学校应鼓励引进来、走出去，开放某些领域和专业与企业展开合作，形成以学生为根本、提升人才培养质量为核心的办学理念，将校企协同人才培养模式纳入学校改革发展战略，充分利用企业资源促进学校科研水平和整体人才培养质量的提升。

二、政府是协同培养的保障者

政府应加大支持力度，搭建对接交流平台，成立专门机构，规范校企协同合作。政府应主动创造校企协同合作的有效载体，使更多高水平人才为社会经济发展服务。政府应完善相关法律制度，使得相关培养模式的运行能够有法可依、有据可循。

三、行业是协同培养的引领者

地方行业特色高校在长期服务行业发展过程中形成了鲜明的行业背景优势。目前，为满足创新创业人才培养的需求，理应将传统优势转化为产学研协同育人优势。其优势主要体现在两方面：一是行业内传统优势学科突出，为“政校行企”协同培养提供科技支撑。地方行业特色高校在其行业领域和某一特定层面具有综合性高校无法比拟的科技和人才资源优势，拥有行业内高水平的专家学者及较强的科技创新实力，赢得了行业内企事业单位的赞许和社会的广泛认同。鲜明的行业特色背景和良好的声誉，使得地方行业特色高校相比其他高校，在“政校行企”协同育人方面比较优势明显。二是行业内校友资源丰富，为“政校行企”协同培养提供人脉支撑。在长期办学过程中，地方行业特色高校培养的各类人才广泛就职于行业内各个单位，其中部分校友已担任各级领导岗位，他们了解行业发展状况，掌握更多社会资源和信息，成为学校与行业内各单位保持联系的纽带，同时也成为学校创新创业人才“政校行企”协同育人的重要人脉资源。这些都是其他综合性高校短期内难以企及的比较优势。

四、企业是协同培养的分担者

企业在整个体系中承担着接收人才并促进人才价值充分发挥的重要使命，是校企协同人才培养模式的另一核心参与者。企业应主动转换角色，积极参与从初始培养计划设计到培养质量评价考核等多个环节，逐步深入到整个体系的建设和完善。企业应加强理念创新，把校企协同育人机制作为获取人才的主要渠道。同时，企业应该树立主动出击的理念，变被动接受为主动参与，充分发挥主观能动性，将校企协同人才培养作为提升企业整体人才水平的重要方式。

第三节　国外校企协同机制概况

一、美国“合作教育”机制

美国国家合作教育委员会(NCCE)认为，合作教育项目中的学生、教育机构和雇主之间是一种合作关系，每一方都有特定的责任，是把课堂学习与职业目标相关的生产性经验相结合的一种结构性教育策略，为学生提供理论与实践结合的渐进经验。美国作为合作教育的发源地，其合作教育历经百余年的发展，已逐渐成熟并得到世界各国高校的公认与效仿。

合作教育将课堂学习与在公共或私营机构中有报酬、有计划、有督导的工作经历结合起来，鼓励学生到现实世界获取实际技能，增强学生确定职业方向的信心，这既符合高等教育的本质要求，又顺应了社会对专业技术人才的需求，因而经受住百余年来数次经济衰退、世界经济大萧条、两次世界大战甚至信息大爆炸的考验。发展至今，全美参与合作教育项目的跨国公司、中小企业、非营利性组织已超过5万家，其中百强企业中近90%参与了合作教育项目。根据NCCE发布的《大学本科合作教育项目指南》，美国高校合作教育项目已涵盖所有的高等教育学科领域，联邦政府也专门立法支持并资助合作教育项目的开展。参与合作教育的学生不仅有本科生，还有专科生(二年制社区学院)和研究生；合作教育项目开展的方式包括强制式、学生自主选择式和学校选拔式。合作教育项目大多采用工作与学习交替进行的模式，有“学期交替制”“月交替制”

"周交替制""半天交替制"等。如最为普遍的"学期交替制",学生第一学年在校学习,之后根据学生的学期计划和带薪实习选择,他们会交替进行六个月的学习或在公司从事全职工作;学年按季度实行,两组学生根据合作教育周期互换位置;参与合作教育项目的学生均为带薪实习,他们将获得与其实习劳动较为匹配的薪资。由于合作教育项目的实施,美国本科阶段学制尤其是应用性较强的理工科专业一般延长至五年,而文科专业一般仍为四年。美国高校的合作教育经历可计入学分,学生毕业时所要求的带薪实习经历次数由其专业性质决定,并可以根据专业教学的需要、企业工作岗位及学生意愿情况进行相应的调整。

二、德国"双元制"机制

"双元制"职业教育的法律地位是在德国 1969 年颁布的职业教育基本法《联邦职业教育法》中正式确立的。1981 年德国又颁布了该法的配套法《联邦职业教育促进法》。为适应 21 世纪经济全球化背景下职业教育所面临的挑战与机遇,2005 年德国将《联邦职业教育法》和《联邦职业教育促进法》合并,并修订颁布了新的《联邦职业教育法》,2007 年对该法进行了再次修订。根据《联邦职业教育法》,德国政府以"国家承认的教育职业"形式颁布职业教育的专业目录。德国国家承认的"双元制"职业教育的专业目录,由德国联邦主管专业部门在和联邦教育与研究部协商后,以无需联邦参议院同意的法规形式颁布,并制定与该专业相对应、全国统一的《职业教育条例》,作为职业教育实施的基础。目前,德国颁布的"国家承认的职业教育专业"为 338 个,覆盖大约 2.5 万个社会职业。参与德国职业教育立法和决策的机构既有联邦议会和政府部门,也有州层面的立法和行政机构,还有工商业和手工业等行会组织、工会组织以及雇主协会组织等。

三、英国"三明治"机制

"三明治"教育采用"理论—实践—理论"交替式的人才培养模式,强调实践。以工程专业为例,其课程体系结构是:一年级学习数学、物理等自然科学及相关专业的基础课程,注重知识广博,大类专业课程相同;学生通过一年级的学习来明确自己的专业特长,避免过早选择专业,有利于学生今后职业的发展。二年级学习专业方向基础课程,为今后的专业发展打下坚实的基础。三年级学生到企业进行较长时间的实习。通过理论与实践的有机结合,加深对专业的认识,学生的实践能力得到提高。四年级学生回学校学习专业方向课程及工商管理,并完成毕业设计。这种“理论—实践—理论”相互结合的“三明治”教育模式,使理论与实践有机结合,学生的实践能力、综合素质得到显著提高。重实践、重技能、重应用的“三明治”教育模式得到广泛推广,其特点和成效有如下几个方面:理论与实践相结合,加深了学生对所学专业的认识,提高了学生学习的主动性和积极性;企业实习,加深了学生对社会的认识,在团队合作、交流等方面的技能得到提高;为学生提供了考察自己能力的机会,也提供了提高自己环境适应能力的机会,学生将接受职业指导、经受职业训练,拓宽知识面;通常是带薪在企业实习,减轻学生经济负担;通过实际工作锻炼,学生掌握了工作技能,提高了责任心和自我判断能力;通过企业实习,有些学生带回了毕业设计课题,有些有优先被雇主录取的机会,通过“三明治”教育模式毕业的学生比全日制学生的就业率要高,前者为70%,而后者只有55%。

四、日本“官产学”机制

日本的产学研合作被称为“产—学—官”合作,一字之差道出了日本产学合作的官方主导实质和特征。日本政府主要通过立法和建立制度等方式引导企业和大学开展合作。早在1983年,文部省就建立了大学与民间企业的共同研究制度,其宗旨是促进高等院校与民间企业开展共同研究,促进优秀成果的产生。1986年,日本制定了《研究交流促进法》。1997年,日本政府同意将产学共同研究的场所设在企业,并且放宽了对国立、公立大学教师到企业兼职的法律限制。1998年,日本国会通过了促进大学技术研究成果向民营企业转让的相关法律《大学技术转移促进法》和《研究交流促进法》的部分修正案。根据《研究交流促进法》的部分修正案的规定,民间企业在国立大学及国立试验研究机构等所在土地(均为国有土地)上建设共同研究设施,其土地使用费给予优惠。截至2005年11月,根据《大学技术转移促进法》获得认可的技术转移机构达到41家,这些机构为促进大学科研成果的专利化、实用化和商品化研究作出了很大贡献,在大学与企业之间发挥了桥梁作用。据经济产业省调查,2004年日本技术转移活动中的专利费收入达到29亿日元。2004年4月,日本开始实施国立大学法人化制度,以推进产学合作。

日本政府认识到,良好的产学研机制是推动企业与大学合作的保障,自1981年,日本就分别确立了官、产、学三位一体的以人为中心的流动科研体制。1982年,日本学术振兴会成立了“综合研究联络会议”和“研究开发专门委员会”,以促进学术研究与社会的合作。同时还成立了“产学合作研究委员会”,下设 38 个专业委员会,它由产界和学界第一线研究人员组成,对将来技术开发上的重要课题交换意见、发表论文等。这些专门委员会根据各研究领域的具体情况开展工作。自 1983 年以后,经过近 20 年的发展,日本政府还先后建立了委托研究制度、委托培训制度、捐赠制度、研究室制度、经费划拨与使用制度、人员互派制度等一系列行之有效的制度,促进官、产、学合作体制的完善。这些制度一方面使企业界向大学提供的课题数、研发经费有了明显增加;另一方面,大学向企业界提供的研究成果、咨询人次也逐年上升。国立大学的研究人员和民间企业的研究人员可以就共同的课题开展合作研究,将国立大学的研究能力和企业的技术能力结合起来,创造出优秀的科研成果。

第四节 校企协同培养应用型人才现状分析

校企协同是高校培养创新型人才的一种新型人才培养模式,是促进高等教育改革创新,全面提高人才培养质量的重要举措,是以校企双方各为独立主体,基于各自或共同的目标需求指向所进行的信息、知识、资源及行为合作活动,以期实现功能优势互补和资源共享。校企协同为大学生的实习、实训、直接面向工程实践、了解产业(群)发展的最新态势提供了更多机会和途径,有利于创新意识的激发和创新精神的培养,同时,也为高校服务社会职能的有效发挥,促进科技成果转化提供了广阔的空间和平台。近年来,江苏高等教育积极转变发展方式,创新人才培养模式,走出一条校企协同、政府推动、行业指导、社会参与的融合发展之路。江苏省绝大部分高校目前都与企业建立了长期的合作关系,校企合作呈现出范围不断扩大的趋势。校企合作的领域也不断扩展,不断深化,合作关系正在向提升人才培养质量、联合技术攻关方向发展。

校企协同培养应用型人才现状研究的基本思路是到企业、部分应用型高校进行调查访问,收集第一手的信息资料,并对资料进行整理,同时通过对江苏校企合作情况进行实证调查研究,归纳出江苏省校企合作现状及问题。

一、数据调查

为全面、客观地了解江苏省校企协同育人的实际状况,对 117 家与高校开展合作的企业展开调研,调研内容包含校企合作协同育人活动的参与情况、校企合作培养过程中企业扮演的角色、合作形式的深化与创新、参与校企合作人才培养过程中企业的主要担忧、校企协同育人企业的成本、制约企业参与人才培养活动的积极性的主要因素、校企协同育人成效、能够促进企业参与校企合作的措施等方面。

（1）学校对校企合作协同育人活动的参与情况

关于学校对校企合作育人活动的参与情况调查，84.73%的学校选择对校企合作协同育人提出了明确的发展规划，83.2%选择成立了相应的组织机构管理校企合作协同育人的相关事宜，70.99%选择安排了专职人员管理校企合作协同育人的相关事宜，76.34%选择对校企合作协同育人的实施进行跟踪检查与评价。上述数据说明院校对校企合作协同育人活动的参与情况方面，不管是校企合作的发展规划、相关制度规范还是机构与人员配置，以及后续检查与评价方面，多数院校都有了相关的安排。

（2）校企合作培养过程中企业扮演的角色

关于校企合作培养过程中企业扮演的角色的调查，有16.8%的企业表示企业是领导者，主动制定培养计划，全面参与培养过程，47.32%表示是配合者，根据学校安排完成培养任务，35.88%表示企业是合作者，与学校共同商议、参与培养过程。上述数据表明，作为校企合作育人的重要主体之一，企业已经意识到自身在校企协同育人过程中的重要地位，能够积极地参加人才培养计划的制定等教学过程，但未充分发挥其主体地位。

（3）学校与企业协同育人方式

关于学校与企业协同育人方式的调查，45.03%的企业选择学校的专业设置及课程开发，45.8%选择企业内的技术专家参与学校的教学，42.75%选择学校教师到企业实践，76.33%选择学生到企业实习，30.53%选择企业参与学生的学业评估，51.15%选择校企共同进行技术研发，36.6%选择企业员工到学校进修，35.88%选择企业为学校提供实训基地，30.5%选择为校企合作提供经费或设备。上述数据说明，高校与企业的合作方式有很多种，其中，选择最多的合作方式还是学生到企业实习，这也是多年来的传统方式，表明这种方式还是有一定效果的。校企共同进行技术研发、积极引入企业技术专家参与学校教学、参与学校的课程开发与专业设置等积极让企业参与到具体的办学教学中来的方式也是目前高校人才培养方面的重要尝试，但是在企业参与学生的学业评估方面，双方的合作还有很大进步空间。学校教师到企业一线岗位去实操实践、企业员工到高校进修再“充电”的双向流通也是重要选择。高校对于企业在合作育人上的支持形式还是比较统与和一致的，高校在校企合作教育形式的开发上还是大有可为的。

(4) 合作形式的深化与创新

关于合作形式的深化与创新方面的调查,30.53%的企业选择传统的以项目申报为纽带的合作,57.25%选择在企业内部设立“研发中心”,53.43%选择在高校内部设立“项目实验室”,22.9%选择合作依托于“科技园”或“科技创业中心”等平台,29.77%选择校企共建产业学院,45.8%选择共建企业工作站。上述数据表明,企业与高校合作的主要模式和类型不断深化与创新,呈现出多样化特征。

(5) 参与校企合作人才培养过程中企业的主要担忧

关于参与校企合作人才培养过程中企业的主要担忧方面的调查,有29.87%的企业选择学生安全,29%的选择设备损耗,41.56%的选择生产效益,30.3%的选择实习劳动报酬,57.25%的选择学生管理,76.34%选择成本担忧,1.5%的选择其他。上述数据说明,企业最关注的是成本方面的担忧,其次是学生管理和生产效益,其他依次为实习报酬、学生安全、设备损耗,这也符合多数企业以盈利为目的特性。

(6) 企业承担的成本

关于企业承担成本的调查,有55.73%的企业选择培养过程中发生的成本,47.32%选择寻求合作学校的成本,49.62%选择校企双方协商、谈判的成本,76.34%选择履行合作约定的成本,61.54%选择企业师傅成本,32.06%选择合作过程中相互监督产生的成本,35.11%选择延续、更改或终止合作的成本,防范和应对意外事故的成本。上述数据说明,在校企合作过程中的各个重要环节,不管是寻求合作对象、校企双方的谈判、培养过程中、合作监督、应对意外突发等方面,企业都存在着难以预料的成本和风险。

(7) 制约企业参与人才培养活动的积极性的主要因素

关于制约企业参与人才培养活动的积极性的主要因素方面的调查,有61.1%的企业选择缺少强有力的地方政策支持,64.89%选择缺乏健全的法律保障,57.25%选择企业参与协同育人成本高于收益,41.98%选择缺乏校企交流的合作平台,34.35%选择校企合作地位不平等,41.22%的企业选择学生经常毁约(人才流失率高),30.53%选择部分院校科研实力较弱、优势不足,61.07%的企业选择合作成本分担不均,19.08%的企业选择培养人才不是企业的责任、担心泄露机密等。上述数据说明,合作成本、政策支持、法律保障是企业在校企协同育人过程中应关注的主要因素。

(8) 校企协同育人成效

关于校企协同育人成效的调查,34.35%的企业认为现有的校企合作达到预期效果,13.74%表示未达到预期效果,51.91%选择基本达到。上述数据说明,目前江苏省校企协同育人取得了一定成效,但还有较大的发展空间。

(9) 能够促进企业参与校企协同育人的措施

关于能够促进企业参与协同育人的措施的调查,有91.6%的企业选择政府为企业降低一定比例税负,64.89%选择应面向企业设置校企协同育人专项,50.38%选择政府积极参与校企合作监督管理,58.78%选择获得学生实习工作补助,26.5%选择学校为企业提供人才招聘的优先权。上述数据说明,企业主体积极性的进一步提升需要地方政府配套完善的政策保障。

二、培养模式现状分析

1. 技术技能型人才(高职院校)

近几年来,江苏省高校校企合作工作取得了明显成绩,职业教育体制机制创新取得明显突破,引企业入校、订单班、共建二级学院、集团化办学等校企合作发展模式在实践中已经取得明显成效,苏北地区20所高校开展了多元化办学模式改革。总体来看,校企合作已经进行了很多有益的尝试,取得了一定效果。高校主流协同育人模式主要有以下几种。

(1)"顶岗实习"模式

顶岗实习模式又称"2+1"结合式,是在高校深入进行教育教学改革过程中形成的一种人才培养形式,即整个培养阶段分成两部分,前两年在学校学习基本课程,最后一年到企业实习。在这种形式下,学校和企业可紧密结合,充分发挥双方主体作用,但在实际操作中,对学生在企业实习过程中的有效管理尚存在较大难度,企业经营状况也直接影响着人才培养效果。如江苏建筑职业技术学院与江苏东南工程咨询有限公司合作开展"双轨制"工学交替。该学院道路桥梁工程技术专业学生分批进入企业随岗实践,在企业导师、现场师傅的指导下,在真实的职业环境中训练岗位技能;专业教师分批轮流进驻施工现场,全程管理和指导学生随岗实习,在实际项目中锻炼专业技能。这种模式下,企业提供实践岗位,指派现场师傅对"准员工"进行培养指导,主动参与人才培养全过程,真正做到产教融合,将教学延伸到施工现场。通过实施"双轨制"工学交替,学生的反馈是确实能学到东西,能培养锻炼人;有利于提高教师的双师素质,让教师有机会收集课程资源,提高教学水平;解决了企业集中性用工需求,校企真正“产教融合”，丰富了校企合作的内涵，推进校企深入合作。学生取得了丰硕的实习成果，企业为“双轨制”工学交替期间表现优秀的学生颁发了荣誉证书和奖励金。

(2)“引企入校”模式

该模式是校企双方深度合作，共享资源、共同培育人才的重要形式之一。企业提供仪器设备、技术方案、技术人才等，高校提供场地基地、优秀师资和实验室、图书馆等资源，将企业、学校二者的资源合二为一，建成集教学、生产、培训等功能于一体的教学场所。校企共同制定培养方案，共同承担教学任务，相互指导和监督。引导企业工程师进入校园，参与人才培养目标、教学计划、课程设置等教学过程，同时聘任工程师担任学校的兼职教师。通过合作，企业得到了学校在厂房、技术及技术工人等方面的支持，降低了生产成本，而学校获得了学生顶岗实习、教师参与技术开发等机会，取得了生产与教学双赢的效果。如淮安信息职业技术学院与江苏威特电子商务有限公司紧密合作，工学交替培养电子商务客服岗位人才。企业投入 47 万余元，共建具有企业文化和职场氛围特征的电商运营中心和商业摄影中心，吸引多家网店入驻。学生在工作中学习，在学习中工作，按照 KPI 业绩考核办法，校企共同对学生进行评价，一年来，运营中心为企业创造了 600 多万元网络销售额。为强化岗位技能培养，营造企业职场竞争激励氛围，针对电子商务专业不同年级学生，按照“计算机基础技能竞赛、电子商务岗位技能竞赛、创新创业技能竞赛”竞赛体系，开展专业技能大比武，设立企业奖学金。企业技术人员常驻中心指导，结合“SYB 创业培训”、“创新创业指导与实践”和“电子商务创业”等课程教学，成立了电子商务创新工作室，对学生开展互联网创业项目实践指导，学生在“挑战杯—彩虹人生”全国职业院校创新创业大赛中荣获二等奖。如江苏食品药品职业技术学院“引企入校”双轨互融育人才，信息学院数字媒体应用技术专业探索校企深度合作育人，引进江苏华艺网络科技公司进驻该院，共建“校中企”，专业以“校中企”为平台多方位协作育人。2016 年，校企共建的华艺数字媒体协同创新中心落成，2017 年又启动了数字媒体制作中心二期建设工程。双方联合招生，与江苏淮阴商业学校等中职校合作启动了中高职六年一贯制培养模式。双方共同制定教学计划、打造双师团队、建设实训基地、开展教学实训，并进一步开展社会服务，校企深度融合，创新实施了校企双轨育人机制，全面推动了专业建设、学生成长与企业发展，最终实现了学校、学生、企业三方共赢。

(3)“订单班”模式

订单培养也可以理解为学校为企业"量体裁衣"式培养员工,企业依据自身岗位的特性,对学校发出人才培养的需求订单,学校需依据订单与企业合作培养出与岗位匹配的人才。双方合作方式包括企业为学校布置具有职场岗位氛围的教室,企业安排专家参与学校人才培养方案的制定、专业课程的讲授、定期为学生举办专场讲座、接纳学生到企业实习等方式。学生在培养期满之后,通过企业的专业基础考核后,直接进入企业就业。"订单班"模式主要分为"一班一单"和"一班多单"两种形式。在这种合作模式下,高校为吸引"订单",需要不断调整专业设置、改革教学内容,这种合作是一种双方互补的行为,不管是"订单式"人才的培养规格,还是管理方式,以及质量评估等都离不开企业的全程有效参与。如盐城工业职业技术学院汽车检测与维修技术专业坚持以服务地方经济发展为宗旨,以职业岗位能力为导向,与南京汽车集团、江苏宗申集团等知名企业合作,实施"校企轮转、分步递进"的人才培养模式,培养高素质技术技能人才。高校从职业岗位能力要求和社会需求的实际出发,明确岗位职业能力与职业素质,按照课程内容与职业岗位能力、职业资格证书、技能大赛、生产实际和行业标准相融合的建设思路,与企业通力合作,开展职业岗位(群)能力分析,构建符合高职特色的全新的技能菜单式课程体系。如连云港师范高等专科学校与钟声幼教集团共同发起并合作建设"卓越管理班"项目,选拔出品行良好且具有领导潜质的学生,通过设置专业奖学金、搭建钟声幼教实践平台,为学生创造出行业锻炼条件,从而为培养熟悉幼儿园管理实务、具有较强决策力、良好沟通能力和积极职业心理素质的卓越幼儿园园长做好充分的准备。如徐州幼儿师范专科学校与红黄蓝教育联手、校企深度合作,双方深化产教融合、校企"双元"育人,多措并举,全面提升校企合作服务地方经济社会发展的能力,为学前教育发展培养更多的优秀人才。

(4) 共建二级学院模式

校企共同创立企业学院,聚集双方资源,积极发挥各自优势,依托学校专业理论教学及仿真实习基地,创新合作机制,深化产教融合,在人才培养、专业建设、社会服务等方面开展全面合作。校企双方多轮洽谈制定合作方案,在专业设置、课程内容、教学过程、学历证书等方面与企业需求全面对接,最终实现协同育人。如盐城工业职业技术学院依托现代汽车、智能制造等 4 个专业群,与企业合作,共同出资、独立设置中韩产业学院。按照"投资方共同治理"的思路,面向社会公开选聘产业学院院长,完善董事会治理制度和内部机构设置,设置监事或监事会,明确各方权责利。坚持"为每个学生提供适合的教育",以"技能学分”为特色，成立学分银行，学生在中韩产业园参加生产项目和技术改造，经企业认定替换课程学分，实现由工学交替、顶岗实习、订单培养到现代学徒的合作递进。依托学校“江苏省高校联合技术转移中心”，多方共同成立智能制造协同创新中心，通过合作申报省市级科技项目、开展技术服务等方式，拓展应用技术研究和新产品开发，引导国内外应用技术向园区转移。

(5) 集团化办学模式

职教集团由政府、行业、企业、学校等建立新型合作关系，通过联合办学、协同发展、机制创新、资源整合，强化政校合作、校校合作、校企合作，充分发挥优质资源集聚效应、整合效应和规模效应，有力地推动了职业教育的规模发展。江苏省大多数职教集团建立了集团网站，共享教学实训资源，关注产业发展动态，搭建人才供求平台，发布集团成员校企、校际合作信息，定期举办行业论坛，了解行业发展动态，促进了成员单位的共同发展。如徐州工业职业技术学院搭建职教集团共享平台，订制化培训，实现双赢。全国高分子材料(橡胶)职教集团是以培养高分子材料(橡胶)专业高素质技能型人才为纽带，联合相关职业院校、高等院校、企业、行业协会、科研机构等单位，组建而成的社会组织。集团通过搭建信息平台，加强校企合作，针对不同企业开展订制化的培训项目。近一年，集团内组织开展中国再生胶协会、江苏省橡胶协会等行业培训项目 4 个，为全国各地开展企业订制化培训项目 23 个，培训企业在岗人员 2 000 余人次。通过定制化的培训项目，结合不同的企业文化和技术特点，让教师和专家走进企业，通过与企业在岗人员零距离接触，反哺人才培养定位和方案，实现双赢。

(6) 现代学徒制模式

该模式以校企联合招生招工为突破口，以“双师”(教师与师傅)共同塑造学徒职业精神、传授技术技能为关键，以工学交替、实岗育人为基础，以创新人才培养模式为重点，以提高专业与行业企业契合度、学生就业岗位与企业需求岗位适应性为核心，推进现代学徒制改革与创新。江苏省 80%的高校不同程度地开展了现代学徒制人才培养实践与探索。如淮安信息职业技术学院机械工程学院灵活应对合作产业群智能制造骨干企业人才需求，根据不同企业运作特点，探索多样化现代学徒制人才培养模式。与富准精密模具有限公司开办了模具技术学徒班，结合电子精密模具制造的岗位序列，重组课程内容，构建以精密模具数字化设计、高速加工、精密装配为主的岗位序列课程体系，设计符合学徒制能力培养要求的递进式实训体系，采取“基本技能培养＋中间两轮进厂＋顶岗实习”的工学交替教学模式，实现“六个对接”。与昆山晟途精密机械有限公司开办了数控技术学徒班,学习环节涉及数控车床、数控加工中心、三坐标测量、数控工艺编程等各个岗位,采用“全生产、准员工、带薪制”模式,学生真实参与生产,企业完全员工管理,按生产实训业绩发放薪酬。多样化现代学徒制培养方式真正使学生适岗对需,同时也为学校其他专业开展学徒制办学提供了丰富的参照样本。如宿迁泽达职业技术学院与江苏星月测绘科技股份有限公司开展校企合作,校企双方共同建立定向培养班,采用“现代学徒制”人才培养模式,由学院与企业共同制定人才培养方案,结合企业用人需求制定专业课程,学生与企业签订订单式培养合同,入校时享受企业助学金补贴 5 000 元/生。

(7) 共建实训基地模式

校企共建实训基地为高校学生提供了基于真实生产过程的岗位体验。学生通过在实际工作岗位的实习实训,能够针对性地掌握岗位需要的技术技能以及当下主流的设施设备操控,同时也体验了企业化的工作氛围和职业化的工作环境,能够让学生身临其境地感受未来的岗位工作。实践过程能够提高学生的专业技能,而且能够潜移默化地培养学生的职业素养,让学生的心理预期更贴近于社会需求,为学生整体职业能力的提高和培养质量的提升提供有效途径。如徐州工业职业技术学院以省实训平台建设为契机,实现校企全方位深度合作。该院于 2016 年 10 月申报江苏省分布式能源与智能微电网技术实训平台建设项目,并与北京海瑞克科技发展有限公司建立共建关系。学校聘任北京海瑞克科技发展有限公司副总经理为学校客座教授,参与光伏类专业建设和发展,共建高水平教学科研团队;北京海瑞克科技发展有限公司捐赠价值 32 万元的微电网系统,实施校内实训基地共建工程;校企合作研发适应于高职院校教学的智能微电网实训系统、光伏光热系统、太阳能光伏小站等新能源产品,实现产、学、研、创一体化。校企全方位深度合作有力推动了人才培养体系构建、师资队伍建设、专业校企共建,促进了人才培养质量的全面提高。如连云港职业技术学院产教融合打造医药化工人才培养基地,江苏绿源工程设计研究有限公司投资 2 000 万元,在学校建设现代化的检测中心。5 大类 11 小类共 511 项检测项目通过认证,检测能力在环境类第三方检测机构中处于国内领先地位。

江苏省高校校企协同培养人才受到了学校和地方政府的重视,多数学校在校企合作模式上进行了创新,在人才培养方面取得了较好的成效,但在实际运行过程中也存在合作对象的选择不理性、校企利益的冲突、约束机制缺失、高校科技服务能力局限等诸多问题。

(1) 合作对象的选择不理性

高校校企合作在对象选择上的非理性限制其合作的高质量发展。具体表现为：一是院校对于大型企业的过度钟爱。有的职业院校在选择合作对象上比较倾向于大中型企业或者知名企业，认为与这样的企业合作，学校的层次才够高，学生才能取得富有成效的锻炼，教师才能获取最前沿的市场信息，校企合作的效果才会好。在这种认识的影响下，“世界500强、中国500强”等成了部分院校选择合作对象的标准。而那些合作意愿相对强烈、合作方式比较灵活的中小企业却并没有成为职业院校的目标对象。二是企业对“名牌”学校的过度钟爱。普通本科、重点本科等相对于职业院校而言的“名牌”院校在师资队伍、学生整体素质、研究水平上有着比较明显的优势。与高职院校相比，那些需要与学校合作来提升知名度的企业更倾向于与高水平的研究型大学进行合作。而高等职业院校相对于中等职业院校而言，具有学生专业技能更强等方面的优势，所以与中职院校相比，企业更倾向于选择高职院校进行合作。这种对合作对象的选择理念导致合作双方的目标与期望进一步错位，影响合作效果的发挥。

(2) 校企利益的博弈

在市场经济条件下，企业追求的是利润最大化，关心的是减少成本和增加收益。而职业院校关心的则是提高人才培养质量，提升学校的办学水平。校企合作的过程成为合作双方的利益博弈过程。就企业而言，由于企业普遍存在的趋利性，大部分企业只对能立即带来利益的成熟技术和新产品感兴趣。着力于提高人才培养质量的校企合作有时不仅不能给企业带来直接的明显收益，可能还会增加企业的成本。当企业没有把职业教育的育人功能融入企业价值链中、并且认为培养人才是职业院校的责任和义务时，直接导致企业对校企合作缺乏热情。就学校而言，大部分院校在校企合作过程中更多关注学校的需求，如获取企业的设备捐赠、企业导师具备的行业前沿知识、改善实验实训条件、提高学校人才培养质量、获得学生顶岗实习或就业岗位等，而较少站在企业角度考虑问题，在合作项目上的资金投入、管理变革等机制配套上存在滞后的情况。

(3) 约束机制缺失

校企协同育人是一个系统工程，涉及政府、学校、行业协会、企业等多个单位。需要一整套完善的法律法规来进行约束和规范。2015年1月，江苏正式启动现代学徒制试点申报工作。虽然江苏省高度重视校企合作，但目前还没有出台一系列完善的校企合作的准则和规范。就企业而言，一方面，在校企合作中对企业缺乏明确的奖励和约束机制，企业积极性不能得到充分调动；另一方面，在利益分配、产权确定等方面的政策与法规尚不健全，也没有专门的资金渠道，风险机制更未形成，导致对企业利益的保护不够。就学校而言，学校运作机制和企业运作机制、校园文化与企业文化存在着较大差异。另外，由于江苏省没有建立专门的负责设计、监督、考核和推行校企合作的协调机构，很多项目难以得到充分协调，造成高校在与企业的合作过程中，学校肩负着校企合作的组织者、策划者、协调者的重任，凭借学校单方面努力的校企合作容易导致合作关系的不稳定、不持久，严重制约了校企合作的深入开展。

(4) 科技服务能力的局限

随着校企合作内容的日益丰富，合作范围的逐步扩大，高校的科技基础服务能力较弱开始逐步显现。应用型本科在科研、技术服务、人才培养质量等方面具有综合优势，能吸引行业大型企业全方位深度合作。而职业院校因自身实力因素，与本科院校相比缺乏优势。目前江苏省校企合作基本是块状合作(一个或几个企业)，没有形成产业集群与全方位合作。

(5) 缺乏有效的合作管理平台

管理体制不畅是导致高校校企合作产生诸多问题的又一因素。首先是管理没有组织保障。没有建立专门的校企合作管理机构，多数企业和学校也没有建立对口的协调性机构，甚至政府教育部门也没有成立专门的校企合作促进机构，只是工作下挂在相关处室。其次是激励措施的缺失给管理造成障碍。校企合作的参与者，尤其是企业需要激励措施来激发其参与校企合作的积极性。目前，仅有部分企业成立了校企合作部门，如中兴股份有限公司成立的中兴通讯教育合作中心，积极探索与全国高校的合作模式。多数企业没有成立专门部门负责，很大程度上是激励不到位、缺乏积极性造成的。

2. 教育工程技术型人才(应用型本科)

目前，江苏省应用型本科院校已经意识到校企协同育人是培养教育工程技术型人才教学计划中不可或缺的一部分，在校企合作方面开始进行各种有益尝试。

(1) 技术合作模式

该合作模式是一种资源优势互补的合作模式，即院校与企业共同建立产学研合作中心、技术开发中心等。院校与企业根据各自的优势进行合理分工，帮助校企在合作项目进展的不同阶段对资源的配置更加合理。通过技术合作可以集中使用资源从而有效地缩减资源的投入规模，减少由于单个单位因资源结构不合理或资源不足而引起的创新滞后，减少创新时间，提升创新效率。如中国矿业大学联合中国煤炭科工集团有限公司、太重煤机有限公司等 13 家政府部门和大型企业单位组建矿山智能采掘装备协同创新中心，中心汇聚了来自国家、行业、地方、高校和企业等多方面的优质资源，实现产、学、研、用协同创新。中心通过探索科研组织模式、人事聘任制度、拔尖人才培养模式、成果考核与评价办法等机制体制改革，切实加强科技与企业的紧密结合，提升高等学校整体创新能力，突破行业重大关键技术瓶颈，提高我国高端装备制造行业科教服务和科技创新水平，发展成为我国矿山智能装备的重要原始创新和关键技术研发基地。2019 年，中心获批省部共建，升级成为国家级协同创新平台。

(2) 科技攻关项目模式

院校和企业合作承担国家、地方和产业的科技攻关项目，从而实现校企合作的模式。校企联合科技攻关，提升企业技术创新能力，促进企业技术升级，使企业在竞争日益激烈的市场中保持可持续发展的能力，同时为社会经济发展培育新的经济增长点。加速高校科研成果转化为现实产品，为企业创造了经济效益，而参与攻关的学生和教师也在实践中锻炼了实操能力，学生积攒专业经验，助力技术技能型人才培养。如江苏海洋大学拥有江苏省海洋生物资源利用与质量安全控制工程中心、江苏省海洋经济研究中心、江苏省中小企业海洋生物产业公共技术服务平台、国家级科技企业孵化器等一批特色鲜明、学科力量雄厚的科技研发和服务平台。其中，化学工程学院与连云港杜钟氨纶有限公司联合研发石墨烯改性氨纶项目，重点关注制备大批量石墨烯的新技术与新模式，加强研究过程产品的表征和质量控制，校企合作取得良好成效。

(3) 共建专业学院模式

校企共建专业学院，是学校与企业在本着资源共享、优势互补、互惠互利、共同发展的原则上自愿结合，就某个或相关几个专业的建设由校企双方或多方共同投资，形成两个或多个利益主体，参照股份制方式运作的一种办学模式。如淮阴工学院主动对接区域产业需求，进行专业集群再造，组建了中兴学院、台商学院、农垦学院、淮商学院等具有明确企业需求导向的专业集群学院，并以翔宇学院作为创新创业公共载体。

(4) 高效社会服务模式

该模式指高校在企业合作中，为取得企业的广泛支持，获得长期稳定的合作关系，实现双赢，积极主动地为企业诊断咨询，发挥“智囊团”作用，并为企业提供技术、营销、管理、培训和信息等方面的服务，帮助企业解决生产经营中的各方面的问题，以促进企业经营能力和管理水平的提高，取得更多的经济效益。

为解决企业的各种技术问题，学校派遣有发展潜力的年轻教师、经验丰富的老教师组成团队以挂职锻炼、企业实践和项目组的形式进入企业了解、学习。教师们从实地了解企业运营情况，提出解决方案，高效解决企业难题，同时提升自身科研应用能力。

(5) 实习基地模式

该模式是指人才培养目标和计划主要由学校提出和制定，并承担大部分培养任务，企业根据学校的要求，提供相应的设备条件和工作岗位建立校外实习基地，或投入设备和资金，建立高水平的校内实训基地，协助完成实践教学环节的培养任务。依据服务对象、产权归属、场地设置及运作方式等不同情况，校企合作实习基地模式实际存在单双向服务、校内基地和校外基地、经营性和非经营性、独立设置和非独立设置、企业投资和校企双方投资等多种组成要素，每一种校企合作实习基地都是上述各种要素的排列组合。合作的方式包括：一是企业用现有设备为学生提供非经营性的实践教学服务基地。二是校企共同投资在校内建设既能让学生在课堂上体验真实的工作环境又能让企业员工提升自身素质的实训基地。三是校企双挂牌形式建立实习基地，即学校学生在企业实习，企业员工在学校培训学习。四是校企以相互聘任人才的形式建立实习基地，即学校聘请企业中技术高超的技师教授教学的实践课，企业聘请学校的教授为企业员工解决技术难题。五是企业为合作学校的学生提供资格证书培训，学校则为企业员工提供继续教育，实现校企合作中的终身教育理念。如徐州工程学院大力推进与企业的深度合作，学校与企业“互建三基地”，即学校将企业建设成实习基地、研究基地和就业基地；企业将学校建设成企业的员工培训基地、技术开发基地和人才供给基地。如徐州工程学院—江苏蓝丰生物化工有限公司工程实践教育中心，徐州工程学院与企业积极共建双师型师资队伍、共建实验室、共建专业、共建课程，目前已初步建立了一种互通共赢、可持续发展的合作模式，实现了良性循环。

(6) 校企全面合作模式

该模式主要是高校和企业之间签订长期全面合作协议或战略合作协议，双方在人才培养、科学研究、技术开发、生产经营和社会服务等方面开展全面合作。在人才培养方面，企业积极与学校共同制定人才培养的方案，利用自身资源承担部分培养任务，通过合作协议优先接收合作学校的优秀毕业生。在科学研究方面，校企之间以科研项目为纽带和载体，紧密结合企业的生产实际和科学技术的前沿问题进行科技攻关，以达到提高学生实践能力和创新能力的培养目标。在技术开发方面，高校发挥技术优势帮助企业开发产品并推入市场，企业则被要求为学校的独立产业或科研项目投资或提供人力资源。在服务社会方面，高校给予合作企业技术咨询服务和技术培训，企业为学校毕业生提供就业生涯规划指导和行业讲座。如徐州工程学院和新华盛节能科技有限公司合作开设“新华盛”订单班，培养优秀工程专业人才。项目班培养方案由校企双方根据市场需求共同制定或修订，共同参与实施。项目班毕业生可直接到合作企业就业或委托后者推荐就业。江苏理工学院每年组织到相关企业进行专业调研，让企业直接参与学校各专业的人才培养目标、培养规格要求、教学内容、教学运行计划、实践教学环节的研究和制定。同时，在专业设置上，按企业和市场所需确定专业方向，与企业合作培养人才，结成产学研合作体。通过合作，培养的人才能较好满足企业的需求。

目前，大部分应用型本科院校已经意识到校企合作是教学计划中不可或缺的一部分，在校企合作方面进行了各种尝试。然而，无论在教学上还是在行政管理上保守思想仍然起着支配作用，又缺乏有效的制度支持，虽然校企深度合作已取得一定成效，但还存在着一些问题制约着校企协同育人的发展。主要表现为以下几个方面。

(1) 多元主体对校企合作观念存在差异

一方面应用型本科院校对校企合作的意义认识不足，受传统思想的约束，仍然对大“学术型”大学有特殊情结，但是自身办学条件和科研水平与研究型大学还是存在一定的距离。另一方面应用型本科院校会把“校企合作”和“校企合作教育”混为一谈。实际上，校企合作教育是一种人才培养模式，校企合作包括校企合作教育，但同时也涵盖了其他的校企合作项目，例如学校教师为企业提供技术支持、校企共同编写教学教材、企业参与指导学生的毕业设计(论文)等。

(2) 校企合作深度欠缺

校企协同育人是一个系统工程，涉及多个单位、多个部门的协同管理。政府不同部门(如教育行政部门、科技行政部门等)与高校的不同部门(如教务处、合作办等)联系不够密切，各自通过不同方式与渠道联系校企合作教育的各项事宜，缺乏统筹管理，形成“多头管理、权责不明”的局面，最终造成人、财、物的浪费。校企合作深度欠缺主要体现在两个方面：一是校企合作虽然大规模开展，却忽略了合作的质量和合作的层次。大部分应用型本科学校由于缺乏科学的规划和管理，校企合作效果不理想。作为应用型本科院校校企合作应该比职业院校的合作层次更深，有的仅让合作停留在为学生提供实习机会上。二是校企合作的对象只针对学生,忽视了学校教师和企业员工也是合作对象。校企合作的意义不仅仅是单纯的培养应用型人才,还有鼓励学校在合作中建设一支专业素质高、教学能力强的双师型队伍和帮助企业员工提升科学、文化素养的意义。例如,学校鼓励教师深入企业学习,加深对行业前沿技术和生产一线的了解;企业积极邀请高校教授举办讲座,为企业员工充电学习提供机会。

(3) 校企合作运行管理制度不健全

有关校企合作,特别是针对应用型本科院校校企合作的政策不完善,相关法律法规不健全。例如,目前江苏省关于校企合作的政策主要是方向性政策,对于如何推进校企培养模式、制定校企合作机制、经费投入等细节方面缺少科学指导;法律层面上校企合作更是缺少保障性,使得校企双方的权利与义务认识不清。学校和企业不能为校企合作共同制定有效的管理制度是造成校企合作效果不显著、合作滞于表面的重要原因。一方面学校内部对约束合作行为的相关管理制度不完善,没有将校企合作真正融入高校日常管理工作中。通过访谈发现,大部分应用型本科院校都出现了有关校企合作制度建设不完善或制度编写只是应付了事的问题。学校内部应该对校企共建项目的监控与考核办法、教师下厂实践制度、外聘教师选聘制度、校内实验室规章制度、校外实习基地管理办法、校企技术转移等一系列规章制度进行系统的思考设计。另一方面企业内部也需要用制度监管合作。企业内部也缺乏针对校企合作质量的监管制度,例如,学生进厂管理制度、合作成果的使用及管理办法、企业人员指导实习的操作手册、外聘教师标准等都处于缺失状态。

3. 教育与创新技术型人才(专业学位研究生)

校企协同培养教育与创新技术型人才(专业学位研究生)模式与上述人才培养模式的不同,体现在培养主体、培养目标、培养方式等几个方面。具体来说校企协同研究生培养模式,是以学校和企业为主体,以“提高研究生培养质量,服务企业、社会”为宗旨,以“双向参与,双方互惠”为基础,以课程开发、师资建设等为内容,以课堂教学,实习实践为手段的新型育人模式。江苏省高校主动对接行业产业人才需求,初步形成不同专业领域、各具特色的专业学位研究生培养模式。

截至 2017 年 4 月,江苏全省有全日制在校研究生 15.6 万人,占全国的 8.2%,在各省市中位居第一。其中,专业学位硕士研究生 5.2 万人,占硕士研究生总人数的 40.3%。江苏省专业学位研究生培养的校企合作模式经历了高校自发组织、自行摸索,政府主导、积极推进,政府倡导、稳步发展等三个阶段的发展历程，取得了较大的进展和成绩，积累了较为丰富的经验。

(1) 推行培养教育改革

2015 年 12 月江苏省教育厅发布了《关于下达江苏省深化专业学位研究生教育综合改革任务书的通知》，并和全省 34 所高校签订了 40 项任务书，省教育厅将该项改革列入 2017 年研究生教育工作要点。经过几年的实践，专业学位研究生培养实践取得初步成效。如南京大学在多年探索基础上启动“二三三”硕士研究生培养模式改革，以创新培养模式为主线，系统拓展硕士研究生的培养宽度与深度，为硕士研究生的个性化培养提供多样性的选择空间，形成有利于硕士研究生自主选择发展路径、成长成才的培养模式。其中专业学位研究生综合改革的总体思路是以行业职业需求和创新创业为导向，以实践能力培养和产学结合为核心，加强课程体系、实践基地、质量标准三个培养要素的建设，推动院系形成“三位一体”的特色化专业学位研究生培养模式。如南京工业大学构建了以提升职业能力、创新素质为导向的专业学位研究生教育培养体系。通过“一套方案、两个导师、三个结合、四个环节、五位一体、六大能力”的系列创新举措，突出职业需求导向和实践创新能力培养，推进专业学位研究生课程考核与有关职业资格考试紧密衔接，建立与特定职业岗位要求相适应的培养模式。

(2) 实行双导师制度

双导师制，校内导师是第一责任人，并聘请企业单位具有较强科研能力和丰富工程实践经验的技术骨干作为企业导师，共同进行研究生的课题研发指导。在此基础上依托产学研联合培养方式，进一步提高教师的学习和实践能力，鼓励专业课教师到合作企业进行项目研究和参与实际工作。教师在产学研的合作过程中，能够将理论与实践相结合，提高其学习和科研能力；并可以了解先进生产设备和工艺，掌握生产流程和工艺操作；可在第一时间内接触新设备、新工艺及新技术，能及时了解学科的前沿信息，补充和完善知识结构，以强化教学的针对性，这为提高研究生培养质量、打造研究生培养特色提供了强劲的师资保障。如淮阴工学院研究生指导采用了“校内导师组＋企业导师”的“双导师组”模式，即研究生指导采取导师组的形式，由校内导师若干人（校内导师组）加 1 名企业导师组成“双导师组”，以校内导师作为导师组组长。学校规定校内教师申请导师资格时，必须有包含企业导师的导师组，也就是说，导师遴选是对导师组与企业导师同时、同步进行遴选。这为专业学位研究生双导师制的实施提供了保障。

(3) 联合培养实践基地

实践基地围绕产学研用合作教育理念,把生产、教学、科研和应用有机统一起来,以培养专业学位研究生综合素质、提高实践能力和创新能力为重点,充分发挥高校和企业各自的优势,突显大学教育与产业实体有机结合的高层次应用型人才培育模式,实现专业学位研究生协同创新培养目标。江苏省高校利用多年与周边企事业单位建立的良好合作关系,围绕学科领域,建立了一批相对稳定、具有行业优势和特色的专业硕士校外实践基地。如淮阴工学院与淮安锦纶化工、鸿烨科技、井神盐业等企业建立了校外研究生实践基地,保障了研究生培养过程中专业实践环节的顺利实施。相关企业对在外实践锻炼的研究生分配指导项目和指导教师,学生由最初参与项目到逐步实现独立完成工程项目,在完成企业的科研和设计任务中提升了实践能力和就业竞争力。

(4) 设立企业研究生工作站

根据江苏省的产业发展现状,企业研究生工作站主要侧重电子信息、现代制造、新材料、生物医药、高科技农业、化工、纺织等高新技术产业和优势支柱产业领域,以及新能源、可再生能源与节能环保技术等领域。企业研究生工作站的主要任务包括技术研发和人才培养。如2010年成立的中国矿业大学鄂尔多斯研究生工作站暨中国矿业大学鄂尔多斯高层次人才培养基地。工作站由鄂尔多斯煤炭集团和中国矿业大学共同设立,主要是为鄂尔多斯培养博士和硕士研究生等高层次才人,涵盖工商管理硕士、公共管理硕士及矿业、安全、土木等20多个领域的工程硕士以满足各行各业的需求。合作双方通过资源整合和优势互补开展高层次人才的培养。

由于高校、政府和企业对校企合作认识的不深入和实践运行机制的不完善,导致目前江苏省专业学位研究生培养校企合作模式实际效能发挥有限。主要表现为以下几个方面。

(1) 课程设置无法充分满足社会需求

目前专业学位研究生课程大体分为公共基础课、专业基础课、专业课三个层次,类别有必修课与选修课、自然科学与人文社会科学。这种划分方法几乎与学术硕士无异,课程内容理论性强、更新速度相对缓慢,与行业产业发展需求的贴合度不高。多数学生表示课堂上缺乏实践指导,流于理论知识的填充,教学内容面广但不精。此外,不少学生反映高校所设课程陈旧单调,缺乏丰富的学术前沿信息和专业领域发展动态,课程内容更新缓慢。当前高校课程设置不够灵活,选课范围窄,较难选到对学生实践帮助大的课程。课程结构不合理,基础课占比偏多,选修课占比较少。课程设置未凸显人才培养方案的目标导向,职业认知、实践、发展性课程缺乏系统性设计和协同性开发，学生职业能力培养跟不上行业产业人才需求的进程。

(2) 企业研究生工作站参与主体认识不清

研究生对企业的认同程度不高，没有积极性，会认为企业是使用廉价劳动力；有些导师认为企业研究生工作站仅适用于专业型研究生，对学术型研究生的培养作用有限；企业的一些技术人员担心其核心技术泄露，不愿意让研究生参与企业关键技术的开发研究等。这些误区的存在都会使企业研究生工作站的运行变得不稳定。研究生进入企业后出工不出力，没有积极性，影响了人才培养的效率。因此，观念上的误区会使得企业研究生工作站的设立没有发挥应有的作用。

(3) 双导师制作用尚未凸显

江苏省专业学位研究生培养实行了“双导师制”，部分高校开始尝试“双导师组制”。不管实行“双导师制”还是试行“双导师组制”，校内导师综合素质需要进一步加强，专业化、工程化的导师队伍需要进一步壮大，双导师的作用尚未完全凸显。主要原因有：一是导师遴选标准不合理，校内导师往往会挑选有职称或者有重要管理职务的人员，而并不看重他们的实践操作能力。二是企业导师普遍缺乏指导研究生的经验。目前企业研究生工作站中企业导师一般来说没有清晰的教学思路，不能系统地提出教学任务，遇到问题经常就事论事，喜欢用经验解决问题，由于思维习惯、工作方法等因素，企业导师常常不擅于与研究生进行交流，会出现指导不到位的现象。三是校内外“双导师制”或“双导师组制”共同指导协同育人，尚缺长效的项目机制、奖励机制和约束机制。校外导师的荣誉鼓励和物质激励政策不够完善，不能很好地调动其对学生指导的积极性。另外对导师育人责任的考核评价体系还不完善，校内导师与企业合作项目、校外导师进校指导学生实践、协同课程建设与教改成果等情况还未纳入导师考核评价体系。

(4) 长效合作机制缺乏

企业参与协同培养人才的主动性不高。企业对于技术人才的需求不断增大，但仍存在只注重生产不注重开发和人才培养，只关心眼前利益而忽略长远利益，参与培养的积极性不高。企业认为对学生的培训会降低企业的生产效率，这与其实际生产需求相背离。此外，企业与高校缺乏长效合作机制，部分企业的生产科技水平有限，缺乏对自主创新和科技生产的迫切需求，一定程度上制约了与高校的合作。

第五节 校企协同培养高质量应用型人才体制机制改革

一、"政校企行"协同育人运行模式

1. 政府主导校企协同培养的运行模式

政府部门作为校企协同培养体系中的重要主体之一,应调整对教育管理的模式,完善教育分类发展政策体系,制定研究型、应用型本科学校和高等职业学校分类评价管理办法。政府部门由控制转向监控,进一步完善校企协同培养人才的政策和体制机制,建立建全公正公平的评价考核体系,为培养高层次人才保驾护航。在人才培养的整个过程中,学校与地区产业发展紧密对接,政府有效介入、促进各方主体参与人才协同培养,有力助推政府发展经济的目标。一是政府定期发布高校毕业生就业质量年度报告,将校企协同育人及就业质量作为学校办学水平考核的指标之一,把就业市场人才供需情况、就业质量作为学校设置调整专业及人才培养规模的重要依据;定期发布高校专业结构与产业结构匹配度状况报告,动态调整符合地方产业的新专业。二是高校积极寻求与地方政府的长期合作,促成学校产教融合协同育人发展纳入地方政府总体规划,建立起由高校、政府、企业参与的产业学院理事会,搭建起长期稳定的协同培养平台。三是加强与地方政府和产业园区合作,发挥学校专业与地域优势,响应企业培训与服务需求,与地方政府合作共建创新创业基地、产业研究院、科技成果转化中心、中小微企业服务中心等平台。

2. 行业指导校企协同培养的运行模式

校企协同育人需要行业给予指导。在高校、企业之间开展校企合作过程中,单一学校与单一企业的校企合作往往不够全面,或者针对性不强,难以形成聚集优势。行业主管部门站在行业发展的全局,能够在人力资源培养和人力资源需求方面宏观把握,而且校企双方对行业部门都比较信任,行业部门对双方都比较了解。在以往的校企合作中,行业仅仅是参与,为推动校企深度合作,行业应全面参与人才培养的全过程,在专业建设、教师培养、实训基地建设、教材编写、课程开发、课堂教学、顶岗实习等各个环节给予指导,推动学校与企业共同培养服务于行业的人才。

应在省级层面成立若干个行业职业教育校企合作指导委员会,即行指委,全方位指导校企合作的全过程。一是将行指委全方位深度参与人才培养作为

高校转型发展的路径和推动力，构建校行合作育人体制机制，明确行指委的指导权限，充分发挥其统筹、指导、推动作用，提升在行业岗位标准、课程标准等制定中的指导作用，健全校企合作的监督机制。二是针对江苏产业集群式发展的特点和规律，制定重点专业建设规划。服务创新发展主干产业需要，大力发展与智慧制造、现代服务、现代农业相适应的专业集群。三是通过行业搭建平台，挖掘双方的共同价值、观点和利益取向，找到利益的结合点，构建互惠互利、合作共赢的机制，使校企双方达成深度合作。行指委定期发布校企协同育人项目，面向企业征集合作项目，由企业提供经费支持，以产业和技术发展的最新需求推动高校人才培养改革。依托行指委成立职教联盟，以"技术"为纽带，学校与技术输出企业、人才需求企业结成现代学徒培养的"技术联盟"。三方共同制订培养方案，学校负责基本技术技能培养、技术输出企业负责核心技术培养、人才需求企业负责岗位技能培养。

3. 学校与企业协同培养的运行模式

发挥企业的积极性和能动性，是深化校企合作，探索校企协同育人机制的必然要求。高校应积极探索校企协同育人新模式，培养符合行业发展需求的高素质技术技能型人才，校企协同的培养模式主要包含以下几种：

(1) 现代学徒制合作办学。强化校企"双主体"育人，促进师生"双身份"成长，校企双方共同制定并实施人才培养方案，完成对学生的培养。学校承担专业教学和实践，学生在学校跟老师学习专业知识后进入工厂担任学徒，企业安排师傅，依据双方制定的培养方案对学生进行岗位技能训练，实现校企一体化育人。

(2) 共建创新基地。结合区域产业升级、应用人才短缺的现状，校企共建创新基地，以基地与企业共同发展为基础，为产业发展全方位提供技术与人才培养服务。以合作办学、研发、运营等方式为依托，引入企业优势资源，在校内搭建行业科研平台。引入真实市场需求，校企人员混编团队研发项目。合作的内容表现为同招收企业冠名班，共同组建教学团队，共同开展创新技术型人才培养，共同授课，共建"孵化平台"等。创新基地支持大学生创新成果转化，对项目给予"模拟、苗圃、孵化、转化"四位一体帮扶，并提供政策支持、融资服务，助双创项目成功孵化。

(3) 共建产业学院。高校加强与行业龙头企业的合作，双方以实现共同发展为理念，依据各自的优势共同投资创立具有双主体特征的二级产业学院。一方面产业学院内由于企业的投入，实现了实训设备的先进化和工业化，促进了实训基地向生产性迈进，形成了生产实践、科研实践、技术服务实践和创业实践与人才培养过程紧密对接，实现了人才培养与人才需求无缝对接。另一方面产业学院能够为企业直接参与人才培养提供平台，促进高职院校与企业在人才方面实现共享，在资源方面实现共用，在信息方面实现互通，促进校企合作向深层次发展。

(4) 共建生产型实训基地。高校依据产业群或产业链，通过场地、设备租赁等方式与企业共建生产性实训基地和技能竞赛训练场地。基地的投资方式遵循市场机制，满足市场化运营模式的要求。运用现代化的"自主经营、独立核算、自负盈亏"治理制度进行管理和运营。建立"产权清晰、权责明确"的实训基地管理制度，实行"自负盈亏"的治理模式。实训基地可以依据生产计划，选择企业生产淡季接待外校来基地实训教学的计划安排，解决高校学生单一基地单一岗位学习时间过长的问题，丰富学生岗位实践经历。

上述模式都需要综合考虑多方因素，使校企双方在价值观念和思维方式上达成高度契合，以保持良好的协同培养关系，最大化发挥协同育人效果，实现校企纵深合作与发展。

4. 校企协同培养的运行模式

目前，江苏高校校企协同育人方面取得了一定成效。但多数院校还处于校企合作的初期或中期阶段，校企之间需在更大程度上扩大交集，积极构建高校和企业的协同育人模式，制定并执行共用共享机制政策，发挥高校产教融合、协同育人的示范引领及帮扶作用。主要应做好两个方面的工作：一是对外合作延宽，推动校企协同育人走向国际化。高校积极引进海外高层次人才和优质教育资源，积极参加世界职业教育技能大赛，按照国际先进标准培养高技能人才。开发符合国情、国际开放的校企合作培养人才和协同创新模式。借助专业技术技能培训培养优势，伴随"走出去"企业在"一带一路"沿线国家和地区建立办学机构，与国际高水平职业学校结成伙伴院校，在海外共建学院，输出职业教育的中国模式、方案和标准，更好地实现资源共建共享。二是打破高校校际专业壁垒，联合企业，成立职教集团、职教联盟、创新创业联盟、技术服务联盟等产学研校企协同人才培养平台。以各方的共同利益和全局性的谋划为基础，以具有法律约束力的契约为保障，建立联合开发、优势互补、利益共享、风险共担的产学研合作组织。各类联盟将企业需求和院校科研、人才培养有机地整合起来，实现校企协同人才培养方面的战略的耦合，提升高校专业与区域发展的耦合度，为产学研校企协同人才培养打下扎实基础。

二、校企协同育人体制机制改革

校企协同育人的关键是体制机制的健全与创新，通过机制促成系统中各主体的协调运作，才能产生较高的整体效用。实践已经证明，只有激发各协同主体发展的共同需求与愿景，形成协同育人的动力源，创建以政府主导、行业指导、校企双主体的协同育人平台，校企协同育人机制才会更有活力和生命力。因此，应从以下几个方面构建校企协同育人机制。

1. 增强政府主导的政策保障机制

2017 年 12 月，国务院办公厅印发了《关于深化产教融合的若干意见》。2018 年 2 月，教育部等六部门印发了《职业学校校企合作促进办法》。2018 年 6 月，江苏省政府办公厅印发了《关于深化产教融合的实施意见》。上述政策文件为校企协同育人提供了宏观上的指导，但是在具体的操作层面缺乏细则，不利于各校校企协作育人规划的实施。通过立法的形式明确各主体在“协同育人”中的职责和权利，或者出台规范协同培养的文件，在政府和行业的监管下，指导各方依法规范合作行为，签署合作协议，保障合法权益。

2. 建立市场导向的利益驱动机制

强烈的利益驱动是校企协同育人的动力所在。对学校而言，能够以市场需求为导向，培养出专业的高水平技能型人才且获得稳定的、对口的实习岗位和就业渠道，有助于协同育人的可持续发展。对企业而言，企业参与培养学生的利益主要体现在：一是参与制定人才培养方案，培养出满足企业需要的技能型人才；二是破解自身生产过程中的技术创新难题，运用先进理论思想创新新工艺、研发新产品。当前建立市场导向的关键机制在于校企合作如何在最大程度上培养满足企业需求的高素质技能型人才，如何让企业获得地方政府关于学生学习工作考核和补助的相关政策补贴，使企业从协同育人的过程中获得经济效益。学校在校企协同育人过程中要充当主动的一方，站在企业的角度考虑企业的需求、困难和利益，以主动服务意识赢得企业的信任、支持和配合，确保企业在合作中能获得预期的利益。

3. 构建互通互融的人才共用机制

人才共享的过程也是人才共培的过程，人才共培共享，能够增强政府、企业、学校之间的交流互动，实现人才的互通互融。一是创新优秀人才工作机制，制定产业人才引进制度，实施技术人员“双薪双向互聘”“共培共享”的管理办法。政府和学校设立产业教授岗位，为企业技术人员进校讲学开辟绿色通道，同时开辟教师进入企业承担项目合作任务、指导培养学生的绿色通道。二是引入竞争机制,制定严格的考评制度来考核兼职教师的教学效果,同时,在校内职称晋升条件上给予相关政策倾斜,建立有效的优秀兼职教师职称晋升机制。三是鼓励专职教师深入企业研发、管理、生产一线,了解前沿科技,提高实践教学水平。

4. 建立多元化的激励机制

企业对校企合作有着多重期望和目的,如获得高素质高技能人才,依托高校解决企业面临的实际问题,利用高校教学资源对企业员工进行培训,获得政府的政策性优惠,获得行业主管部门支持,提高企业的社会知名度等。而高校希望通过校企合作在资金、场地、信息、师资等方面得到企业的帮助,以优化学校的发展,提升学生的就业数量和质量。调动企业和高校参与校企合作的积极性,校企双方要不断地提高自身的服务能力。可以通过建设信息服务平台,建设培训合作基地,提升合作双方的服务能力,提高人才培养质量等途径激发校企合作双方的主动性。可以通过物质激励和精神激励相结合以及目标激励等方式激发各方合作的积极性,建立校企合作政府奖励制度,设立专项资金,表彰奖励校企合作方面做得好的企业和高校。

5. 建立多方参与的经费投入机制

校企协同育人长期有效地发展下去,应该争取多渠道的经费投入,为协同育人机制提供最基本的资金保障。建立多方参与的经费投入机制需要多元主体的共同投入,一方面政府可以定期发布校企协同育人专项项目研究,鼓励对校企协同育人开展理论性研究。另一方面,相关主管部门通过财政和税收政策,支持为学校建立生产型实训基地和产教融合创新基地的企业。再者,学校可以将实习实训经费等资金投向发展较好、潜力巨大的行业、企业,协助他们完成学生的实践培训等,以此来逐步打破各参与方在实训、实习中的界限,实现各协同主体的全程参与和支持。

6. 建立校企问责保障机制

校企共同设立联合领导小组,建立有效的问责机制,引导校企“双主体”合作体系的有效运行。校企合作的具体方案实施会涉及双方多个职能部门,在合作初期双方相关部门应主动对接,积极探索实践新模式,跟踪监督协同育人全过程。当实施方案在共同管理中出现偏离或发生失误情况时,双方应及时问责,沟通跟进修正。对于共同开发的新项目,在立项前应严格要求组织论证,评估是否符合区域发展和行业需求,是否具有重大价值。在实现校企利益方面,联合领导小组负责过程监管与服务，定期召开协调会，平衡合作双方利益冲突，促进双方资源有效整合，保障校企协同育人机制的良性运行。

参考文献

[1] 陈锋.深化产教融合的文件释放了什么信号[N].中国青年报,2018-01-29(010).

[2] 陈年友,周常青,吴祝平.产教融合的内涵与实现途径[J].中国高校科技,2014(8):40-42.

[3] 陈星.应用型高校产教融合动力研究[D].重庆:西南大学,2017.

[4] 陈星,张学敏.依附中超越:应用型高校深化产教融合改革探索[J].清华大学教育研究,2017,38(1):46-56.

[5] 程静,蒋丽华.产教融合趋势下重庆市高职教育专业对接支柱产业优化探究[J].教育与职业,2019(22):39-44.

[6] 崔发周.基于现代学徒制的产教融合型企业标准与实施策略[J].职教论坛,2019(11):6-12.

[7] 杜阳林.深化产教融合与发展职业教育的辩证关系[N].企业家日报,2019-05-10(003).

[8] 关代弟."互联网+"背景下职业教育产教融合人才培养改革研究[D].武汉:华中师范大学,2018.

[9] 和震.建立现代职业教育治理体系 推动产教融合制度创新[J].中国职业技术教育,2014(21):138-142.

[10] 经贵宝.将产教融合贯穿教育教学改革全过程[N].中国教育报,2015-09-14(011).

[11] 李梦卿,杨秋月.技能型人才培养与"工匠精神"培育的关联耦合研究[J].职教论坛,2016(16):21-26.

[12] 李永苍.产教融合 校企合作 加快转型发展[N].中国教育报,2014-09-22(008).

[13] 李玉倩,蔡瑞林,陈万明.面向新工科的集成化产教融合平台构建——基于不完全契约的视角[J].中国高教研究,2018(3):38-43.

[14] 刘博智.深化产教融合 推动转型发展[N].中国教育报,2014-04-28(003).

[15] 刘焕阳,韩延伦.地方本科高校应用型人才培养定位及其体系建设

[J]. 教育研究,2012,33(12):67-70.
[16] 刘立新. 德国职业教育产教融合的经验及对我国的启示[J]. 中国职业技术教育,2015(30):18-23.
[17] 柳友荣,项桂娥,王剑程. 应用型本科院校产教融合模式及其影响因素研究[J]. 中国高教研究,2015(5):64-68.
[18] 吕景泉,马雁,杨延,刘恩专. 职业教育:供给侧结构性改革[J]. 中国职业技术教育,2016(9):15-19.
[19] 罗明誉. 高职院校产教融合实现机制研究[D]. 杭州:浙江工业大学,2017.
[20] 马树超,郭文富. 高职教育深化产教融合的经验、问题与对策[J]. 中国高教研究,2018(4):58-61.
[21] 牛士华,陈福明. 新常态下深化高职教育产教融合研究[J]. 教育与职业,2016(4):25-27.
[22] 彭梦娇. 应用型本科高校产教融合的研究[D]. 重庆:重庆师范大学,2016.
[23] 祁悦. 供给侧改革角度的人力资本提升培养研究——浅谈培养应用型人才的"产教融合、校企合作"[C]. 辽宁省高等教育学会. 辽宁省高等教育学会 2017 年学术年会优秀论文二等奖论文集,2017:2-10.
[24] 石伟平,郝天聪. 产教深度融合 校企双元育人——《国家职业教育改革实施方案》解读[J]. 中国职业技术教育,2019(7):93-97.
[25] 王长文. 产教融合 协同育人的探索与实践[C]. 黑龙江省高等教育学会. 深化教学改革·提升高等教育质量(上册),2015:51-57.
[26] 王丹中. 基点·形态·本质:产教融合的内涵分析[J]. 职教论坛,2014(35):79-82.
[27] 王丹中,赵佩华. 产教融合视阈下高职院校协同育人机制探索[J]. 中国高等教育,2014(21):47-49.
[28] 王辉. 校企协作助推产教融合:美国社区学院校企协作"项目群"的兴起[J]. 高等教育研究,2015,36(3):102-109.
[29] 王文鹏. 深化产教融合 创新应用型人才培养模式[N]. 河南日报,2019-07-02(003).
[30] 吴中江,黄成亮. 应用型人才内涵及应用型本科人才培养[J]. 高等工程教育研究,2014(2):66-70.

[31] 谢玉琴.深化产教融合校企合作订单式管理体制研究[C].教育理论研究(第十一辑),2019:174.

[32] 邢赛鹏,陶梅生.应用技术型本科高校师资队伍体系构建研究——基于“产教融合和校企合作”的视角[J].职教论坛,2014(29):4-8.

[33] 徐克明.产教融合 校企合作 着力培养应用型人才[C].黑龙江省高等教育学会.深化教学改革·提升高等教育质量(上册),2015:36-42.

[34] 杨善江.产教融合:产业深度转型下现代职业教育发展的必由之路[J].教育与职业,2014(33):8-10.

[35] 杨运鑫,罗频频,陈鹏.职业教育产教深度融合机制创新研究[J].职业技术教育,2014,35(4):39-43.

[36] 袁平凡,谌雷元.新中国70年职业教育产教融合的历史经验与演变逻辑——对25份职业教育政策法律法规文本的分析[J].职业技术教育,2019,40(33):18-24.

[37] 张利欣.产教融合“校企定制式”人才培养模式研究与实践[C].辽宁省高等教育学会.辽宁省高等教育学会2017年学术年会优秀论文二等奖论文集,2017:568-574.

[38] 赵永胜.职业教育产教融合校企合作成效问题研究[J].成人教育,2020(1):64-70.

[39]《中国制造2025》与工程技术人才培养研究课题组.《中国制造2025》与工程技术人才培养[J].高等工程教育研究,2015(6):6-10.